U0948283

国家“985工程”中国特色高等教育体系研究丛书

厦门大学高等教育发展研究中心

丛书主编：潘懋元　刘海峰

丛书副主编：史秋衡　谢作栩

厦门大学教育研究院国家“985工程”
哲学社会科学创新基地研究成果

ZHONGGUO
YANJIUSHENG
ZHAOSHENG KAOSHI
GAIGE YANJIU

张亚群　车如山　等　著

中国研究生招生考试改革研究

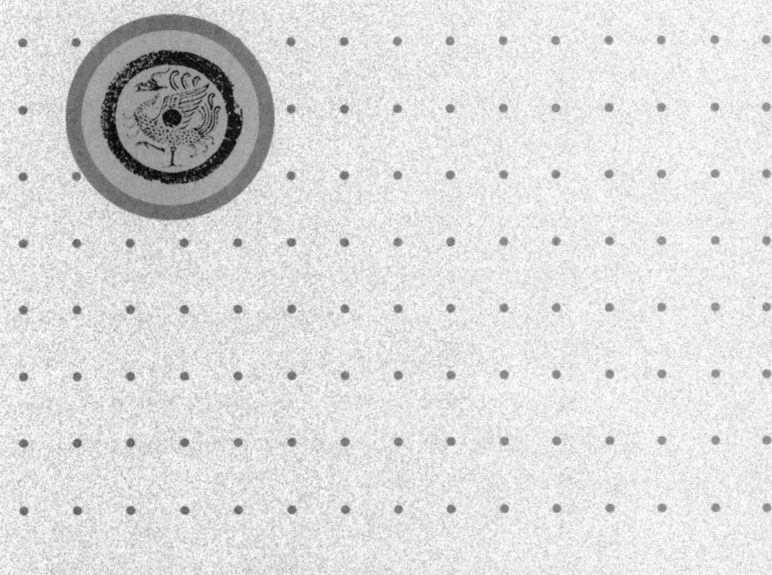

广东高等教育出版社
Guangdong Higher Education Press
广州

图书在版编目（CIP）数据

中国研究生招生考试改革研究/张亚群，车如山等著．—广州：广东高等教育出版社，2013.12

（国家“985工程”中国特色高等教育体系研究丛书）

ISBN 978-7-5361-5075-1

Ⅰ.①中…　Ⅱ.①张…②车…　Ⅲ.①研究生-招生-考试制度-教育改革-研究　Ⅳ.①G643.6

中国版本图书馆CIP数据核字（2014）第039045号

出版发行　广东高等教育出版社

地址：广州市天河区林和西横路　　邮政编码：510500

营销电话：（020）87553335

网址：http://www.gdgjs.com.cn

印　　刷　佛山市浩文彩色印刷有限公司

版　　次　2013年12月第1版

印　　次　2013年12月第1次印刷

开　　本　787 mm×1 092 mm　1/16

印　　张　13.75

字　　数　254千

印　　数　1~2 000册

定　　价　35.00元

前　言

研究生教育是我国高等教育的重要组成部分，它担负着培养高层次专门人才和发展科学技术的特殊使命，在国家现代化建设和知识创新体系中占有突出的战略地位。研究生教育质量之高低，在一定程度上决定着一个国家的创新能力，影响国家综合实力。随着我国经济社会的发展和变革，科学技术转化为现实生产力的速度越来越快，经济竞争越来越需要依靠科学技术的创新和发展。当代中国经济社会的转型和发展，对人才素质的要求越来越高。在我国高等教育从规模扩张向质量提升的战略转变过程中，保障和提升研究生教育质量，培养研究生创新能力和社会适应性，已成为当今研究生教育改革的重要目标。

制约研究生教育质量的因素包括多方面，既有生源质量、培养机制问题，也与指导教师水平、教学过程及教育管理密切相关，其中招生考试是不容忽视的基础环节。研究生招生是研究生教育的起点，它决定了生源质量，制约着教育过程、人才培养质量和学术发展水平，对教育公平和社会公平也产生广泛影响。正因为如此，研究生招生考试历来为研究生培养单位、相关管理者乃至社会大众所关注，不断改革和完善研究生入学选拔方式，以适应日益提高的专门人才质量需求，这也是时代发展的要求。

现代意义上的学位与研究生教育在我国仅有近百年的历史，研究生招生考试处于不断探索与变革之中。20 世纪初，国内一些国立大学和教会大学，曾招收和培养硕士研究生。30 年代初，南京国民政府曾制定相应的学位制度。新中国建立后，开始招收研究生。1951 年采用“申请、推荐、审查”的办法进行招生。1959 年研究生招生，改为由国家统一选择大学毕业生和保送（或抽调）在职干部，经政治审查、业务考试、健康检查合格后录取。“文化大革命”10 年间，研究生招生被迫中断，导致人才断层。1978 年改革开放后，在邓小平同志主持下，恢复招收研究生。在招生方式上，结合当时实际，实行“自愿报名，单位推荐，文化考试，择优录取”的办法，使我国研究生教育得以恢复和发展。

近 10 多年来，伴随我国高等教育大众化的进程，研究生招生与教育规模迅速扩大。从 1999 年到 2007 年，硕士研究生（以下简称硕士生）报考人数从 31.9 万人增加到 128.2 万人，招生人数从 6.5 万人增加到 36.4 万人。

2008 年硕士生报考总数降至 120 万人，而招生总数则增至 39 万人。2009 年硕士生报考者达 124.6 万人，招生 44.9 万人。2010 年硕士生报考人数 140 万人。2012 年硕士生报考人数达 165 万，招生 52.13 万人。报考及招生人数总体呈现上升趋势。在研究生教育规模持续扩张的过程中，如何公平、有效地选拔高质量生源，成为研究生招生中亟待解决的问题。

研究生招生考试作为一种大规模的高等教育考试，既具选拔性考试的共性特征，也有其自身的特殊性和发展规律。探索研究生招生考试的基本特征和发展规律，对于促进研究生教育发展，丰富和深化考试理论研究，具有重要的现实意义与学术价值。目前，国内教育界、学术界重视高考研究，取得了不少重要成果，而对于研究生招生考试还缺乏系统的专门研究。因此，本书从历史与现实的角度，系统考察我国研究生招生考试制度的产生、发展和变革过程，探析其性质、特点与演化规律，为当今研究生选拔制度改革提供科学的参考依据。

学位与研究生教育包括硕士与博士两个层次，二者在招生要求和入学选拔制度上存在较大差异。从招生报考与录取人数来看，硕士生招生规模大、考生人数多，在研究生教育中占主体地位。有鉴于此，本书主要探讨硕士生的招生考试，博士生选拔考试暂且从略。作为维护教育与社会公平的重要途径，研究生招生考试越来越受到社会各界的重视。关注的人越多，研究生招生考试改革的社会与教育影响越大。因此，对于研究生招生考试改革，应持积极稳妥的态度，在深入调研的基础上，遵循高层次专门人才培养的客观要求和人才选拔的一般规律，循序渐进，务求实效。

就硕士生教育而言，又分为学术型学位（academic degree）与专业学位（professional degree）两种类型，两者的培养目标、招考方式和录取标准存在一定差异。由于我国专业学位教育起步晚，在研究生教育发展初期，主要是学术型研究生，只有少量专业型的研究生。本书在探讨硕士生招生考试与改革过程中，为行文方便，有些章节分别论述学术型研究生与专业型研究生招生考试的特点与发展演变，有些章节却很难截然分开，只是在论述相关专题时有所侧重。

全书正文分为八章，通过文献资料解析、统计分析、比较研究、访谈和案例分析等方法，探讨不同类型硕士生招生考试的历史演变、现状特点、域外比较、存在问题及改革取向。在研究过程中，运用高等教育学与考试学理论，从历史与现实的视角进行考察与分析，并结合访谈等形式，开展实证研究。在综合研究的基础上，提出我国两种类型硕士生招生考试制度改革的基本原则与招考模式，为高层次专门人才选拔制度改革提供必要的借鉴。

作　者

2013 年 10 月

目　　录

目录

目
录

第一章 我国研究生招生考试研究综述

研究生招生考试是我国高等教育考试的重要类型之一，旨在为研究生培养单位选拔优秀生源，促进高层次专门人才培养，推动科学研究发展，维护教育与社会公平。与全国高校招生考试相比，研究生招生考试规模虽然不大，但同属选拔性考试，具有竞争性强、影响广泛等共性特点。从研究状况来看，研究生招生考试研究起步较迟，发表成果较少，对于研究生招生考试制度的类型特征、演化规律和改革模式等问题尚需做系统深入的探讨。

第一节 研究缘起及相关概念界定

1978 年恢复研究生招生和 1981 年建立学位制度以来，一方面，我国研究生教育为现代化建设培养了一大批高层次专门人才。迄今，我国已培养逾 420 万名硕士、50 万名博士，[①] 使教学科研型人才断层现象有所缓解。另一方面，由于这一期间研究生教育主要培养学术型人才，导致应用型专门人才培养不足。随着工业化的推进，社会特别是工矿企业等生产第一线，对应用型高层次人才需求的呼声日益高涨。同时，国际科学、技术与人才竞争的加剧，对我国高等教育体系，特别是研究生入学选拔制度与培养模式，提出了新的挑战。

一、研究缘起

现行研究生招生考试制度形成于精英高等教育阶段，基本适应了中国国情。它在选拔优秀人才、促进学习与科研方面，取得了重要成就，但也存在某些缺陷。如：在考试科目上，偏重外语考试，专业研究能力考查不够全面；偏重考生的共性测量，忽视对其学术性向和个性差异的检测；在招考类型上，重视学术型研究生入学选拔，忽视专业学位研究生招生考试；在复试环节及录取标准上，各培养单位宽严不一，不同程度存在考试公平问题。在

---

① 李江涛，朱利．我国已培养博士人才逾 50 万名［N］．新华社，2013－11－09.

进入高等教育大众化阶段之后，随着研究生教育类型增多，招生规模不断扩大，研究生入学考试面临的问题日显突出，迫切需要从考试理论与实践层面进行专题研究。

本书作为厦门大学教育研究院国家“985 工程”二期之“中国特色高等教育体系”哲学社会科学创新基地研究成果之一，主要是基于研究生教育改革与发展的现实需要进行研究。具体而言，包括以下四个方面：

第一，在高等教育大众化驱动下，学术型硕士生招生规模急剧扩张，由此引发的生源质量下降问题，已成为当前制约研究生培养质量的一个重要因素。为了改善研究生生源质量，需要加强研究生招生考试的科学性研究，把好研究生“入口”关，以提升人才选拔的信度与效度。

近 10 多年来，我国高等教育招生规模急速扩展，研究生招生和报考人数随之大幅上升。从 2001 年开始，研究生报考人数以年均约 16 万人的增速持续上升。2005 年考生首次突破百万大关，比上年增加 22. 5 万人。2006 年考生增幅略减，也达到 127. 5 万人。1998 年至 2005 年，研究生报考人数年均增长 23. 31%，研究生录取数年均增长 27. 04%，后者高于前者 3. 73%。[①] 之后 3 年，国家开始控制研究生招生增速，但由于原有招生基数较大，年均录取硕士生总量仍保持在 45 万人以上。教育部公布的全国教育事业发展统计公报显示，2010 年全国招收研究生 53. 82 万人，比上年增加 2. 72 万人，增长 5. 32%，其中硕士生 47. 44 万人。2011 年全国招收研究生 56. 02 万人，比上年增加 2. 2 万人，增长 4. 09%，其中硕士生 49. 46 万人。2012 年全国招收研究生 58. 97 万人，比上年增加 2. 95 万人，增长 5. 27%，其中硕士生 52. 13 万人。

学术型研究生招生考试，以选拔高层次专门人才和拔尖创新性人才为主要目标。由于近些年研究生招生规模扩张过快，生源质量明显下降。一些考生挑选热门学科专业，临时抱佛脚，通过突击学习入学考试科目，进入研究生行列。由于这些学生缺乏应有的学科知识基础和基本的学术素质，研究能力薄弱，加之对学术研究不感兴趣，因而严重削弱了研究生教育质量，出现“硕士生教育本科化”的现象。质量是人才培养的核心和生命，解决研究生生源质量下降问题，需要从招考制度研究入手，探寻改进策略与举措。

第二，研究生招生考试与教育公平是社会普遍关注的热点问题，只有对研究生招生考试进行深入细致的研究，才能正确地指导考试管理，不断提高人才选拔的规范性，保障入学考试的公平公正。

研究生招生考试成为社会关注的焦点问题，表明人们对高等教育公平和

---

① 张亚群. 大众化阶段研究生招生考试的演化趋向 [J]. 学位与研究生教育，2007 (1).

高层次人才选拔的重视。改革研究生招生考试制度，保证人才选拔公平有序进行，为社会培养创新人才，是建设和谐社会的重要组成部分。运用科学发展观，考察研究生招生考试活动中存在的矛盾与问题，是我国研究生招生考试改革的重要导向。这对于实现“科教兴国”和“人才强国”的战略目标，维护社会的和谐发展，无疑具有重大的现实意义。

近年来，我国学术型研究生招考呈现两大趋向：一是在初试统考的基础上加大面试选拔的权重，二是扩大保送生录取比例。这些改革举措凸显面试的重要性，对于评价标准、考试环境和保障机制提出了更高的要求。与笔试相比，面试具有开放性、互动性、灵活性的特征与优势，但也存在规范性不足、人情困扰、经济成本增加等问题。推进研究生面试招生改革，有效发挥其积极功能，既要强化能力标准，重视考试诚信，也要确保考试公平。[①]

再次，不同学位类型研究生教育的培养目标，对招生标准和选拔方式产生重要影响。为满足我国专业学位研究生教育发展的现实需要，应加强专业学位研究生招考方式研究，制定相应的招考制度，以增强其入学选拔的适应性。

现代经济社会文化发展，对高层次人才需求趋向多样化，单一的学术型学位和人才培养模式与社会需要的矛盾日益显露。社会除了需要一定数量的学术型高层次人才，更需要大量的应用型、复合型高层次人才。在借鉴国外经验的基础上，1990 年 10 月，国务院学位委员会批准在我国设置和试办法律硕士等 6 种专业学位。社会的迫切需要使得我国专业硕士学位得到快速发展，截至 2013 年，我国已有专业硕士学位 39 种，如工商管理硕士、建筑学硕士、法律硕士、教育硕士、工程硕士等，培养了大批实际应用部门所需的专门人才。

与学术型硕士研究生教育相比，专业学位硕士研究生的培养目标、招生标准和考试方式存在一定的差异。专业学位硕士研究生教育旨在培养特定职业的高层次专门人才，应重视实际应用能力的考查和复合型人才的选拔。这类生源大都具有职业背景，这种特殊性使其招生考试具有自身的特点，较多体现招生考试能否适应经济社会发展的需求。探究专业学位硕士研究生招生考试的特点、问题与改革取向，不仅可以丰富我国研究生招生考试理论，也为培养高层次应用型人才奠定了重要基础。

最后，改革和完善我国研究生招生考试制度，需要正确的考试理论指导。系统考察和深入分析国内研究生招生考试制度演变历程、现实问题，比较和借鉴不同国家、地区研究生选拔方式的特点与经验，能够为研究生招生

① 张亚群．如何提高研招面试的规范性科学性［N］．中国教育报，2008－11－26.

考试改革提供重要参考。

近年来，为了选拔与培养创新人才，国家教育主管部门和一些重点高等学校加大了研究生招生和培养机制改革力度，在保送生制度试点、考试科目设置、复试、录取标准等方面出台了一系列举措。总体而言，收到了积极成效，但仍难以满足选拔多样化人才、促进学术研究、提升研究生教育质量的需要。在规模化培养模式下，如何选拔不同类型的研究人才，既要借鉴发达国家的有益经验，也需结合本国实际。这就要求我们立足实际，全面认识研究生招生考试的性质、功能、特点与发展趋向，选择适合研究生发展的招考模式。

推进研究生招生考试制度改革，既要认识选拔性高等教育考试的一般规律，也应把握不同类型研究生选拔的特殊规律。只有掌握并遵循考试发展规律，正确运用考试手段，才能达到促进高层次专门人才培养、繁荣学术文化的目标。为了认识研究生招生考试发展的客观规律，我们应从历史与现实的多重视角开展研究。探讨研究生招生考试改革问题，不能仅仅就考试论考试，还必须综观全局，深入分析研究生招生考试与高等教育、社会状况、文化传统等因素的互动关系，得出正确的结论。

二、主要研究内容

本书以硕士研究生招生考试为研究对象，运用高等教育学与考试学理论，从历史与现实视角，考察我国学术型硕士研究生招生考试制度发展历程、特点及存在的问题；阐述我国硕士研究生学位的设置背景、发展历程以及公共管理硕士（Master of Public Administration，MPA）招生考试制度演变等问题；总结我国硕士研究生招生考试特点及存在的不足，借鉴国外成功经验，提出相应的改革建议。

在学术型硕士研究生招生考试研究方面，系统考察、阐述我国学术型硕士研究生入学考试制度的发展历程，并对推荐入学等招生方式做初步探索，总结改革开放以来学术型硕士研究生招生考试制度的特点，分析现行招考改革举措的成效及存在的问题。在此基础上，揭示现阶段我国学术型硕士研究生招考的发展趋向。

在专业学位硕士研究生招考研究方面，以历史发展为线索，结合我国专业硕士学位与研究生教育实际，探讨专业学位硕士研究生招生考试特点，总结专业学位硕士研究生招生考试存在的共性问题。由于专业学位种类较多，涉及不同行业和领域，各有其特殊性，对专业人才所应具备的素质和能力要求不同。在研究过程中，回顾 MPA 登陆中国的社会背景，总结 MPA 招生考试历年来的政策变化及现状，并以国内两所大学 MPA 招生考试为案例，介

绍其招生流程，考察和分析 MPA 招生考试的特点，总结其经验与不足，加深对 MPA 招生考试现状的认识。

在域外比较研究方面，对境外不同类型研究生招考模式进行考察。一方面论述美国和日本学术型硕士生入学申请制度及选考制度的概况与特点，分析我国台湾地区硕士生招生考试的经验与问题，以资借鉴；另一方面，选取美国、法国、韩国、新加坡 4 国 6 所著名 MPA 院校，从培养目标、MPA 项目、报名条件、初试、复试、办学特色等方面做对比分析，总结国外 MPA 招生考试的成功经验。

在综合研究基础上，总结我国现行硕士生选拔考试效度、考试科目与内容改革、考试公平性以及招生自主权等方面存在的问题和教训，提出分类招考的基本原则和改革模式。

在研究方法上，主要采用文献研究、比较分析、案例分析和访谈 4 种方法。案例分析主要有两类：一类是国外 4 国 6 所著名 MPA 培养院校招生考试分析；另一类是我国两所 MPA 试点院校招生考试流程分析。访谈对象主要是研究生院招生考试机构、MPA 教育中心和国家学位与研究生教育招生考试部门的管理工作者以及相关研究者。通过研究，得出以下重要结论：

第一，学术型硕士研究生招生考试作为一种选拔手段，受教育内外部因素的制约，它随着社会、经济、文化发展与人才标准的演变而不断变革考试的内容与形式。

第二，我国硕士研究生招生考试制度创立于精英教育阶段，经过 30 年探索实践，为学术人才选拔做出了巨大贡献。在知识经济时代和高等教育大众化进程中，学术型硕士研究生招生考试面临新的挑战，需要扩大招生自主权、增强学术专业性向。

第三，学术型硕士研究生招生考试改革，须适应科研发展和创新人才培养的需要，遵循研究生教育和选拔性考试自身发展规律，选择适合国情的人才选拔模式；应遵循招考分离，分类型、分层次选拔等原则，扩大培养单位招生自主权，提高研究生招生选拔的效率；应加强对培养单位自主选拔研究生过程的监督和管理，保障招生与考试的公平公正。

第四，我国 MPA 招生考试改革应从三方面着手：一是减少初试科目，以综合考试代替某些单科考试，或借鉴工程硕士考试（Graduate Candidate Test for Master of Engineering，GCT）模式；考试内容应侧重于检验学生分析问题与解决问题的实践能力，注重对综合能力的考查。二是加大复试权重，进一步扩大招生自主权。三是完善 MPA 招生考试的保障对策。营造良好的政策环境，完善招生考试的监督体系，办出具有中国特色的 MPA 教育。

三、相关概念界定

为了明确学术名词的内涵，符合研究规范，本书对硕士研究生招生考试的相关概念略作界定。

1. 学术型学位（academic degree）

学术型学位又称“科学学位”，是指与“荣誉学位”相对的各级各类学位，亦指与“专业学位”相对的、在人文学科和自然科学领域里所授学位的通称，如文学硕士、理学硕士等；或着重于理论和学术研究方面要求的一种学位，如美国的哲学博士学位等。① 我国学术型学位包括学士、硕士和博士学位三个等级。

2. 硕士研究生选拔制度

硕士研究生选拔制度是指通过考试、推荐、申请与审查等途径，选择和招收攻读硕士学位的人才选拔制度。我国现行硕士研究生选拔制度以考试选拔为主、推荐免试入学为辅，是一项复合型选拔人才制度。美国与欧洲各国主要实行入学申请制度。

3. 硕士研究生入学统一考试

硕士研究生入学统一考试，是指由特定机构承办的在全国范围或特定地区实施的考试测量活动，旨在检测考生文化知识和能力水平，为人才评价和人才选拔服务。如我国的高考，在全国统一布置和组织，全国统一报名和考试时间，统一考试科目，分省统一划定分数线录取新生。我国硕士研究生招生考试由国家相关部门和招生单位共同组织，公共考试科目和某些学科考试科目由教育部考试中心组织命题，其他科目由各研究生招生单位按教育部规定的命题原则和要求自行命题，按照全国统一规定的时间组织考试。统一考试是我国硕士研究生招生的重要选拔方式。

4. 硕士研究生自主招生

硕士研究生自主招生，是指由研究生培养单位按照自身学科专业特色和人才培养需要，自行决定新生的选拔标准与录取事宜。我国硕士研究生招生选拔主要包括初试和复试两个环节，各招生培养单位虽参与对报考者的审核、选拔，但并不具有完全的招生自主权。除教育部属少数试点院校自行确定复试分数线外，其他院校招生由教育部统一划定相应的复试分数线。

5. 专业学位和专业硕士学位

专业学位，国际上一般称为职业学位（professional degree），是一种与

---

① 顾明远．教育大辞典：增订合编本［Z］．上海：上海教育出版社，1998：1 811.

行业专业技术职务的聘任形成有机联系的特殊类型的学位。它以特定的行业为背景，以该行业对人才知识结构和能力结构的基本要求为培养目标和衡量尺度，与一般意义上的博士、硕士和学士学位存在某些差异。

我国硕士研究生分为学术型硕士研究生和专业学位硕士研究生两类。根据我国的有关规定，学术型硕士研究生教育是以培养教学和科研人才为主；专业硕士学位是具有职业背景的学位，主要培养特定行业职业的高层次专门人才。专业学位硕士研究生教育和学术型硕士研究生教育作为培养高层次人才的两个重要方面，在各类专门人才培养中具有同等重要的作用。

6. 公共管理硕士（Master of Public Administration）

MPA 作为一种专业学位，最先在美国发展起来，如今已流行于欧洲及其他国家，类型有公共事务硕士、公共政策硕士等。公共管理硕士专业学位是以公共管理学科及其他相关学科为基础的研究生教育项目，其目的是为政府部门及非政府公共机构培养高层次、应用型专门人才。我国也有相关的硕士专业学位研究生教育，而专业博士研究生教育正在探讨和试行阶段。MPA 招生考试是指各个 MPA 培养单位（高校）对申请人（在职人员）原有基础知识和能力进行测验，利用多种信息、资料对申请人进行专业性的评价和判断，根据计划招生人数进行选拔的过程。

第二节　研究生招生考试研究现状

研究生招生考试与高层次人才培养密切相关，为高等教育学、管理学等相关学者所关注。近年来，围绕研究生招生考试与改革问题，考试理论研究者和研究生招生管理者做了初步探索，从不同视角提出改革建议。研究范围以学术型研究生招生考试为主，其中有关硕士生入学考试研究较多，而对于博士生招生考试研究较少。从研究成果类型来看，以单篇论文为主，包括一些相关的硕士学位论文。迄今为止，公开出版的研究生招生考试研究专著只有孟洁和史健勇所著《中国研究生招生制度变革研究》（中国政法大学出版社，2013 年）及陈睿所著《中国研究生招生考试内容改革的实证研究》（高等教育出版社，2013 年）。以下主要从两大方面对学术型界的相关研究成果做一简介。

一、学术型硕士研究生招生考试的研究成果

我国学术型研究生教育早于专业学位研究生教育。相应的，学术界对于学术型研究生招生考试的研究相对较多，既有历史论述，也有现状考察与分

析，涵盖研究生招生考试方式、科目、制度、问题与对策等多方面内容。

在当今出版的中国考试史、研究生教育研究著作中，部分章节论及国内研究生招生考试的历史与现状。如刘海峰等所著的《中国考试发展史》（华中师范大学出版社，2002 年）第十章第三节，介绍现代中国硕士生、博士生招生考试制度。徐希元所著的《当代中国博士生教育研究》（知识产权出版社，2006 年）第三章第一节，论述了我国博士生招生与考试的历史发展、现状特点以及中美比较；周洪宇主编的《学位与研究生教育史》（高等教育出版社，2004 年），系统介绍和比较国内外研究生教育与学位发展史，论及我国研究生招生选拔问题；北京师范大学外国教育研究所编著的《美国和日本的研究生入学考试》（北京师范大学出版社，1987 年），较为详细地论述了美国、日本的研究生入学考试方式。

在期刊论文方面，据不完全统计，相关论文约有 170 篇，其中有关硕士研究生招生与考试的论文各有约 100 篇和 40 篇，其他为综合性研究。代表性论文有：孟万金的《研究生选拔考试改革的必要性和可行性》（《江苏高教》2001 年第 3 期），卢菁的《硕士研究生招生改革刍议》（《江苏高教》2002 年第 6 期），章小辉、李国红的《我国研究生招生体制初探》（《现代教育科学》2003 年第 2 期），张意忠的《研究生招生考试制度：问题与对策》（《现代教育科学》2004 年第 6 期），江莹的《研究生招生改革的理论思考与路径选择》（《江苏高教》2005 年第 3 期）及《试论研究生招考分离制度》（《学位与研究生教育》2005 年第 8 期），蒋后强的《国家教育考试管理模式的立法定位》（《西南师范大学学报》2005 年第 4 期），张亚群的《大众化阶段研究生招生考试的演化趋向》（《学位与研究生教育》2007 年第 1 期），余桂红、张应强的《全日制硕士研究生招生考试方式研究的回顾与反思》（《中国地质大学学报》社会科学版 2009 年第 3 期），王康平等的《学术型文科硕士生招生考试改革探析》（《学位与研究生教育》2010 年第 2 期），于鹰宇等的《我国硕士研究生招生考试制度改革研究》（《黑龙江高教研究》2010 年第 10 期），吴婷等的《变迁与走向：我国研究生招生政策的文本分析》（《教育探索》2011 年第 4 期），罗敏的《我国研究生招生推荐免试制度的特征、矛盾及发展趋势》（《学位与研究生教育》2011 年第 12 期），陈睿的《硕士研究生招生初试考试内容改革研究》（《中国高教研究》2012 年第 9 期），等等。这些论文从不同视角探讨了研究生招生考试的改革问题，深化了研究生招生考试研究。

值得指出的是，研究生招生考试问题也得到不同学科研究生导师与研究生的重视，完成多篇相关硕士学位论文。如：卢菁的《硕士研究生入学考试方式改革的研究》（北京航空航天大学教育经济与管理专业，2002 年硕士

学位论文），黄德峰的《从“行政选拔”走向“专业选拔”——关于我国研究生招生考试制度创新的初步研究》（南京师范大学教育学原理专业，2002 年硕士学位论文），卿伟的《湖南省硕士研究生招生制度现状调查与分析》（中南大学社会医学与卫生事业管理学专业，2003 年硕士学位论文），刘海兰的《中美研究生招生考试制度的比较研究》（湖南师范大学高等教育管理学专业，2005 年硕士学位论文），姚龙琴的《论硕士研究生招生考试改革》（河海大学高等教育学专业，2006 年硕士学位论文），杨晗的《我国全日制硕士研究生招考制度的问题及其对策研究——以武汉大学为个案》（南京师范大学高等教育学专业，2006 年硕士学位论文），巨玉霞的《我国学术型硕士研究生招生考试制度改革研究》（厦门大学高等教育学专业，2007 年硕士学位论文），索昭昭的《研究生招生考试制度的国际比较与借鉴》（苏州大学高等教育学专业，2008 年硕士学位论文），杨玉兰的《我国少数民族研究生招生政策研究》（中南民族大学教育经济与管理专业，2009 年硕士学位论文），杨绍志的《改革开放 30 年我国研究生招生制度演变研究》（河北大学教育史专业，2010 年硕士学位论文），牛春艳的《中美硕士研究生招生制度比较研究》（陕西师范大学教育经济与管理专业，2011 年硕士学位论文），肖建琴的《我国硕士研究生入学考试制度改革研究》（中南民族大学教育经济与管理专业，2012 年硕士学位论文），等等。这些论文选题各有侧重，从教育经济与管理、管理学、教育学、高等教育学、教育史等学科视角进行研究，取得不少有价值的结论。

二、专业学位硕士研究生招生考试的研究成果

我国专业学位硕士研究生教育始于 20 世纪 90 年代，开始时招生规模小，入学考试制度处于探索与创建阶段。近年来，随着专业学位硕士研究生招生规模扩大，其招生考试问题逐渐引起教育研究者和管理者的关注。但相关研究成果较少，大致分为以下三类：

第一类是相关文件汇编、论文集、概况十余种，涉及有关专业学位研究生教育的招生考试规定。如国务院学位委员会办公室、教育部研究生工作办公室编写的《专业学位文件选编》，收集了各个专业硕士学位试点之初的工作通知、设置方案、培养方案、专业学位指导委员会的章程、在职攻读专业学位工作安排等；全国法律硕士专业学位教育指导委员会秘书处组编写的《中国法律硕士专业学位教育的实践与探索》，汇集法律硕士研究生招生简章、法律硕士培养方案、专业指导委员会章程等。论文集有刘惠琴等主编的《工程硕士研究生教育的实践与创新》，收集有关招生论文 4 篇。概况简介有如专业学位教育指导委员会秘书处编写的《中国 MPA》，张勇等编著的

《MPA登陆中国》，介绍国内外相关招生考试概况。

第二类是报刊论文，探讨专业学位研究生招生考试的相关问题，其中以工程硕士、MBA和MPA招生考试的研究论文较多。有的学者探析了工程硕士选拔方式改革的原则、两段制考试方式，提出完善考试制度的建议。[①] 也有学者从工程硕士入学考试得出有益启示：调整考试科目和内容，注重能力测试；改革入学考试方式，增强初试的统一性；进一步扩大高校自主招生权。[②] 在MPA招生考试研究中，有的探讨其招生考试政策变化、入学标准、生源情况；有的采用实证分析方法，建立多元回归模型来分析联考成绩、面试成绩、教育背景、工作经验等对后续学习成绩的影响；[③] 有的从中外比较中，论述我国MPA教育发展趋势。[④]

第三类是相关学位论文20余篇，探究某一专业学位招生考试改革、质量控制、发展策略等问题。有的论者从比较的视角，分析美国工商行政管理和公共管理专业学位教育质量控制特点，涉及招生环节；[⑤] 有的则对中美两国工程硕士教育的发展历程、招生制度、课程模式进行比较，提出相应的改革建议。[⑥] 在MPA招生研究方面，有论者通过历史与现状考察，结合访谈等实证研究，提出相应的改革建议；[⑦] 也有论文总结美国专业教育与招生考试特点，并结合我国现实问题，提出扩大培养单位招生自主权。[⑧]

此外，有关博士生招生考试研究，学术界也发表了一些重要成果。因其不属于本书研究范围，这里不赘述。

上述各类研究成果，深化了对两类硕士研究生招生考试制度的改革研究，也为本课题研究提供了重要参考。但现有相关论文也存在一些不足之处，主要表现在三方面：一是对学术型专业学位硕士生招生考试缺乏系统完

---

① 沈岩，刘惠琴．论工程硕士人才选拔方式的实践创新［J］．中国高教研究，2004（9）：21-24.

② 周建民，宋丽．试论我国工程硕士入学考试对全日制硕士入学考试的启示［J］．高等农业教育，2006（1）：65-67.

③ 沈勇．公共管理硕士（MPA）入学标准有效性研究［J］．中国行政管理，2005（5）：52-55.

④ 陈光．我国MPA教育的现状与趋势——2005年全国MPA教育研讨会综述与思考［J］．学术动态，2005（4）：24-27.

⑤ 钟怡．二十世纪八十年代以来美国专业硕士学位教育质量控制的研究——以MBA、MPA为例［D］．广州：华南师范大学，2003.

⑥ 上官剑．中美两国工程硕士教育比较研究［D］．长沙：湖南师范大学，2005.

⑦ 王海燕．我国专业硕士学位研究生招生考试改革研究——以MPA为例［D］．厦门：厦门大学，2006.

⑧ 里曼曼．我国公共管理硕士专业学位教育研究［D］．大连：大连理工大学，2005；黄联平．中美MPA教育的比较研究［D］．武汉：华中师范大学，2003；王海燕．我国专业硕士学位研究生招生考试改革研究——以MPA为例［D］．厦门：厦门大学，2007.

整的专题研究，所得出的结论不够全面；缺乏对两类硕士研究生招生考试特点、研究生自主招生问题的比较研究。二是研究的理论深度不够，多停留在招生考试现象与问题描述，对于其隐含的本质特征和内在原因揭示不多，未能从研究生选拔考试规律的高度，阐释研究生招考改革的学理依据，因而降低了结论的参考价值。三是案例分析和实证研究不够深入、全面，使结论缺乏应有的说服力和适用性。针对学术界的薄弱环节，本书拟做进一步深入探索。

第二章 我国研究生招生考试的历史考察

我国研究生教育起源于近代高等教育变革，历史较短，且因社会政治变革等因素而有中断。1978 年恢复研究生招生和 1981 年学位制度建立以来，研究生教育蓬勃发展起来，至 1990 年陆续设立专业硕士学位。这一期间，学术型硕士研究生一直占据主导地位。硕士研究生招生考试选拔单一的学术型人才，逐步建立起以考试为主、推荐为辅的研究生选拔制度。

第一节 研究生招生考试制度的演变

我国研究生招生考试制度创立于 20 世纪 20 年代，采用高校自主招生的选拔方式。新中国成立初期，这种招生选拔方式一直沿用，直至“文化大革命”期间被迫中断。1978 年我国恢复硕士研究生招生考试制度，由招生单位自主招生。自 1980 年起，开始实施国家统一考试与招生单位自主招生相结合的招考方式，逐步扩大统一考试科目。1985 年开始试行研究生招生推荐制度。1991 年实施在职人员单独考试制度。至今，我国硕士研究生招考建立了以考试选拔为主、推荐为辅的入学制度，采用复合型选拔模式。

一、研究生招生考试制度的创立

新中国研究生招生考试始于 20 世纪 50 年代初，但由于尚未建立学位制度，招生考试制度并不完善。1978 年，我国恢复研究生招生考试，制定了“自愿报名，单位推荐，文化考试，择优录取”[①] 的招生办法，并将 1977 年、1978 年两年招考工作合并[②]，一起报名，共同考试入学。第一次将考试分为初试、复试两个阶段，“初试科目为政治、外语、基础课、专业课，基础课与专业课考试不超过 3 门，所有考试科目均由招生单位自行组织命

① 刘海峰，等．中国考试发展史［M］．武汉：华中师范大学出版社，2002：372.

② 1978 年 1 月教育部在《关于高等学校 1978 年研究生招生工作安排意见》中明确 1977 年、1978 年的研究生招生工作合并于 1978 年进行，统称为 1978 级研究生。

题”①。招生单位根据考生初试结果，决定考生是否参加复试。

1979 年，研究生招生考试取消复试要求，明确规定研究生入学考试科目为政治理论、外国语、基础课、专业基础课和专业课 5 门，考试方式为闭卷笔试，由招生单位自行命题。1980 年研究生入学考试科目规定为政治理论、外国语、基础课、专业基础课和专业课 5 门，其中政治理论、外国语由国家教委统一命题，基础课、专业基础课和专业课由招生单位自行命题。

二、硕士研究生招生考试制度的发展

1981 年 1 月 1 日，《中华人民共和国学位条例》开始实施，我国硕士研究生招生考试走向规范化、制度化，从确立国家统一考试与招生单位自主命题考试相结合的招考制度，发展为推荐与考试相结合、以考试为主的硕士研究生招考制度。

（一）国家统一考试与招生单位自主命题考试相结合的招考制度

《教育部关于制定一九八一年招收国内攻读硕士学位研究生和出国预备研究生工作的通知》提出研究生招生的原则：“1. 在保证质量的前提下，稳步地发展数量，尽力而为，量力而行。2. 坚持德智体全面衡量、择优录取、确保质量、宁缺毋滥的原则，录取德智体全面发展的又红又专的优秀人才。3. 统筹兼顾国内研究生和出国预备研究生。既要坚持使研究生的培养立足于国内，又要派出一定数量的出国研究生，汲取外国之长，为我所用。4. 正确处理本科和研究生两个独立学习阶段的关系，使研究生招生工作有利于本科教学，促进本科教学。”②

硕士研究生教育的目标是培养科学研究者或专门技术工作者，因而招生以学术水平为主要选拔标准；其生源主要是大学本科优秀应届毕业生和在职人员；报考条件除政治思想方面的要求外，考生年龄不超过 35 周岁；入学考试科目规定为政治理论课和外国语，基础课、专业基础课和专业课 3 ~ 4 门，其中政治理论课和外国语由教育部统一命题，其他科目由招生单位自行组织命题；硕士研究生入学考试采取闭卷笔试方式。1983 年确定了研究生入学考试的统一时间为 2 月底，并固定下来。在此之前，2 月、4 月、5 月、6 月、10 月都分别举行过。改进考试办法，明确规定各招生单位在初试的基础上，要全面进行复试，复试科目、形式（笔试、口试或实践环节的考核）

① 陈睿．对我国研究生招生考试制度的历史回顾［J］．中国考试，2006（4）：33.

② 教育部高校学生司．1977—2003 年全国研究生招生工作文件选编：上册［M］．北京：北京航空航天大学出版社，2004：64.

和试题由招生单位自行决定。

招收攻读硕士学位研究生选拔考试，由国家统一举办，统一布置和组织，统一报名和考试时间，部分考试科目统一命题和评卷，并按统一划定的分数线和标准录取。全国统考科目由教育部考试中心组织统一命题，其他科目由各研究生培养单位自行命题，参加国家统一安排组织的考试。由此，我国确立了国家统一考试与招生单位自主命题考试相结合的招考制度。

（二）推荐与考试相结合、以考试为主的硕士研究生招考制度

我国硕士研究生招生，从开始实行公共考试科目由国家统一命题，到扩大统一考试科目，并试行部分名额推荐制度，形成推荐与考试相结合的招考制度。

为了发展我国研究生教育事业，提高研究生素质，选拔更多更好的合格人才入学。1985 年，国家在全国重点高校实行推荐少数优秀应届本科毕业生免试入学的试点工作，贯彻考试与推荐相结合的原则，推荐的比例控制在应届毕业生总数的 5% 以内。此后，推荐生做法一直延续下来，并不断改进。

1986 年，为提高入学研究生的政治素质，国家教育委员会要求对硕士研究生教育理论课入学考试办法试行改革。“初试提交党的文件学习小结，复试考核分马克思主义理论学习和时事政策，对于大学本科阶段马克思主义基础理论学习成绩优良的学生可以免试该课程的考核，只参加时事政策的考核。”① 复试成绩评定分为“及格”和“不及格”两级。

1987 年增加统一命题科目，初试科目为政治理论、外国语和 3 门业务课。政治理论课恢复由国家教委组织统一命题，考试内容包括马克思主义基本理论和形势政策两部分。增加全国统考科目，全国工学各专业和经济学中部分专业硕士研究生入学考试中的数学试题，由国家教委统一组织命题。农学（除林学外）各专业的部分基础课和专业基础课由农牧渔业部组织统一命题。医学中的基础医学、中医和临床医学专业（除口腔科学外）部分适用面较宽的考试科目，由卫生部组织统一命题。其他考试科目，提倡各主管部门组织有关招生单位联合命题。②

1990 年为扩大招收有实践经验的在职人员，采取限定招收本科毕业生比例的办法，应届本科毕业生不参加全国统一考试（初试）选拔，改为由高等学校推荐与招生单位组织考试（考核）的办法选拔。哲学、经济学、

① 陈睿. 对我国研究生招生考试制度的历史回顾［J］. 中国考试，2006（4）：34.

② 教育部高校学生司. 1977—2003 年全国研究生招生工作文件选编：上册［M］. 北京：北京航空航天大学出版社，2004：212.

法学、教育学、文学、历史学各学科门类的硕士研究生，原则上只从在职人员中招收，少量推荐应届本科毕业生按名额分配给各院校主管部门；理学门类的硕士研究生，仍以招收应届本科毕业生为主，但不超过本门类招生计划的60%；工学、农学、医学各门类的硕士研究生，以招收有实践经验的优秀在职人员为主，招收应届本科毕业生的人数，掌握在本门类招生计划的30%左右。鼓励被录为研究生的应届本科毕业生保留学籍，先到基层单位进行实践锻炼。此办法试行一年后，由于招生单位单独组织考试难以保证被推荐报考者获得公平竞争的机会，因此，1991 年又恢复应届毕业生由学校推荐报名、参加全国统一考试的办法。

1991 年，试行在职人员单独考试。即对大学毕业后连续工作 4 年、工作中有突出贡献者，实行推荐与考试相结合的办法，由用人单位推荐，有单独招考资格的招生单位进行资格审查，并组织单独入学考试。

上述招考改革举措，逐步确立了推荐与考试相结合、以考试为主的硕士研究生招考制度。采用复合型选拔模式，既包括研究生招生起始阶段招生单位完全自主招生，又包括国家统一考试与招生单位自主招生相结合的选拔模式，还包括推荐免试与单独考试选拔方式。

三、国家招生考试管理机构的建立

随着研究生教育的迅速发展，硕士研究生招生考试工作日益重要，需要建立专门的考试管理机构。1984 年经国务院批准，决定在北京大学等 22 所具备条件的高等学校试办研究生院，[①] 根据招生、培养、管理、学位等项工作需要，研究生院得设立院办公室、招生处（办公室）、培养处、管理处、学位处（办公室）等。其中硕士研究生的招生考试工作由招生办公室负责，这首先在高校中设立了专门的研究生招考机构。

1987 年为了适应国家教育考试工作迅猛发展的态势，国家教育委员会成立了考试中心，负责高校招生考试等相关工作。考试中心是教育部指定承担教育考试专项职责任务并拥有部分行政管理职能的直属单位，其职责任务是根据党和国家的教育方针及政策法规，参与有关考试政策和规定的拟订工作，参与研究有关教育考试工作的改革。此后，硕士研究生入学考试中的统

① 22 所重点高等学校：北京大学、中国人民大学、清华大学、北京航空学院、北京工业学院、北京钢铁学院、北京师范大学、北京农业大学、北京医学院、南开大学、天津大学、吉林大学、哈尔滨大学、复旦大学、上海交通大学、上海第一医学院、南京大学、浙江大学、武汉大学、华中工学院、国防科技大学和西安交通大学。见：周洪宇．学位与研究生教育史［M］．北京：高等教育出版社，2004：343.

一考试科目及部分专业基础课的命题、试卷印发以及分数统计分析工作由考试中心负责。这是在国家层面上建立了专门的招生考试管理机构。

国家教育委员会考试中心与高校的研究生院，是我国研究生招生考试制度落实到实际操作的管理机构。考试中心既是教育事业单位，又是考试组织机构，实施国家统一考试的具体工作。作为高校的研究生院，则组织实施招生单位的自主命题考试与招生录取。

1997 年，为推进研究生招生工作管理的科学化、现代化，开始采用计算机辅助管理。在实现国家教委研究生招生处与各研究生院院校联网的基础上，各省、自治区、直辖市高校招生办研究生招生工作的科（室）也与国家教委研究生招生处联网，这对保证招生工作的规范管理、推进招生改革具有重要意义。

1998 年起，国家对硕士研究生招生管理办法进行改革。由国家教委进行宏观调控，招生单位可以根据各学科专业的生源情况，适当调节招生计划数和招生规模，可自行调节各学科、专业考生分布不平衡状况。

四、硕士研究生招生考试方式与科目的演变

我国硕士研究生招生考试方式与科目不断进行调整。一方面是增加全国统一考试科目。如：1980 年国家将公共考试科目（政治、外语）收归国家统一命题；1987 年将工学各专业和经济学部分专业硕士生入学考试中的数学试题作为统考科目。国家统一考试科目、统一命题范围扩大，成为硕士生招考改革的趋势。

国家实行外语、政治公共课为全国统一考试科目，并增加统考科目，主要原因在于：第一，有利于提高考试的科学性，提高命题质量。如外语水平是国家高层次学术人才在国际化交流中所必需的素质，由国家统一命题，可以提高命题的科学性，有利于提高学术型硕士人才选拔质量。第二，统一考试有助于提高考试安全性，维护考试公平。统一考试从命题到考场组织、监考、阅卷、统分、公布成绩等整个过程，具有严格的程序和规范性，有利于加强考试安全管理。相对而言，招生单位的自主命题，在考试安全管理方面容易出现泄题、舞弊等漏洞。第三，全国统一考试体现国家意志。作为国家高层次专门人才选拔性考试，研究生招生考试需要体现国家的主流意识形态和社会文化标准。因此，对于考生的报考资格审查和政治理论考试成为招生选拔的重要内容之一。政治理论科目考试不仅考核考生对马克思主义理论的掌握程度，也检测考生对国家现行政策方针的基本认识与理解。

国家设置统一考试科目，主要目的是提高人才选拔效度，但在实际操作过程中却出现了某些弊端。如外语考试，其初衷是作为学术人才国际交流的

工具，但在考试竞争中，命题绝对难度越来越大，并作为淘汰考生的手段。这对部分具有较高专业学术水平而外语相对较弱的考生显然不利，一定程度上束缚了专业人才的选拔。

另一方面是采用复合型人才选拔模式。从 1981 年《中华人民共和国学位条例》实施以来，我国硕士研究生招生考试制度走向规范化，确立了国家统一考试与自主招生相结合的招考制度。1985 年试行推荐制度，1991 年发展了单独考试制度。1997 年加强计算机网络技术在研究生招生中的应用。1998 年国家进行宏观调控，给予招生单位一定自主权。至此，基本形成学术型硕士研究生招考制度。

在招生初试中，既有国家统一考试科目，又有招生单位的自主命题科目，并建立复试制度。招生计划由国家统一制定，部分考试科目由国家相关机构统一命题，在全国范围内组织实施；招生培养单位（高等学校与科学研究机构）的自主权主要体现在自主命题考试科目、复试环节与最终录取权方面。由此可见，国家统一考试与招生单位自主招生相结合，是我国学术型硕士研究生招考制度的基本特点。

实行这一招考制度的主要原因在于，学术型硕士研究生招生考试具有自己的特殊要求。首先，学术型硕士研究生招生考试与高等学校本专科招考录取不同。虽同属于高等教育选拔性考试，但研究生招生考试是对大学本科毕业后更高一级人才的选拔，主要选择从事科学研究的学术型人才。国家统一考试，保证考试的公平性，提高考试的效率与安全。但是，作为招收硕士研究生的培养单位，需要根据自身学科专业特色自行考核、自主招生，以选拔适合进行科学研究的人才。其次，学术型硕士研究生招生考试不同于专业学位硕士研究生招生，具有不同的招生标准。“专业学位研究生招生强调相关工作经验、知识应用能力，而降低对外语水平、学术理论的要求，入学门槛较低。”① 学术型硕士研究生招生侧重学术标准，对外语水平、专业理论基础和科研能力的要求仍然较高，旨在为社会培养具有创新能力的基础理论研究人才。因而，学术型硕士研究生招生需要通过国家统一考试来提高人才选拔质量，努力选拔出一批拔尖创新型人才。

① 张亚群．大众化阶段研究生招生考试的演化趋向［J］．学位与研究生教育，2007（1）：21.

第二节　硕士研究生招生考试的多样化发展

为满足经济社会发展对高级专门人才的需求，改革开放以来，我国硕士研究生招生规模稳步发展，在采用复合型招生考试制度的同时，也开始试行多类型、多方式选拔人才的招考工作。

一、硕士研究生招生类型的多样化

1984 年国家开始招收计划外委培生，由委托单位推荐在职人员参加全国硕士研究生的统一考试，或从全国统一招收的硕士研究生中预定委培生。1988 年开始招收国家计划内定向生，主要从要求定向培养的用人单位中招收优秀在职人员。1991 年，工商管理硕士（MBA）专业学位的设立和试办，打破了研究生学位类型的单一性，开始专业学位硕士研究生招生工作。1993 年开始试行招收自筹经费研究生，此举为进一步改革硕士研究生招生计划体制开辟了一条新路。1994 年硕士研究生生源明显不足，为鼓励青年积极报考硕士研究生，放宽了考生的报考条件：年龄放宽到 40 岁以下，取消了本科毕业学历的考生工作年限的要求，“同等学力”资格的考生也可报考硕士研究生。

1995 年后，硕士研究生招生模式基本上固定下来，招收硕士研究生的类别按培养经费来源的不同分为定向培养、非定向培养、委托培养和自筹经费培养。其中定向、非定向培养由中央或地方财政拨款，委托培养由用人单位提供，自筹经费硕士研究生的培养经费由导师的科研经费提供或向社会多渠道筹措。

二、硕士研究生考试方式的多样化

1985 年，国家在全国重点高校实行推荐少数优秀应届本科毕业生免试入学的试点工作，贯彻考试与推荐相结合的原则，推荐的比例控制在应届毕业生总数的 5% 以内。硕士研究生推荐免试是考试制度之外人才选拔的有效方式。高等学校的优秀应届毕业生，通过对其政治作风、思想品德、学习成绩、专业特长等方面的综合考查，不必参加全国统一硕士研究生入学考试（初试），直接向招生单位推荐，由招生单位进行复试与录取。

1991 年试行硕士研究生招生单独考试。对大学本科毕业后在本专业或相近专业连续工作四年，思想政治表现好，业务优秀，已经发表过研究论文

（技术报告）或已经成为业务骨干的在职人员，经本单位和两名具有高级专业技术职务的专家推荐，可申请参加单独入学考试。

我国学术型硕士研究生考试采取全国统一考试与招生单位自主命题考试相结合、少数优秀大学应届本科毕业生由毕业院校推荐免试（免全国统一考试）、部分优秀在职人员由招生单位单独组织考试三种选拔模式，确立了推荐与考试相结合、以考试为主的硕士研究生招考制度。

三、硕士研究生入学考试新方案的尝试

对于全国统一招生考试制度，国家教委研究生司还曾组织专家探讨实行两阶段研究生入学考试改革的设想。

1986 年 12 月 10 日下发的《国家教委关于改进和加强研究生工作的通知》中，提出分阶段招考的设想：第一阶段进行硕士研究生入学资格考试。资格考试的内容为政治理论课、外国语和基础理论。基础课考试，在一级学科范围内经过适当组合，设置若干考试科目和编制若干种试题，均由国家统一命题。考生可根据报考的专业要求选考，考试合格后，国家发给证书，其资格有效期为 2 ~ 3 年，获得资格后方能参加第二阶段考试。第二阶段考试在国家教委指导下，由招生单位自行组织，主要进行专业理论和能力考核。根据考试情况，结合考生的思想政治表现和鉴定材料、平时学习成绩或工作成果、毕业论文（毕业设计）情况以及身体健康状况，自行决定是否录取。

这一设想有其科学性与合理性。资格考试由国家统一命题，可以提高命题的信度与效度，比较适合大规模选拔性考试。考生取得资格后参加第二阶段考试，可以实现考生分流。复试由招生单位自行决定，扩大招生自主权。但也存在现实可操作性问题，在当时尚不成熟的条件下，这一设想并没有实施。

第三节　硕士研究生招生考试制度的特点

我国硕士研究生招生考试制度建立伊始，就坚持以学术水平为主要标准选拔人才的理念。在考试办法上，实行国家统一考试与招生单位自主命题考试相结合，呈现出选拔模式的多样化特征。

一、以学术水平为主要依据，坚持“择优录取、宁缺毋滥”的原则

我国学位制度建立之初，由于急需中高级技术人才，而师资、设备又有

限，所以把选拔培养硕士的工作放在了首位。硕士学位类型比较单一，没有实现学位的分化，直到 20 世纪 90 年代才开始出现专业学位。因此，在很长一段时间内，我国以单一的学术水平为招收硕士研究生的标准，主要选拔将来从事高校教学和进行科学研究的精英人才。

硕士研究生在国家经济建设中具有重要地位，肩负着现代化建设的重任。因此，招生工作以保证质量为前提，坚持“择优录取、宁缺毋滥”原则，严格控制招生规模。这是在精英高等教育中选拔精英人才。1999 年，高等教育规模扩张后，硕士研究生招生数量随之增加，招生标准降低，生源质量有所下降。

二、实行国家统一入学考试与招生单位自主命题考试相结合的两段制

我国学术型硕士研究生招生考试实行国家统一考试与招生单位、自主命题考试相结合的方式，将考试分为初试与复试两个阶段。初试由国家统一组织，教育部对考试科目、考试形式、命题原则等，都做出了明确规定，国家进行宏观调控。公共考试科目由国家统一命题，并且有进一步扩大统考科目的趋势。

复试由招生单位按照学科特点与学校特点自主命题。不同高校、不同培养单位，在命题难易程度上彼此不相同，在某些学科（非统考科目）成绩上不具备可比性，在录取标准上按照单位需求与研究特色选择适合进行研究生教育者，这也造成生源质量的差异。对于声誉较好、报考人数较多的高校来说，具备充足的生源，可以择优录取；而一些生源不足的高校，为完成招生计划，确保继续开展研究生教育，于是就降低录取标准，造成生源质量下降。

三、多样化选拔模式的初步探索

从 20 世纪 80 年代中期，国家开始探索多样化的硕士研究生选拔模式：高等学校招收计划内定向研究生、计划外委托培养研究生、自筹经费研究生，增加了研究生招生类型，扩大了研究生入学机会；增加在职人员单独考试、实行推荐免试入学制度等，弥补了选拔考试的单一性；1991 年实施的首批专业学位及 2001 年开始的联合招生考试，打破了单一学术型学位硕士研究生招考方式，不同类型的研究生招生标准开始分化。这是积极探索硕士研究生招生考试类型多样化的初步成果。

这些多样化的招生类型和考试方式仍然具有一定的局限性，主要体现在

招生单位自主权较小。因而，扩大培养单位招生自主权，已成为我国现阶段学术型硕士研究生招考制度改革的趋势。

我国研究生招考制度作为社会大系统中的教育子系统，不仅受教育内部因素的影响，也受外部社会大环境的影响。“考试选拔人才建立在一定的教育基础之上，没有相应的人才培养活动，人才选拔无从谈起；学校教学的内容是考试科目设置的主要依据。”① 同时，考试选拔人才也会制约教育的导向。因此，考试与教育二者依存互动。1978 年恢复研究生招生以来，高校师资力量奇缺，发展研究生教育，为高等学校培养教学、科研人才就成为当务之急。20 世纪 80 年代中期，兴起了投资办学的热潮，大量新建学校急需高校教师，因而 1985 年硕士研究生招生人数的增长成为一大特色。80 年代后期，我国处于社会转型“震荡”时期，社会的不稳定影响到研究生教育，青年升学热情骤减，研究生报考人数处于低徘徊期。因此，国家扩大招收在职人员，于 1991 年试行单独考试制度，90 年代以后发展成了主旋律。随着社会经济、文化的发展，不仅需要大量学术人才，也需要更多应用型高层次人才，人才标准随社会发展而变迁。因此，专业学位硕士研究生应运而生，学位类型分化，研究生招考的内容、形式更新，人才选拔标准亦改变。硕士研究生招生考试的演变轨迹表明，选拔性考试的内容与形式随着社会和教育的发展而变革，不可能脱离社会政治、经济、文化等社会环境的影响。

总体而言，我国硕士研究生招考制度还处于初创阶段，需要进行不断的探索、改革和完善，以促进人才选拔的效度。从历史来看，自 1978 年恢复硕士研究生招生开始由招生单位完全自主招生，到 1980 年采用国家统一考试与招生单位自主命题考试相结合的选拔方式，反映了社会经济发展对高层次人才需求的大量增加，因而开始探讨多途径、多类型的硕士研究生招考方式。尤其是高等教育扩招后，硕士研究生招生考试的地位、类型、标准与影响发生重大变化，推动了选拔模式的多样化。硕士研究生招考方式随着社会形势的发展而变化、改革与完善，提高了人才选拔的效度，为我国经济文化建设做出了巨大贡献。

---

① 张亚群．科举革废与近代中国高等教育的转型［M］．武汉：华中师范大学出版社，2005：249.

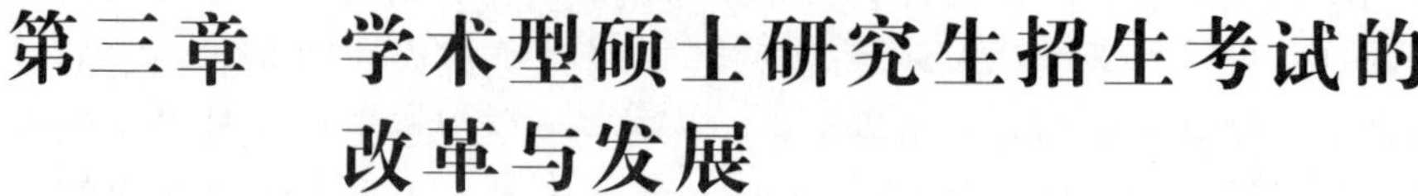

第三章　学术型硕士研究生招生考试的改革与发展

世纪之交的中国研究生教育进入新的转折时期。1999 年，我国开始实施高等教育大众化发展战略，普通高等教育的招生规模急剧上升。受普通高校大扩招的推动，同时也为了适应经济、科技、文化、教育发展对高层次专门人才的需求，我国研究生教育进入快速发展阶段。一方面，专业学位硕士研究生教育开始兴起；另一方面，学术型硕士研究生招生规模逐年扩大，报考人数急剧增长。为了更好地选拔学术创新型人才，国家教育主管部门对硕士研究生招生考试制度进行了一系列改革。

第一节　研究生招生规模的扩张

恢复研究生招生制度后，相当一段时间研究生招生规模缓慢增长，且有波动。如：1981 年我国硕士研究生招生 0.96 万人。至 1985 年，随着本专科招生人数的增长，高校急需师资，研究生招生增加到 3.74 万人。此后，硕士研究生招生规模下降，招生人数每年平均 2.5 万人。至 1997 年，硕士研究生招生增加到 4.93 万人。自 1999 年开始，我国硕士研究生报考和招生人数大幅增长。“从 2001 年开始，研究生报考人数以年均约 16 万人的增速持续扩张，2005 年考生首次突破百万大关，比上年增加 22.5 万人。”① 伴随着中国高等教育大众化的发展，学术型硕士研究生竞争日趋激烈，高等教育选拔性考试重心上移。

一、学术型硕士研究生招生规模激增

1999 年 5 月，立足于我国现代化建设的全局，结合 21 世纪初期国家经

① 张亚群．大众化阶段研究生招生考试的演化趋向［J］．学位与研究生教育，2007（1）：19.

济建设与社会发展的实际，为进一步拉动内需，缓解就业压力，并参照国际上的一些成功经验，党中央、国务院做出了高校扩招的重大决策。高等教育毛入学率从1998年的9.8%上升到2000年的12.9%。[①] 与之相对应，1999年以来，我国硕士研究生招生规模呈现激增趋势（如图3-1、图3-2所示）。

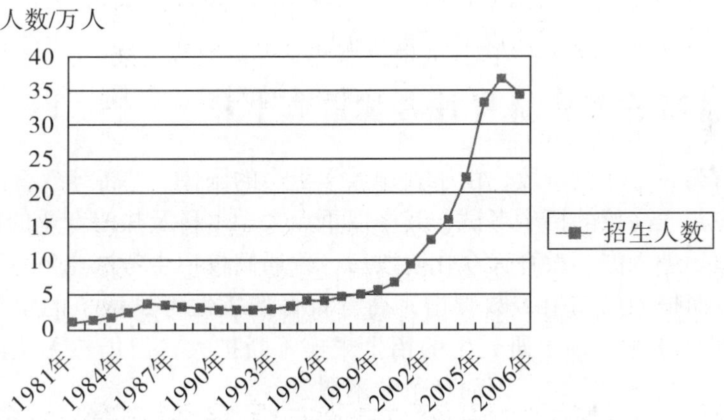

图3-1　1981—2006年硕士研究生招生人数统计图

资料来源：①1981—2002年数据来源于：中华人民共和国教育部高校学生司. 1996—2002年全国研究生招生统计年鉴［M］. 北京：北京航空航天大学出版社，2003：688. ②2003—2006年数据来源于研究生招生各网站。

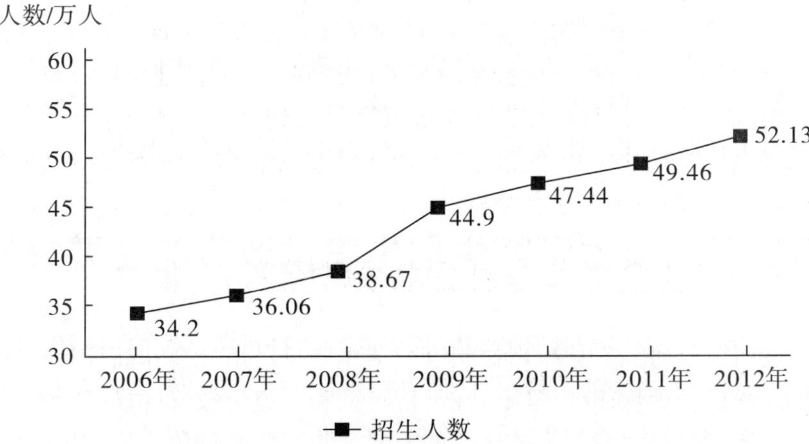

图3-2　2006—2012年硕士研究生招生人数统计图

资料来源：根据历年全国教育事业发展统计公报及有关资料整理而成。

---

① 谢作栩. 中国高等教育大众化发展道路的研究［M］. 福州：福建教育出版社，2001：159-160.

从图 3 -1 的曲线变化可以看到：1998 年以前，学术型硕士研究生招生规模较小，坚持稳步发展原则，全国范围内招生人数控制在 5 万人以内；从 1999 年开始，硕士研究生招生规模呈直线上升趋势，增长幅度大，到 2005 年达到扩招的高峰，招生人数为 36.72 万人；学术型硕士研究生招生规模在扩招的初始阶段，规模与速度急剧上升，从 1998 年到 2003 年，全国学术型硕士研究生招生年增长率依次为 24.5%、39.3%、35.8%、25.2%、35.2%，以每年平均 30% 以上的速度递增。①

二、高等教育选拔性考试重心上移

在精英高等教育阶段，由于教育入学机会的限制，“高等教育入学选拔的重心在普通高校的招生考试，其中以重点大学本科及热门专业的招考竞争最为激烈。进入高等教育大众化阶段后，普通高校招生考试竞争总体上呈下降趋势，而报考研究生人数骤增，高等教育选拔性考试竞争的重心逐渐上移。”② 虽然学术型硕士研究生的招生规模不断扩大，但仍然无法满足日益增长的报考人数的需求，因而竞争愈来愈激烈。

选拔性考试重心上移的原因，“除了受大众高等教育规模扩张这一基本因素推动外，还受社会经济发展程度、文化教育传统、区域高等教育发展不均衡的影响”③。普通高等学校大学毕业生就业压力的增大，促使一部分本科毕业生走向考研之路；在高考竞争中失利者，为寻求自身价值的实现，参加考研；此外，还受“重学轻术”、“读书至上”等传统观念与“名校情节”以及从众心理的影响。

面对如此大规模的报考人数与激烈的竞争程度，硕士研究生招生考试作为一种筛选机制，其选拔性功能彰显。这对优秀学术人才选拔的公平性、有效性提出了新的挑战，加大了硕士研究生招生考试改革的迫切性。

第二节　硕士研究生招生考试改革的主要举措

一般而言，研究生招生考试制度变革主要受经济社会和高等教育发展以及选拔性考试发展规律的影响。在经济转型和研究生教育规模扩大的时代背景下，为适应高层次专门人才选拔的需要，我国学术型硕士研究生招生考试

① 年增长率的测算为后一年的招生人数减去前一年的招生人数的差与前一年招生人数之比。

② 张亚群．大众化阶段研究生招生考试的演化趋向［J］．学位与研究生教育，2007（1）：19.

③ 张亚群．大众化阶段研究生招生考试的演化趋向［J］．学位与研究生教育，2007（1）：20.

制度需要进行相应的改革。总的来看，国家在保持硕士研究生招生考试制度连续性与稳定性的同时，也出台了一系列变革措施，主要包括以下几方面。

一、简化初试科目，完善复试制度

2003 年，硕士研究生招生考试制度进行了重大调整，教育部发布了《关于调整全国硕士研究生入学考试科目的通知》，规定减少初试考试科目，加大复试权重，扩大学校自主权，全面考查新生文化素质，提高研究生生源质量。

硕士研究生招生入学考试初试科目由 5 门改为 4 门，保留政治理论、外国语、基础理论、专业基础课，将专业课的考核调整到复试阶段；政治理论文理合卷；初试中的外语听力测试成绩计入考生外语考试成绩总分。2007 年，以教育学、历史学与医学为试点，将初试科目减为 3 门，除外语、政治外，把专业基础课改为综合考试科目，收归全国统一命题。

在减少初试考试科目的同时，不断加大复试权重。2003 年《关于调整全国硕士研究生入学考试科目的通知》中规定："设立研究生院的高校在组织复试时，原则上参加复试的考生总数，应为本校招生规模的 120% 左右。"这是第一次明确各高校必须进行差额复试，也是第一次明确提出差额复试的比例 1∶1.2。复试不再流于形式，而是作为研究生招生录取的重要补充起到一定作用。2005 年，硕士研究生入学考试复试权重进一步适度扩大，占到总成绩的 30% ~50%；参加复试的考生总数，仍按照硕士研究生招生单位招生规模的 120% 左右掌握，但有的高校如清华大学、北京大学，参加复试的人数为录取数的 120% ~200%。同时，不断改进、完善复试制度：明确实施复试工作的权力、责任主体和管理职责，由招生单位全面负责，校、院（系）两级管理，形成导师、专家集体考查的体制；复试重点考查专业水平、科研能力、创新精神和综合素质；复试的内容和要求不得擅自减少（2006 年规定复试中面试时间不得少于 20 分钟，以便充分考查考生）；复试办法、规则和程序公开；建立复试巡视制度和复议制度，考生首次可对研究生复试结果进行申诉。

上述改革举措表明，复试制度经历了合格式复试、补充式复试和竞赛式复试三个发展阶段。"所谓合格式复试，即复试不改变初试的排名顺序，只是将参加复试者简单划分为合格与不合格，将业务功底差、复试不合格的考生予以淘汰；补充式复试，即复试是初试的必要补充，将初试中未能考核或不便考核的知识、素质、能力在复试中予以考核，将复试合格者的复试成绩与初试成绩加权，重新确定考生排名；竞赛式复试，即所有进入复试阶段的考生无论过去成绩、能力相差多大，一律站在同一起跑线上，纯粹按照复试

成绩重新确定考生排名。"① 我国学术型硕士研究生复试制度现状为补充式复试和竞赛式复试取代了合格式复试，以补充式复试为主，部分高校试行竞赛式复试。

二、按学科门类、地域划线

高等教育大扩招之前，全国硕士研究生招考复试分数线由国家统一划定，不分科类、门目、地域，均为同一分数线。1999 年，复试分数线的划分，开始按照不同的学科门类与区域划定不同的分数线，学科门类的划分越来越细致、规范和科学。根据各学科门类的实际考试情况，划以不同的分数线，同时注意经济、教育发达地区与欠发达地区的差别对待，照顾少数民族和落后地区。这是高等教育大众化进程中研究生招考的显著变化。以下选取 1998 年、1999 年、2003—2009 年度全国硕士研究生招生最低录取分数线作为例证（如表 3－1 至表 3－9 所示）。

表 3－1　1998 年全国硕士研究生招生最低录取分数线

	总分	单科	数学（一、二）
应届	325	51	40
非应届	320	51	—

表 3－2　1999 年全国硕士研究生招生最低录取分数线

报考学科门类（专业）	总分		单科
	应届	非应届	
工学	325	320	52
文学（不含艺术学）	325	320	52
理学	320	315	50
哲学	320	315	50
历史学	320	315	50
军事学	320	315	50
医学（不含中医学）	320	315	50
教育学（不含体育学）	320	315	50
经济学	330	325	57

① 江莹．试论研究生复试发展轨迹及程序公正［J］．中国高教研究，2005（10）：21.

续上表

报考学科门类（专业）	总分		单科
	应届	非应届	
管理学	330	325	57
法学	330	325	57
农学	320	315	45
中医学	320	315	45
体育学	320	315	45
艺术学	320	315	45

表 3－3　2003 年全国硕士研究生招生复试最低分数线

报考学科门类（专业）	A 类考生			B 类考生			C 类考生		
	总分		单科	总分		单科	总分		单科
	应届	非应届		应届	非应届		应届	非应届	
哲学	280	275	44(66)	277	272	41(62)	275	270	39(59)
经济学	305	300	53(80)	302	297	50(75)	300	295	48(72)
法学（不含法律硕士）	325	320	54(81)	322	317	51(77)	320	315	49(74)
教育学（不含体育学）	305	300	51(77)	302	297	48(72)	300	295	46(69)
文学（不含艺术学）	325	320	56(84)	322	317	53(80)	320	315	51(77)
历史学	295	290	48(72)	292	287	45(68)	290	285	43(65)
理学	285	280	46(69)	282	277	43(65)	280	275	41(62)
工学（不含照顾专业）	275	270	41(62)	272	267	38(57)	270	265	36(54)
农学	275	270	41(62)	272	267	38(57)	270	265	36(54)
医学（不含中医学）	300	295	47(71)	297	292	44(66)	295	290	42(63)
军事学	265	260	41(62)	262	257	38(57)	260	255	36(54)
管理学（不含 MBA）	315	310	52(78)	312	307	49(74)	310	305	47(71)
体育学	305	300	42(63)	302	297	39(59)	300	295	37(56)
艺术学	300	295	44(66)	297	292	41(62)	295	290	39(59)

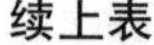

续上表

报考学科门类（专业）	A类考生			B类考生			C类考生		
	总分		单科	总分		单科	总分		单科
	应届	非应届		应届	非应届		应届	非应届	
中医学	300	295	40(60)	297	292	37(56)	295	290	35(53)
师资计划		270	40(60)		267	37(56)		265	35(53)
照顾专业（一级学科）	260	255	35(53)	260	255	35(53)	260	255	35(53)
享受少数民族政策考生	255	255	30(45)	255	255	30(45)	255	255	30(45)

说明：（1）A类考生：报考地处北京、天津、河北、山西、辽宁、吉林、黑龙江、上海、江苏、浙江、安徽、福建、江西、山东、河南、湖北、湖南、广东、海南19省（市）招生单位的考生。（2）B类考生：报考地处重庆、四川、陕西3省（市）招生单位的考生，或者目前在上述省（市）工作且定向或委托培养回原单位的考生。（3）C类考生：报考地处内蒙、广西、贵州、云南、西藏、甘肃、青海、宁夏、新疆9省区招生单位，或者目前在上述省（区）工作且定向或委托培养回原单位的考生。（4）师资计划：适用师资计划分数线的招生专业和生源范围参见教育部当年录取文件。（5）照顾专业（一级学科）：力学、冶金工程、动力工程及工程热物理、水利工程、地质资源与地质工程、矿业工程、船舶与海洋工程、兵器科学与技术、农业工程。

资料来源：http://www.cnedu.cn/news/2005/3/ta5016273314161350021124 8.html.

表3－4　2004年全国硕士研究生招生复试最低分数线

专业分区	报考学科门类（专业）	A类考生			B类考生			C类考生		
		总分	联考科目总分	单科	总分	联考科目总分	单科	总分	联考科目总分	单科
p	哲学[01]	295		44(66)	293		42(63)	290		39(59)
	经济学[02]	310		51(77)	308		49(74)	305		46(69)
	法学[03]（不含法律硕士[030180]）	330		54(81)	328		52(78)	325		49(74)
	教育学[04]（不含体育学[0403]）	315		51(77)	313		49(74)	310		46(69)
	文学[05]（不含艺术学[0504]）	335		54(81)	333		52(78)	330		49(74)

续上表

专业分区	报考学科门类（专业）	A 类考生			B 类考生			C 类考生		
		总分	联考科目总分	单科	总分	联考科目总分	单科	总分	联考科目总分	单科
p	历史学［06］	305		46(69)	303		44(66)	300		41(62)
	理学［07］	295		45(68)	293		43(65)	290		40(60)
	工学［08］（不含照顾专业）	290		41(62)	288		39(59)	285		36(54)
	农学［09］	275		40(60)	273		38(57)	270		35(53)
	医学［10］（不含中医学［1005］）	300		45(68)	298		43(65)	295		40(60)
	军事学［11］	295		44(66)	293		42(63)	290		39(59)
	管理学［12］（不含 MBA［120280］）	315		52(78)	313		50(75)	310		47(71)
t	体育学［0403］	305		43(65)	303		41(62)	300		38(57)
y	艺术学［0504］	305		43(65)	303		41(62)	300		38(57)
z	中医学［1005］	290		43(65)	288		41(62)	285		38(57)
j	法律硕士［030180］	330		53(80)	328		51(77)	325		48(72)
m	工商管理硕士［120280］	300	225	50(100)	290	215	45(90)	280	205	40(80)
x	照顾专业（一级学科）	280		39(59)	278		37(56)	275		34(51)
	享受少数民族政策考生	260		32(48)	260		32(48)	260		32(48)

说明：（1）A 类考生：报考地处一区招生单位的考生。（2）B 类考生：报考地处二区招生单位的考生，或者目前在二区工作且定向或委托培养回原单位的考生。（3）C 类考生：报考地处三区招生单位的考生，或者目前在三区工作且定向或委托培养回原单位的考生。（4）一区系北京、天津、河北、山西、辽宁、吉林、黑龙江、上海、江苏、浙江、安徽、福建、江西、山东、河南、湖北、湖南、广东、海南 19 省（市）。（5）二区系重庆、四川、陕西 3 省（市）。（6）三区系内蒙 、广西、贵州、云南、西藏、甘肃、青海、宁夏、新疆 9 省（区）。（7）照顾专业（一级学科）：力学［0801］、冶金工程［0806］、动力工程及工程热物理［0807］、水利工程［0815］、地质资源与地质工程

[0818]、矿业工程［0819］、船舶与海洋工程［0824］、航空宇航科学与技术［0825］、兵器科学与技术［0826］、核科学与技术［0827］、农业工程［0828］。（8）享受少数民族政策考生：报考地处二、三区招生单位，且毕业后原则上在招生单位所在省（区、市）就业的少数民族应届本科毕业生考生；或者工作单位在国务院公布的民族自治地方，即5个自治区、30个自治州、119个自治县（旗），并报考为原单位定向或委托培养的少数民族在职人员考生。

表3－5　2005年全国硕士研究生招生复试最低分数线

报考学科门类（专业）	A类考生			B类考生			C类考生		
	总分	单科（满分=100）	单科（满分>100）	总分	单科（满分=100）	单科（满分>100）	总分	单科（满分=100）	单科（满分>100）
哲学[01]	310	47	71	305	45	68	300	41	62
经济学[02]	335	53	80	325	51	77	320	47	71
法学[03]（不含法律硕士[030180]）	340	55	83	335	53	80	330	49	74
教育学[04]（不含体育学[0403]）	325	53	80	320	51	77	315	47	71
文学[05]（不含艺术学[0504]）	350	55	83	345	53	80	340	49	74
历史学[06]	315	48	72	310	46	69	305	42	63
理学[07]	305	47	71	300	45	68	295	41	62
工学[08]（不含照顾专业）	290	44	66	285	42	63	280	38	57
农学[09]	280	40	60	275	38	57	270	34	51
医学[10]（不含中医学[1005]）	315	49	74	310	47	71	305	43	65
军事学[11]	280	43	65	275	41	62	270	37	56
管理学[12]（不含MBA[120280]）	335	53	80	330	51	77	325	47	71
体育学[0403]	310	47	71	305	45	68	300	41	62
艺术学[0504]	315	47	71	310	45	68	305	41	62
中医学[1005]	300	46	69	295	44	66	290	40	60
法律硕士[030180]	326	53	80	321	51	77	316	47	71

续上表

报考学科门类（专业）	A类考生			B类考生			C类考生		
	总分	单科（满分=100）	单科（满分>100）	总分	单科（满分=100）	单科（满分>100）	总分	单科（满分=100）	单科（满分>100）
工商管理硕士[120280]	165	50	100	155	45	90	145	40	80
照顾专业（一级学科）	280	36	54	275	34	51	270	30	45
享受少数民族政策考生	265	30	45	265	30	45	265	30	45

说明：(1) A类考生：报考地处一区招生单位的考生。(2) B类考生：报考地处二区招生单位的考生，或者目前在二区工作且定向或委托培养回原单位的考生。(3) C类考生：报考地处三区招生单位的考生，或者目前在三区工作且定向或委托培养回原单位的考生。(4) 一区系北京、天津、河北、山西、辽宁、吉林、黑龙江、上海、江苏、浙江、安徽、福建、江西、山东、河南、湖北、湖南、广东18省（市）。(5) 二区系重庆、四川、陕西3省（市）。(6) 三区系内蒙古、广西、海南、贵州、云南、西藏、甘肃、青海、宁夏、新疆10省（区）。(7) 照顾专业（一级学科）：力学[0801]、冶金工程[0806]、动力工程及工程热物理[0807]、水利工程[0815]、地质资源与地质工程[0818]、矿业工程[0819]、船舶与海洋工程[0824]、航空宇航科学与技术[0825]、兵器科学与技术[0826]、核科学与技术[0827]、农业工程[0828]。(8) 享受少数民族政策考生：报考地处二、三区招生单位，且毕业后原则上在招生单位所在省（市、区）就业的少数民族应届本科毕业生考生；或者工作单位在国务院公布的民族自治地方，即5个自治区、30个自治州、119个自治县（旗），并报考为原单位定向或委托培养的少数民族在职人员考生。

表3-6　2006年全国硕士研究生招生复试最低分数线

报考学科门类（专业）	A类考生			B类考生			C类考生		
	总分	单科（满分=100）	单科（满分>100）	总分	单科（满分=100）	单科（满分>100）	总分	单科（满分=100）	单科（满分>100）
哲学[01]	305	46	69	300	44	66	295	40	60
经济学[02]	340	56	84	330	54	81	325	50	75
法学[03]（不含法律硕士[030180]）	340	55	83	335	53	80	330	49	74

续上表

报考学科门类（专业）	A 类考生			B 类考生			C 类考生		
	总分	单科（满分=100）	单科（满分>100）	总分	单科（满分=100）	单科（满分>100）	总分	单科（满分=100）	单科（满分>100）
教育学［04］（不含体育学［0403］）	325	53	80	320	51	77	315	47	71
文学［05］（不含艺术学［0504］）	350	57	86	345	55	83	340	51	77
历史学［06］	315	48	72	310	46	69	305	42	63
理学［07］	305	46	69	300	44	66	295	40	60
工学［08］（不含照顾专业）	305	45	68	300	43	65	295	39	59
农学［09］	280	39	59	275	37	56	270	33	50
医学［10］（不含中医学［1005］）	310	48	72	305	46	69	300	42	63
军事学［11］	300	46	69	295	44	66	290	40	60
管理学［12］（不含MBA［120280］）	340	54	81	335	52	78	330	48	72
体育学［0403］	310	47	71	305	45	68	300	41	62
艺术学［0504］	320	47	71	315	45	68	310	41	62
中医学［1005］	300	46	69	295	44	66	290	40	60
法律硕士［030180］	335	54	81	330	52	78	325	48	72
工商管理硕士［120280］	170	50	100	160	45	90	150	40	80
照顾专业（一级学科）	290	42	63	285	40	60	280	36	54
享受少数民族政策考生	270	35	53	270	35	53	270	35	53

说明：（1）A 类考生：报考地处一区招生单位的考生。（2）B 类考生：报考地处二区招生单位的考生，或者目前在二区工作且定向或委托培养回原单位的考生。（3）C 类考生：报考地处三区招生单位的考生，或者目前在三区工作且定向或委托培养回原单位的考生。（4）一区系北京、天津、河北、山西、辽宁、吉林、黑龙江、上海、江苏、浙江、安徽、福建、江西、山东、河南、湖北、湖南、广东 18 省（市）。（5）二区系重庆、四川、陕西 3 省（市）。（6）三区系内蒙古、广西、海南、贵州、云南、西藏、甘肃、青海、宁夏、新疆 10 省（区）。（7）照顾专业（一级学科）：力学［0801］、冶金

工程［0806］、动力工程及工程热物理［0807］、水利工程［0815］、地质资源与地质工程［0818］、矿业工程［0819］、船舶与海洋工程［0824］、航空宇航科学与技术［0825］、兵器科学与技术［0826］、核科学与技术［0827］、农业工程［0828］。（8）享受少数民族政策考生：报考地处二、三区招生单位，且毕业后原则上在招生单位所在省（市、区）就业的少数民族应届本科毕业生考生；或者工作单位在国务院公布的民族自治地方，即5个自治区、30个自治州、119个自治县（旗），并报考为原单位定向或委托培养的少数民族在职人员考生。

表3－7　2007年全国硕士研究生招生复试最低分数线

报考学科门类（专业）	A类考生			B类考生			C类考生		
	总分	单科（满分=100）	单科（满分>100）	总分	单科（满分=100）	单科（满分>100）	总分	单科（满分=100）	单科（满分>100）
哲学[01]	305	46	69	300	44	66	295	41	62
经济学[02]	325	53	80	320	51	77	315	48	72
法学[03]（不含法律硕士[030180]）	335	53	80	330	51	77	325	48	72
教育学[04]（不含体育学[0403]）	305	50	150	300	48	144	295	45	135
文学[05]（不含艺术学[0504]）	350	55	83	345	53	80	340	50	75
历史学[06]	290	41	123	285	39	117	280	36	108
理学[07]	305	49	74	300	47	71	295	44	66
工学[08]（不含照顾专业）	290	41	62	285	39	59	280	36	54
农学[09]	285	40	60	280	38	57	275	35	53
医学[10]（不含中医学[1005]）	295	44	132	290	42	126	285	39	117
军事学[11]	300	46	69	295	44	66	290	41	62
管理学[12]（不含MBA[120280]）	330	54	81	325	52	78	320	49	74
体育学[0403]	305	45	135	300	43	129	295	40	120
艺术学[0504]	325	45	68	320	43	65	315	40	60
中医学[1005]	285	43	129	280	41	123	275	38	114
法律硕士[030180]	340	53	80	335	51	77	330	48	72

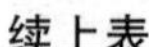

续上表

报考学科门类（专业）	A类考生			B类考生			C类考生		
	总分	单科（满分=100）	单科（满分>100）	总分	单科（满分=100）	单科（满分>100）	总分	单科（满分=100）	单科（满分>100）
工商管理硕士［120280］	165	48	96	155	43	86	145	38	76
照顾专业（一级学科）	280	38	57	275	36	54	270	33	50
享受少数民族政策的考生	270	33	50	270	33	50	270	33	50

说明：（1）A类考生：报考地处一区招生单位的考生。（2）B类考生：报考地处二区招生单位的考生，或者目前在二区工作且定向或委托培养回原单位的考生。（3）C类考生：报考地处三区招生单位的考生，或者目前在三区工作且定向或委托培养回原单位的考生。（4）一区系北京、天津、河北、山西、辽宁、吉林、黑龙江、上海、江苏、浙江、安徽、福建、江西、山东、河南、湖北、湖南、广东18省（市）。（5）二区系重庆、四川、陕西3省（市）。（6）三区系内蒙古、广西、海南、贵州、云南、西藏、甘肃、青海、宁夏、新疆10省（区）。（7）照顾专业（一级学科）：力学［0801］、冶金工程［0806］、动力工程及工程热物理［0807］、水利工程［0815］、地质资源与地质工程［0818］、矿业工程［0819］、船舶与海洋工程［0824］、航空宇航科学与技术［0825］、兵器科学与技术［0826］、核科学与技术［0827］、农业工程［0828］。（8）享受少数民族政策考生：报考地处二、三区招生单位，且毕业后原则上在招生单位所在省（市、区）就业的少数民族应届本科毕业生考生；或者工作单位在国务院公布的民族自治地方，即5个自治区、30个自治州、119个自治县（旗），并报考为原单位定向或委托培养的少数民族在职人员考生。

表3－8　2008年全国硕士研究生招生复试最低分数线

报考学科门类（专业）	A类考生			B类考生			C类考生		
	总分	单科（满分=100）	单科（满分>100）	总分	单科（满分=100）	单科（满分>100）	总分	单科（满分=100）	单科（满分>100）
哲学［01］	295	41	62	285	37	56	280	35	53
经济学［02］	335	54	81	325	50	75	320	48	72
法学［03］（不含法律硕士［030180］）	330	53	80	320	49	74	315	47	71
教育学［04］（不含体育学［0403］）	310	49	147	300	45	135	295	43	129

续上表

报考学科门类（专业）	A类考生			B类考生			C类考生		
	总分	单科（满分=100）	单科（满分>100）	总分	单科（满分=100）	单科（满分>100）	总分	单科（满分=100）	单科（满分>100）
文学［05］（不含艺术学［0504］）	350	57	86	340	53	80	335	51	77
历史学［06］	280	39	117	270	35	105	265	33	99
理学［07］	300	47	71	290	43	65	285	41	62
工学［08］（不含照顾专业）	300	44	66	290	40	60	285	38	57
农学［09］	275	39	59	265	35	53	260	33	50
医学［10］（不含中医学［1005］）	295	44	132	285	40	120	280	38	114
军事学［11］	300	49	74	290	45	68	285	43	65
管理学［12］（不含MBA［120280］）	330	54	81	320	50	75	315	48	72
体育学［0403］	295	42	126	285	38	114	280	36	108
艺术学［0504］	320	45	68	310	41	62	305	39	59
中医学［1005］	275	39	117	265	35	105	260	33	99
法律硕士［030180］	340	54	81	330	50	75	325	48	72
工商管理硕士［120280］	175	54	108	165	49	98	155	44	88
照顾专业（一级学科）	285	39	59	275	35	53	270	33	50
享受少数民族政策的考生	260	33	50	260	33	50	260	33	50

说明：（1）A类考生：报考地处一区招生单位的考生。（2）B类考生：报考地处二区招生单位的考生。（3）C类考生：报考地处三区招生单位的考生，或者目前在三区就业且定向或委托培养回原单位的考生。（4）一区系北京、天津、上海、江苏、浙江、福建、山东、河南、湖北、湖南、广东等11省市。（5）二区系河北、山西、辽宁、吉林、黑龙江、安徽、江西、重庆、四川、陕西等10省市。（6）三区系内蒙古、广西、海南、贵州、云南、西藏、甘肃、青海、宁夏、新疆等10省区。（7）照顾专业（一级学科）：力学［0801］、冶金工程［0806］、动力工程及工程热物理［0807］、水利工程［0815］、地质资源与地质工程［0818］、矿业工程［0819］、船舶与海洋工程［0824］、航空宇航科学与技术［0825］、兵器科学与技术［0826］、核科学与技术［0827］、农业工程

[0828]。(8) 享受少数民族政策考生：报考地处二、三区招生单位，且毕业后在国务院公布的民族区域自治地方就业的少数民族普通高校应届本科毕业生考生；或者工作单位在民族区域自治地方范围，为原单位定向或委托培养的少数民族在职人员考生。

表3-9 2009年全国硕士研究生招生复试最低分数线

报考学科门类（专业）	A类考生			B类考生			C类考生		
	总分	单科（满分=100）	单科（满分>100）	总分	单科（满分=100）	单科（满分>100）	总分	单科（满分=100）	单科（满分>100）
哲学[01]	280	37	56	270	34	51	260	31	47
经济学[02]	315	47	71	305	44	66	295	41	62
法学[03]（不含法律硕士[030180]）	315	46	69	305	43	65	295	40	60
教育学[04]（不含体育学[0403]）	300	42	126	290	39	117	280	36	108
文学[05]（不含艺术学[0504]）	340	51	77	330	48	72	320	45	68
历史学[06]	290	40	120	280	37	111	270	34	102
理学[07]	280	38	57	270	35	53	260	32	48
工学[08]（不含照顾专业）	275	37	56	265	34	51	255	31	47
农学[09]	260	32	48	255	31	47	250	30	45
医学[10]（不含中医学[1005]）	285	39	117	275	36	108	265	33	99
军事学[11]	300	48	72	290	45	68	280	42	63
管理学[12]（不含MBA[120280]）	315	47	71	305	44	66	295	41	62
体育学[0403]	285	39	117	275	36	108	265	33	99
艺术学[0504]	320	42	63	310	39	59	300	36	54
中医学[1005]	275	37	111	265	34	102	255	31	93
法律硕士[030180]	315	47	71	305	44	66	295	41	62
工商管理硕士[120280]	155	50	85	145	45	77	135	40	68
照顾专业（一级学科）	260	37	56	250	34	51	240	31	47
享受少数民族政策的考生	240	31	47	240	31	47	240	31	47

说明：（1）A 类考生：报考地处一区招生单位的考生。（2）B 类考生：报考地处二区招生单位的考生。（3）C 类考生：报考地处三区招生单位的考生，或者目前在三区就业且定向或委托培养回原单位的考生。（4）一区系北京、天津、上海、江苏、浙江、福建、山东、河南、湖北、湖南、广东等 11 省市。（5）二区系河北、山西、辽宁、吉林、黑龙江、安徽、江西、重庆、四川、陕西等 10 省（市）。（6）三区系内蒙古、广西、海南、贵州、云南、西藏、甘肃、青海、宁夏、新疆等 10 省（区）。（7）照顾专业（一级学科）：力学［0801］、冶金工程［0806］、动力工程及工程热物理［0807］、水利工程［0815］、地质资源与地质工程［0818］、矿业工程［0819］、船舶与海洋工程［0824］、航空宇航科学与技术［0825］、兵器科学与技术［0826］、核科学与技术［0827］、农业工程［0828］。（8）享受少数民族政策考生：报考地处二、三区招生单位，且毕业后在国务院公布的民族区域自治地方就业的少数民族普通高校应届本科毕业生考生；或者工作单位在民族区域自治地方范围，为原单位定向或委托培养的少数民族在职人员考生。

从以上 9 个表格可见，我国学术型硕士研究生招生考试制度，从创建伊始就具有统一考试、统一录取的基本特征。划定统一的分数线，不论何种专业、学科，都不加区别地按照国家规定的同一个分数线录取；参加复试人员与录取人数的基本比例为 1∶1，复试流于形式。近几年重视复试环节，增加复试人数比例，复试具有淘汰的性质。按照不同学科的特点，分门别类加以区分。如工学与经济学、管理学、农学等不同学科，对单科与总分成绩的要求不同。工学与农学是相对偏冷的学科，报考人数偏少，对外语的应用要求也不是很高，因而在分数线的划定上偏低；而经济学、管理学是相对热门的专业，报考基数大，竞争激烈，社会上对此两类专业人才的英语能力要求较高，因而总体分数线与单科分数线的划定均偏高。

值得注意的是，全国学术型硕士研究生复试分数线的划分开始注重地区差异。从 2003 年开始，根据东部沿海发达城市、西部欠发达地区以及偏远贫困地区，将考生分为三类：A 类、B 类和 C 类，分别划线，呈现不同梯度和层级的区别，这对于鼓励考生报考中西部地区高校、促进高等教育生源合理流向起到了积极作用。在此之前，一般对报考偏远欠发达地区高校的考生录取分数，在总分与单科分数上各降 5 分，这种划分过于简单、笼统，对于不同经济发展水平的地区差别没有进行细致的考虑与区别。

三、扩大高校招生自主权

为了逐步扩大高等学校在硕士研究生招生工作中的自主权，2003 年我

国决定在北京大学、中国人民大学、清华大学等34所高校①，进行自定复试分数线的改革试点，允许这些高校按照报考情况、生源质量以及学科发展需要，自主划定复试分数线，不再由全国统一划定复试分数线。

国家赋予34所高校自主划定复试分数线的权力，各高校可充分考虑其优势特色与学科专业的差异性，灵活划定录取分数线，自主选拔各学科的优秀专业人才；根据学校发展实际，自主确定"有所为有所不为"，即确定哪些学科多招，哪些学科少招、减招，哪些学科分数线定高一些，哪些学科分数线定低一些，体现自身办学特色与优势的学科和专业，从严选拔录取，促进本校强势学科的发展。

上述扩大高校招生自主权的举措，打破了全国统一划定复试分数线的格局。此外，在复试环节，扩大参加复试的人数比例，实行淘汰制，从而确定复试的选拔作用。一些高校采用竞赛式复试，不断完善复试制度，重视专家和导师在研究生选拔中的作用，保障高校自主招生的公平公正。

第三节　硕士研究生招生综合考试科目解析

为了进一步认识学术型硕士研究生招生选拔制度的演变轨迹，本节以2007年硕士研究生招生考试为例，考察和分析初试阶段专业基础综合科目改革的原因、内容及作用。根据《教育部关于2007年改革全国硕士研究生统一入学考试部分学科门类初试科目的通知》，2007年对教育学、历史学、医学三个学科门类的初试科目和内容进行调整，初试科目为政治理论、外国语、专业基础综合，将专业课与基础课合并，改为专业基础综合，全国统一命题、集中评卷。这一新的硕士研究生招考方案的颁行具有多方面原因，其利弊得失需要进一步考察和分析。

一、专业基础综合科目改革的原因

长期以来，学术型硕士研究生招生的专业科目考试主要由招生单位自主命题，考生参加全国统一考试。新方案选择3个一级学科实行专业科目全国

① 这34所高校包括北京大学、中国人民大学、清华大学、北京航空航天大学、北京理工大学、中国农业大学、北京师范大学、南开大学、天津大学、大连理工大学、东北大学、吉林大学、哈尔滨工业大学、复旦大学、同济大学、上海交通大学、南京大学、东南大学、浙江大学、中国科学技术大学、厦门大学、山东大学、武汉大学、华中科技大学、湖南大学、中南大学、中山大学、华南理工大学、重庆大学、四川大学、电子科技大学、西安交通大学、西北工业大学和兰州大学。

统一命题，主要出于以下考虑。

（一）基于初试、复试的定位与功能分化

随着硕士研究生招生考试制度改革的进一步深化，以及对初试与复试的进一步认识，开始将两者的定位与功能加以明确区分。

初试侧重于考查考生的基本素质、一般能力和学科基本素养，旨在考查学生大学本科阶段的基础知识、基本理论、方法和技能，以及运用所学的基础知识、基本理论、方法和技能，分析、判断和解决有关理论问题与实际问题的能力。基于对全体考生共性的考核，初试精简、优化考试科目，全国统一命题、统一考试，增加考试成绩的可比性，有助于公平比较、择优选拔。

复试侧重于对考生专业素质和能力、综合素质和能力的考查，包括对考生专业素养、发展潜力、创新精神和创新能力的考查，以及对其文化素质、思想品德、社会实践等的考查。复试是基于对考生个性化的考核，由各个高校结合本校学科、专业特点进行深入考查。因此，将复试的权力主体落实到高校，由高等学校自主选择适合研究的学术型人才。

（二）招生单位自命题的区分度不明显

2005 年教育部考试中心对北京大部分高校自命题试卷的调查发现：有相当一部分试卷的区分度不明显，成绩结果显示并不呈现正态分布。也就是说，自主命题没有测验出考生的真实水平，没有明确区分出等级层次水平，而且试卷题目的低水平重复性严重，无法选拔出优秀人才。为提高考试的信度与科学性，进一步提高硕士研究生的生源质量，将专业基础课的考核改为全国统一的综合考试。

二、专业基础综合考试科目改革的内容

2007 年全国硕士研究生入学统一考试科目为 3 门：政治理论、外国语、专业基础综合。政治理论、外国语科目的满分值均为 100 分；专业基础综合科目满分值为 300 分，考试时间为 180 分钟，考试方式为闭卷笔试，试卷中客观题目占 1/3。以教育学、历史学和医学 3 个学科门类为试点，按照一级学科由全国统一命题。专业基础综合科目考试为大学本科阶段专业基础课的综合考试，考试内容为进入研究生学习阶段所必备的专业基础知识、基本理论以及相应能力。在这 3 个学科门类下，除了部分学科、专业的专业基础综合科目实行学校联合命题或自命题外，教育学、历史学门类中的教育学、心理学、历史学 3 个一级学科的专业基础综合科目由全国统一命题，医学门类下的部分学科专业基础综合科目仍沿用统一命题的西医综合或中医综合。

三、统一综合考试改革的评价

专业基础综合考试科目的设置，将专业基础课命题权集中于国家特定机构统一行使，并与政治理论、外国语科目共同组成硕士研究生入学初试科目。总体来看，这项改革适应了高等教育大众化阶段学术型硕士研究生选拔的需要。

（一）设置专业基础综合考试科目的初衷

专业课与基础课合并为专业基础综合考试科目，全国统一命题，有助于提高考试的安全性。近些年，部分招生单位自主命题在考试管理方面存在隐患，出现了多起泄题、漏题事件，造成不良影响。针对这一问题，改由全国统一命题，有利于提高考试的安全性。

全国统一命题，还有助于提高试题的科学性，保证生源质量。针对近年一些刚设立硕士点或一般院校的自主命题质量低下状况，国家统一命题保证考试的信度和效度，对提高研究生培养单位整体招生质量，促进高层次人才培养的良性循环，具有积极意义。对于具有多年研究生招生经验的高校以及一些高水平研究型大学，国家统一命题，在一定程度上将其招生质量拉低到全国平均水平，导致此类大学生源质量的下降，也无法体现招生单位的个性化要求。以教育学科门类为例，华东师范大学的课程与教学论、厦门大学的高等教育学、北京师范大学的基础心理学、浙江大学的应用心理学等，在教育学这一学科下创建了自身的特色专业。全国统一综合考试科目对提高一般院校的命题水平、提升其生源质量具有积极意义，但是对于高水平研究型大学而言，如“985 工程”高校和“211 工程”高校的部分学科、专业，则淡化其学科优势与专业特色，不能较好地满足招生单位对人才选拔的个性化需要。

（二）硕士研究生入学统一初试的利弊分析

将专业课的考试权收归国家掌控，在研究生入学初试中就实行国家统一综合考试，具有一定的积极意义：第一，可以有效体现考试公平。随着研究生招生规模扩大，考生和社会大众对招生考试公平性的诉求与维权意识不断增强。统一考试在维护考生公平竞争的权利，保障考试的科学性、安全性，以及防止暗箱操作与权钱交易等招考腐败行为方面具有较好的作用。第二，有利于引导高校实施素质教育。硕士研究生招生考试在一定意义上对本科教学具有导向作用。通过硕士研究生入学初试对本科生综合素质的考查，引导高校积极实施素质教育，既全面提高学生素质，又充分发展学生个性。

统一综合考试虽然有积极作用，但也存在着自身的局限性，因此不能简

单代替自主招生等其他选拔形式。因为研究生的选拔与培养是一项十分复杂的活动，涉及因素较多，任何只考虑单一因素的制度必然存在局限性。研究生的培养是课程学习与科学研究并重、自主学习与导师指导紧密结合的科研活动，旨在培养某一学科专门人才。因而，学术型硕士研究生的选拔应更侧重考查考生潜在的科研能力以及学科倾向性，作为个性化的考核，主要应由处于培养第一线的招生单位或导师进行甄选。

第四节　硕士研究生招生推荐免试制度的实施

推荐免试制度是指普通高等学校推荐优秀应届本科毕业生免试攻读硕士学位研究生制度，它作为我国学术型硕士研究生招生制度的重要组成部分，成为研究生招生制度改革的重要内容。

一、实行推荐免试制度的原因

推荐免试制度作为高等教育人才选拔模式之一，是经过实践检验的，在选拔优秀生源中发挥重要作用，其地位越来越突出。这主要有以下几方面原因：

第一，提高研究生选拔质量的要求。1985 年我国试行推荐免试制度主要原因在于发展我国研究生教育事业，提高研究生素质。在针对现行推荐免试制度调查访谈中，导师、专家都认为推荐生生源质量较高，具有很好的培养前途与发展潜力，这一做法有助于提高研究生的选拔质量，是培养拔尖创新人才的重要保证。

第二，有利于拓宽人才选拔途径。我国在硕士研究生招生工作之初，就探索多样化的招生途径。推荐免试制度作为学术型硕士研究生生招生制度的重要组成部分，体现了多渠道、多类型人才选拔的导向，能够弥补现行考试制度的不足，适应大众化高等教育多元入学标准的发展趋势。

第三，是激励高校在校学生勤奋学习、积极创新、全面发展的有效措施。实行推荐免试制度，让更多优秀本科生在学习过程中看到有更宽广的升学途径，这在一定程度上可缓解其就业心理压力，减少其急功近利的浮躁心态，激发他们安心学习、努力进取、向更高教育层次迈进的信心。

二、推荐免试制度的发展历程

推荐免试制度从 1985 年开始实行，至今已近 30 年，其本身也经历了不

断改革和发展完善的过程。

（一）扩大推荐免试生比例

1985 年，教育部规定推荐免试生的比例控制在应届毕业生总数的 5% 以内。1994 年，开始适当提高有权进行推荐免试学校的推荐比例，设研究生院的院校推荐免试生占当年应届本科毕业生的 5%，其他院校为 1%；1995 年其他院校的比例提高到 2%。2007 年推免生的比例进一步扩大，规定“教育部批准设立研究生院的高等学校推免生一般按应届本科毕业生数的 15% 左右确定；未设立研究生院的‘211 工程’建设高等学校一般按应届本科毕业生数的 5% 左右确定；其他高等学校一般按应届本科毕业生数的 2% 确定，其中初次开展推荐工作的高等学校，前 3 年每年一般按应届本科毕业生数的 1% 确定；经教育部确定的人文、理科等人才培养基地的高等学校，按教育部批准的基地班招生人数的 50% 左右，单独增加推免生名额，由学校统筹安排；对国家发展急需的专业适当增加推荐免试生名额”。①

扩大推荐免试生比例，加大人才选拔力度，是培养创新人才和实现我国建设创新型国家战略目标的有效举措。一方面，具有推荐免试生资格的硕士研究生候选人，一般为全国重点院校本科生，生源质量较高；另一方面，推荐免试生侧重综合素质与学术性向的考核，有利于研究人才的选拔和培养。

（二）明确限定各招生单位对本校推免生接收数量

扩大推荐免试生比例，并不意味着不再招收参加国家考试的考生。国家明确规定，各招生单位均应留有一定名额招收统一考生或单独考生，不允许推荐免试生再参加统考，占用统考生的名额。2003 年《关于调整全国硕士研究生入学考试科目的通知》第一次明确本校免试生招生的比例，“设立研究生院的高校接收本校推荐免试生人数，原则上不超过本校推荐免试生总数的 70%，其中西部高校及军工、石油、农林、矿业、地质类高校不超过 80%”，而 2007 年对这一比例的确定降低了 5 个百分点，“设有研究生院的高等学校接收本校推免生的人数，不得超过本校推免生总数的 65%，其中地处西部省份或军工、矿业、石油、地质、农林等特殊类型的高等学校，上述比例可适当放宽，但不得超过 75%”。②

这表明每个高校获得免试资格的学生必须有 30% ~35% 流向外校，有利于控制学术上“近亲繁殖”现象，促进人才的互动与校际、招生单位间以及地区间的学术交流，加强优势互补。

---

①② 《教育部关于印发〈全国普通高等学校推荐优秀应届本科毕业生免试攻读硕士学位研究生工作管理办法（试行）〉的通知》（教学〔2006〕14 号）。

（三）成立专门职能部门进行管理

教育部负责全国高等学校推免生工作的宏观管理；遴选专家组成推免生工作专家委员会，对高等学校是否可以开展推荐工作进行评议；省、自治区、直辖市研究生招生工作部门，具体负责本行政区域内高等学校推免生的管理和监督工作。

对于开展推荐工作的高等学校，在2003年研究生招生中，依据教育部相关文件，第一次明确推荐、接收免试生由校级部门管理，“推荐到外校的推荐免试生资格证明，由所在学校教务部门或研究生招生办公室统一出具；接收推荐免试生的函，由接收学校研究生招生办公室统一发出”①。2007年进一步规定，成立由校领导牵头，各有关职能部门负责人及专家教授代表等组成的推免生遴选工作领导小组，负责本校推荐工作；校内院（系）成立由有关负责人和教师代表组成的推荐工作小组，具体实施本单位推荐工作。

此外，还制定了推免生遴选标准。通过制定综合评价体系，对应届毕业生从政治思想素质、学习成绩、研究兴趣、思想品德以及学术专长等方面进行全面衡量和综合测评；依据应届毕业生大学期间平时学习成绩、毕业论文、科研成果以及专家推荐意见等，考查其综合能力与素质。

三、推荐免试制度的优点和存在的问题

普通高等学校推荐优秀应届本科毕业生免试攻读硕士学位研究生制度，在一定程度上也招来了争议。就此问题，我们通过对多家研究生院院长、招办主任的访谈，并综合社会舆论进行分析，大致可归纳为两种态度：第一种是赞同推荐免试制度，认为应当继续扩大推荐免试生的招收比例；第二种态度则倾向于废除推荐生制度，认为这种制度不合理。为什么会出现截然相反的两种态度呢？推荐免试制度存废问题值得深入探究。

（一）推荐免试制度的优点

推荐免试制度在人才选拔上具有其本身的优势：第一，从历史的角度考察，人才甄选不外乎两种办法，考查推荐与考试选拔，“选才制度的历史演化印证了推荐制存在的必要性”②。推荐制度作为考试制度的重要辅助手段，打破了唯考试论，在消除应试的片面性、选拔特长生方面具有积极意义。在我国，建立以考试制度为主、考试与推荐相结合的学术型硕士研究生选拔方

① 参见《教育部关于做好2003年招收攻读硕士学位研究生工作的通知》（教学〔2002〕13号）.

② 罗立祝．我国高校招生考试政策研究［D］．厦门：厦门大学，2006.

式具有重要意义。第二，推荐免试制度的最大特点是能够全面考查考生的综合素质。它不仅能够综合测评考生的德、智、体等素质，也可以全面衡量考生的人格特征等其他素质，有助于激励高校在校学生勤奋学习、积极创新、全面发展，引导高校开展素质教育。第三，推荐免试制度，有助于扩大高校招生自主权，选拔优秀人才。高等学校通过对推荐生进行面试，能够了解其专长，从而选拔具有专业适应性的优秀人才，有利于高校提高研究生培养质量；高校自行决定对推荐生的考核方式与录取，有助于扩大高校招生自主权。

从推荐免试制度的实践来看，推荐生的素质普遍较高。在对硕士研究生导师、研究生院院长以及专家学者的访谈中，他们也都认为相对于参加全国统一考试的考生而言，推荐生的生源质量更高、素质更好。一方面，具有推荐资格的硕士研究生候选人都是全国重点院校本科生，这些院校已经形成了一定的办学声望与自我约束机制，本科阶段的教育质量得以保证，并实现客观公平选拔。另一方面，推荐生的政治素质高；学习成绩名列前茅，专业基础扎实，本科阶段已跟随导师进行课题研究，具有专业研究优势和发展潜力；实践能力、创造能力较强，尤其动手操作能力强。如在化学专业的实验操作中，考生自选药品、器皿进行实验操作的动手能力，推荐生明显好于统考生。

（二）推荐免试制度存在的问题

对推荐免试制度还存在废除此项制度的声音，主要原因在于推荐免试制度也存在一些问题。

首先，推荐免试生意味着通过考试竞争入学者机会减少。这里以 2007 年度北京大学招收免试推荐生为例。该年度北京大学共招收校内外推荐免试研究生 1 400 余人，其中校内、校外各占 50%（见表 3－10）。

表 3－10　2007 年北京大学免试推荐生招生名额

院系	招生总数/人	推荐生名额/人	推荐生所占比例/%	本校推荐生人数/人
数学科学学院	80	49	61.3	38
物理学院	100	42	42.0	28
化学与分子工程学院	79	50	63.3	30
地球与空间科学学院	70	43	61.4	28
环境学院	193	102	52.8	35
心理学系	65	29	44.6	20

续上表

院系	招生总数/人	推荐生名额/人	推荐生所占比例/%	本校推荐生人数/人
新闻传播学院	70	36	51.4	21
教育学院	26	22	84.6	17

资料来源：根据2007年北京大学硕士研究生招生目录与免试推荐生公布名单编制而成。

2008年，北京大学接收推荐免试研究生的数量比2007年有所增加，理工科院系接收推荐免试研究生比例为50%～80%，其他文科院系一般不低于50%，全校平均增招比例在7%左右。

从表3－10中可以看到，推荐生名额平均占到硕士研究生招生总数的一半以上，而教育学院推荐生比例达到84.6%，这表明仅留有少量的名额招收参加全国统一考试的考生。对全国考生而言，没有提供公平竞争的机会，也是一种不公平现象；此外，本校推荐生的名额又占据推荐生总数的大部分，容易形成“近亲繁殖”现象。

其次，从保送生的选拔标准来看，也存在问题。如有的学者所言：“作为保送生一般有两种：一种是因为学习成绩优异而保送，第二种保送生是学生干部、特长生，因此保送制度不合理。”[①] 前者各门课程考分都相当高，但诸多优秀学者成长的历程表明，他（她）们在本科阶段的成绩往往只处于中上水平，有的还偏科，因此，保送生保送的多是应试型而非研究型人才；后者因为干部的身份享有不考直升的特权，则更不合理。

最后，推荐免试制度容易演变成腐败的温床。如某高校法学院2000年保研时公布的两次名单不同，在第二次的名单中，党史系一名较差的学生替换了一名优秀的学生。据了解，被保送的这名学生是为法学院做过很大贡献的干部的孩子。又如某体育院校的“旱鸭子”被保送成了游泳专业研究生，因为本校学生优先照顾，在复试中仅走过场。[②] 每年到保送时期，学校的各个系院、行政部门都会收到来自各方面的“条子”。

推荐免试制度在创新人才的选拔方面具有重要价值，但也容易走向异化。其主要原因在于：第一，社会环境的制约。我国社会具有重视人情关系、面子的传统，推荐保送生在实践中容易受到人情关系、权力等外部因素的侵蚀，滋生腐败现象。教育是社会大系统中的子系统，我国高校没有形成大学自治的传统与机制，无法抵御社会中不良风气的影响。因此，良好制度

① 贺卫方．我为什么要停招硕士生——答博客中国［J］．社会科学论坛，2005（10）：99.

② 转引自：新华网新闻，http://news.xinhuanet.com/edu/2005－09/26/content_3545206.htm.

在运行操作中就容易走向异化，产生“荐良不荐优”、暗箱操作，甚至权钱交易等腐败行为。第二，教育内部因素的制约。激烈的研究生招生考试竞争，反映出我国优质高等教育资源稀缺以及社会地位的竞争。在我国诚信体系尚未健全的状况下，推荐免试制度本身缺乏刚性标准、制度支撑与法律保障，在人才选拔方面容易违背初衷，走向异化。

总之，推荐免试制度如果操作得当，可以选拔出创新型人才。而如何提高招生选拔的公平性，防止异化，则成为推荐制存废的关键。在人才选拔中建立规范、科学的测评体系，提高公平性，加强社会监督机制，成为推荐免试制度改革的目标。

第四章　专业硕士研究生招生考试及其发展

设置专业学位是我国学位制度的一项重要内容。它适应了国家经济建设和社会发展对多样化人才的需要。专业学位的设立，改变了我国学位类型规格单一的状况，推动了复合型、应用型、高层次专门人才的培养工作，是对我国学位制度的丰富和发展。研究生招生考试是研究生教育的基础性、关键性环节，随着研究生教育规模的不断扩大，研究生招生考试已成为广大考生及社会关注的热点。我国实施"人才强国"战略和《国家中长期教育改革和发展规划纲要（2010—2020 年）》，为加快当代研究生教育改革发展注入巨大动力，也对研究生选拔机制提出更高要求。尽快建立与之相适应的专业硕士研究生选拔体系，已成为我国学位与研究生教育发展的当务之急。

第一节　专业硕士研究生招生考试概况

专业硕士是我国研究生教育的重要类型之一。根据国务院学位委员会的定位，专业学位为具有职业背景的学位，培养特定职业高层次专门人才。[①] 1991 年我国正式开始实行专业硕士学位教育制度，20 多年来，专业硕士学位教育得到较快的发展。至 2010 年，国务院学位委员会已批准设置 38 种专业学位，其中已开展试点的研究生专业学位类别有 19 种，具有研究生专业学位授予权的培养单位达 476 所，累计招收硕士专业学位研究生 85 万人。[②] 2011 年 2 月，国务院学位委员会批准设立审计硕士专业学位。

随着专业学位教育的发展，其质量问题开始引起社会关注，作为专业硕士学位教育第一关的招生考试问题也凸显出来。

我国专业硕士研究生招生考试大多为全国联考。如：工商管理硕士（MBA）考综合知识和英语；法律硕士考专业基础课、英语和综合课；教育

---

① 国务院学位委员会办公室，教育部研究生工作办公室．关于印发《专业学位设置审批暂行办法》的通知［G］//专业学位文件选编．北京：中国科学技术出版社，2001：384.

② 徐凡．我国新增 19 种硕士专业学位　实践教学不少于半年［N］．北京考试报，2010 - 05 - 09.

硕士考教育学、心理学和英语；工程硕士考生参加全国统一组织的入学资格考试，即“GCT－ME”；会计硕士考英语、财务会计和综合知识；公共管理硕士（MPA）考英语、管理学、行政学和综合知识。专业学位注重应用性和实践性，其招生考试突出应用性考查。目前，各专业学位招生考试制度尚不成熟，而且入学资格条件不断变化、不统一。专业学位招生考试还存在着考试录取比例不统一等问题。如 MBA 招生考试存在报考人数不稳定、学员低龄化、面试流于形式等问题；MPA 存在联考科目偏多，偏重笔试成绩以及录取比例不公平等问题。

西方发达国家大学后教育的历史和现状表明，高层次、应用型人才的培养规模一直呈不断扩大的趋势。至 20 世纪 90 年代，美国职业学位获得者的比例已占整个硕士学位人数的 55% 以上。英国、法国、加拿大等国家的学位制度与我国有很大差异，但都十分重视高层次、专门化人才的培养，而且许多行业的从业标准与学位、文凭证书紧密相关。随着经济的快速发展、社会的全面进步以及加入 WTO 后的挑战，我国各行各业对于高层次、应用型人才的需求日益迫切。我国的学位制度建立晚，专业学位历史短，尚在探索中。但他国的实践已证明，专业学位制度是世界通行的培养高层次、应用型人才的有效渠道，同样适用于我国。社会对这类人才有大量需求，我国完全有能力办好专业学位教育。2001 年，国务院学位委员会和教育部召开了首次全国专业学位教育工作会议，会后国务院学位委员会、教育部下发了《关于加强和改进专业学位教育工作的若干意见》，指出“专业学位人才培养与学术型学位人才培养是高层次人才培养的两个重要方面，在高等院校人才培养工作中，具有同等重要的作用”。因此，做好专业学位教育工作，积极发展专业学位教育具有重要意义。①

研究专业学位的招生考试，具有重要的现实意义。第一，专业学位与学术型学位不同，它的招生对象是具有职业背景和实践工作经验的在职人员，培养的目标是国家高层次、应用型、复合型专业人才。因此，专业学位招生考试自然与学术型学位招生考试不同，需要我们研究其招生考试，为专业学位教育发展服务。第二，国外的专业学位教育发达，其招生考试模式也各有特色，我们应该借鉴国外专业学位招生考试的成功经验，结合我国的国情，探索具有中国特色的专业学位招生考试模式。第三，随着近几年我国专业学位招生规模的扩大，质量问题也暴露出来，研究专业学位的招生考试，可以从入学关口保证专业学位的质量。

---

① 吴启迪．抓住机遇　深化改革　提高质量　积极促进专业学位教育较快发展［J］．学位与研究生教育，2006（5）：1－3.

公共管理硕士是重要的专业学位之一，也是一种特殊学位。人类社会发展离不开公共政策，公共管理作为一种人类活动方式，广泛存在于现实生活中。在当代世界各国，其政党和政府大都通过政策来调节社会各阶层的利益和关系，并通过公共管理这一基本职能，规范和指导社会生活，维护国家稳定，促进社会协调、健康、有序地发展。所以我国根据新形势下社会公共管理现代化、科学化、专业化的要求，为建立适应社会主义市场经济需要的高效办事、运转协调、行为规范的公共管理体系，完善国家公共事务和行政管理干部培训制度，建设高素质的专业化国家公共事务和行政管理干部队伍，特别设置公共管理专业学位。质量是人才培养的核心和生命，推进公共管理硕士专业学位教育，必须紧紧抓住提高质量这个核心。要推动公共管理硕士专业学位教育的健康快速发展，首先要抓好招生工作，这是公共管理硕士专业学位教育健康发展的前提，这项工作做不好，专业学位教育的顺利发展就会落空。只有把好招生考试的关口，选拔优秀生源，才能更好地研究和解决公共管理硕士研究生的培养、发展策略、市场化、国际化等问题。因此，深入探究专业学位招生考试变革，是促进我国学位与研究生教育改革与发展的重要环节，具有重要的现实意义。

此外，研究专业学位硕士的招生考试具有重要的理论意义。专业学位硕士教育旨在培养各学科领域应用型、复合型、高层次人才，而专业学位研究生的生源大都具有职业背景，这就决定了其招生考试须有自身的特点，以适应社会发展对这类专门人才选拔与培养的需求。研究专业学位硕士的招生考试，可以丰富我国研究生招生考试的理论，为其他类型教育招生考试提供有益借鉴。

第二节　公共管理硕士专业学位设置的背景

继 MBA、法律硕士之后，我国又培养出自己的公共管理硕士。至此，国际文科职业研究生教育的三大支柱都落户中国。其中，公共管理硕士因关系到国家公务员队伍的建设而备受关注。如今，公共管理硕士已经成为很多国家培养高层次、应用型公共管理人才的主要途径之一。当今公共管理在社会生活中的作用日益凸显，其研究范围不断扩展，科技含量显著增高，职能不断分化，使各国政府更加重视公共管理硕士专业学位教育。我国设置公共管理硕士专业学位的原因有以下几方面：

一、政府机构改革及建设专业化公共管理干部队伍的需要

经济的发展需要强有力和富有成效的政府管理。从某种程度上说，公务员的能力和水平体现着政府管理的能力和水平。现代公共管理涉及众多领域，专业化越来越强，科技含量也在提高，迫切需要具有敬业、奉献、求实、创新精神，视野开阔、懂业务、懂管理的优秀专业化人才。随着我国社会主义市场经济体系的逐步完善，政府在推动经济发展和社会资源配置中的职能与角色也发生着深刻的变化。而要转变政府职能，实现政企分开，建立办事高效、运转协调、行为规范的行政管理体系，政府公务员应首先转变观念，优化知识结构，提高现代行政管理水平，从传统的“干部”角色转变为现代公务员。

建设高素质、专业化的公务员队伍，是国家根据经济、社会、科技的迅速发展，政府的作用和功能日益加强，政府事务日益复杂的情况，所提出的一项重大战略任务。但目前的实际情况与其要求存在很大差距。截至 1997 年底，全国公务员总数 530. 7 万人，其中具有大专及其以上学历的 232. 7 万人，占总数的 43. 8% 。具有大专学历的 178. 2 万人，占总数的 33. 58%；具有本科学历的 52. 65 万人，占总数的 9. 92%；具有研究生学历的 1. 88 万人，占总数的 0. 35%；中专及以下学历的 297. 9 万人，占总数的 56. 1% 。[①] 据 2004 年年初的一项统计表明，我国公务员中，大专以上文化程度的也仅仅上升到 56% 。[②] 同时，知识结构不合理也是困扰我国公务员队伍的一个重要因素。从以上数据可见，我国公务员总体学历层次偏低。从知识结构看，受过系统的高层次公共管理专业教育者很少。这些远远不能适应我国市场经济的发展和加入 WTO 后的需要。因此，设置公共管理硕士专业学位，是新形势下政府职能转换的需要，也符合国家公务员队伍建设的需要。

二、非政府的公共管理或服务部门不断发展的需要

随着国家机关政策与政府职能的转变，很多过去由政府包办下来的公共事务管理职能也转由非政府的公共管理机构或服务部门来承担。这些部门主要包括：行使行政职能的非政府部门（如气象局、商标局）、各种行业联合会（中国国际贸易促进委员会）、监督市场行为的中介机构（如评估、计量组织）、为市场正常运行提供各种服务的机构（如会计、律师、拍卖、仲

① 全国公共管理硕士（MPA）专业学位教育指导委员会秘书处．中国 MPA［M］．北京：中国人民大学出版社，2001：7.

② 杨霂霏．MPA 教育：任重道远［N］．中国人事报，2005 -01 -14（6）.

裁、信息组织），以及促进科教文卫体事业发展的各种学会等。随着我国社会主义市场经济的发展和完善，以及政府机构改革的深入，这些非政府机构的职能会日益增强，对有关管理人员的素质要求和数量要求会有较大提高。在此背景下，试办和发展公共管理硕士教育，为非政府的公共机构培养专业化人才队伍，已成为燃眉之急。①

三、学位与研究生教育改革和发展的需要

高等教育要全面适应现代化建设对各种专门人才的需要，培养应用型专门人才，大力发展专业学位是一条有效途径。工商管理硕士、法律硕士、教育硕士、工程硕士、临床医学硕士等专业学位教育的成功实践表明，专业学位教育有效地适应了社会主义市场经济对高层次、应用型、复合型人才的迫切需求，是我国学位与研究生教育进一步深化改革与发展的重要方向之一。② 1997 年在国务院学位办颁布的《授予博士、硕士学位和培养研究生的学科、专业目录》中，增加了管理学门类，这就为我国培养该学科的高层次、复合型人才创造了条件，公共管理硕士和工商管理硕士的有机配合，有助于完善我国管理类专业学位的体系。为了进一步推进公共管理高层次、应用型专门人才的培养，促进管理学学科学位与研究生教育改革和发展，培养一批掌握现代公共管理知识，在国家管理中发挥巨大作用的高层次专门人才，设置和试办公共管理硕士专业学位成为学位与研究生教育的重要任务。③

四、主客观条件成熟

公共管理硕士教育的主要学科基础是公共行政学。恩格斯说，当社会提出某种需要时，就会比创办 100 所大学更能把科学推向前进。行政科学在中国的发展就是中国社会发展的内在要求。公共管理硕士教育在中国的兴起，是新中国行政科学发展的必然结果。最早呼吁在中国兴办公共管理硕士教育的是国家行政学院的季明明、厦门大学公共事务学院院长陈振明和中国人民大学行政管理学系的朱立言等学者专家。

---

① 关于设置公共管理硕士（MPA）专业学位的说明．全国公共管理硕士 MPA 专业学位指导委员会网站（1999—2005），http://www.mpa.org.cn/displaynews1.asp? id =243.

② 向涛．公共管理硕士（MPA）教育有着广阔发展前景［J］．东北财经大学学报，2001（2）：68.

③ 王子成，戴兰妹，钱杨．关于我国 MPA 招生培养工作的思考［J］．华东经济管理，2002（1）：87.

1996—1997 年，国务院学位委员会组织修订我国研究生专业目录，在新增设的管理学门类中，首次设立了公共管理一级学科（行政管理是其中的一个二级学科专业）。紧接着，国务院学位委员会又批准设立了一批公共管理学科的硕士点。行政管理学在中国成为人们所关注的一门年轻学科。1998 年 9 月，中国人民大学的三位行政学教师朱立言教授、张康之教授和陈幽泓副教授，在中国行政学的权威刊物《中国行政管理》上，发表了《行政学发展的生长点——MPA》一文，① 认为从公共管理硕士在国外的发展历程来看，从国内目前公共行政的需要来看，从中国行政学的发展来看，均需要尽快开展 MPA 教育。

在实践中，除了国家行政学院与美国合办 MPA 班以外，厦门大学研究生院、政治学与行政学系与福建省委组织部、厦门市委组织部，从 1995 年起就开始借鉴美国一些大学 MPA 学位班的经验，联合试办了 MPA 干部班。在长达 4 年多的联合培训中，厦门大学充分发挥学科优势与资源优势，为福建省委、厦门市委培养了大批优秀的人才。更为重要的是，他们的实践为全国设置 MPA 专业学位积累了经验，对推动我国 MPA 教育起到先导和示范作用。②

自 20 世纪 80 年代中期我国恢复了行政学（行政管理）的研究与教学以来，经过近 20 多年的发展，该学科领域的学术研究、学科建设和人才培养，特别是研究生教育取得了显著进展。全国已建立起一批公共管理学科的师资队伍，积累了较丰富的教学经验，取得了一批科研成果，保证了公共管理硕士教学需要。相关学科的学科建设和研究生培养也取得了很大的发展，为 MPA 的试点提供了有力支持。拥有一批学科整体力量较强、专业学位工作开展较早的大学，表明我国已具备了开展 MPA 教育的基本条件。③

1998 年，国务院学位委员会会同人事部开始组织专家就我国设置和试办公共管理硕士专业学位的必要性、可行性进行研究、论证，并对欧美等国家培养公共管理高层次人才情况进行了专题考察。1999 年 5 月，国务院学位委员会第十七次会议审议通过了我国公共管理硕士专业学位设置方案及有关说明。2000 年 8 月，国务院学位委员会批准了北京大学、清华大学等 24 所高等院校为首批 MPA 培养试点单位。为有利于 MPA 教育的顺利开展，2001 年 2 月成立了全国公共管理硕士专业学位教育指导委员会。同年 4 月，国务院学位办下发了《关于 2001 年在职攻读硕士专业学位招收工作的通

①② 张勇，任溶，孙琦. MPA 登陆中国［M］. 北京：中央编译出版社，2000：56.

③ 关于设置公共管理硕士（MPA）专业学位的说明. 全国公共管理硕士 MPA 专业学位指导委员会网站（1999 - 05），http://www.mpa.org.cn/displaynews1.asp? id = 243.

知》，把MPA列入全国联考的专业学位之一。至此，期盼已久的公共管理硕士专业学位真正进入招生、培养等实质性操作阶段。①

第三节　专业硕士研究生招生考试制度的历史演变

20世纪80年代中期，随着研究生教育的发展，我国自己培养的一批硕士、博士开始步入社会各界，教学科研型人才的断层开始缓解，而包括工矿企业在内的职能部门对应用型高层次人才的需求日益旺盛，他们要求研究生不仅要有宽广的知识面，而且更需要有独立担负专门技术工作的能力。在此情形下，现有学术型学位与研究生培养模式与社会需要之间的矛盾逐渐显露。根据经济社会发展需要，增加学位类型，改革研究生培养模式，成为学位与研究生教育改革与发展的重要政策导向。

一、专业硕士学位设置和试办的背景

在知识经济的社会大背景下，我国经济建设和社会发展、学位与研究生教育迫切需要培养复合型、应用型、高层次人才，专业学位由此应运而生。同时，我国专业硕士学位的设置，也顺应了国际上学位与研究生教育发展的潮流。

（一）知识经济社会对发展专业硕士研究生教育提出了强烈要求

在知识经济社会，知识成为推动社会进步和经济发展的决定性因素，创新是知识经济的灵魂。较之农业经济和工业经济，知识经济对人才需求的重心不断上移，对不同层次的高级专业人才的需求空前高涨，因此，社会对研究生教育的需要也更为迫切。一次性的高等教育无法满足快速发展的社会需求，因此，在职学习的硕士研究生人数不断增多。在全球高校经费日益紧张的情况下，延长本科教育并不明智，而传统的学术型硕士研究生教育对于在职人员来说，在时间、经济上都太过奢侈。这就对发展专业硕士研究生教育提出了强烈要求。

（二）设置专业学位符合国际学位与研究生教育的发展潮流

第二次世界大战结束后，世界各国，特别是一些西方国家的经济、科学技术得到了迅速发展。一个显著的特点是，科学技术在生产中的应用推动了新的产业革命。与经济、科技发展联系最为密切的研究生教育也发生了深刻

---

① 黄联平．中美MPA教育的比较研究［D］．武汉：华中师范大学，2003.

的变革。其中最重要的就是培养模式、培养类型与规格向多样化发展，研究生教育与企业界的联系与协调日益密切，各种专业学位应运而生。那些市场化程度较高的发达国家，专业学位教育都发展得很快，专业学位在高等教育中所占比例逐年增加。据 1987 年统计，专业硕士学位占全美硕士学位总数的 85%，学术学位仅占 15%。① 20 世纪 90 年代，美国专业硕士学位获得者的比例已占整个硕士学位获得者人数的 55% 以上。② 在英国，工程学科几乎全是专业学位。我国借鉴发达国家的教育经验，结合实际情况，设置和试办专业学位，并在实践中不断发展完善，逐步形成中国特色的专业学位体系，符合学位与研究生教育的国际发展潮流。③

（三）设置专业硕士学位是我国经济建设和社会发展的需要

20 世纪 80 年代的初期和中期，我国对于人才的需求突出表现在高层次教学、科研方面。我国毕业研究生 80% 甚至 90% 都分配到高等学校和科研机构，这对于缓解当时教学、科研高层次人才短缺起了历史性作用。此后，随着经济发展和社会进步，这种情况有了较大变化。一方面高校和研究机构教学、科研人员得到较多补充，专业人才短缺的矛盾得到一定缓解；另一方面，经济建设和社会各部门迫切需要高层次人才。这主要表现在，工程技术领域和财经、政法、医药等部门需要一大批应用型、复合型的专业化程度较高的专门人才，而学术型研究生教育主要培养教学、科研型人才，难以适应这些部门的实际需要。因此，从 80 年代中期开始，国家教育委员会研究生司和国务院学位委员会办公室就提出要解决“生源单一”“类型单一”“流向单一”的问题，强调在培养教学、科研型人才的同时，大力加强应用型、复合型人才的培养，以逐步适应社会各方面的需要。社会需求是研究生教育改革的根本动力。在此时代背景下，90 年代初，我国专业学位应运而生。④

（四）设置专业硕士学位是学位与研究生教育自身发展的需要

改革开放后，我国学位制度是在特定历史条件下建立的，带有历史局限性。主要表现在两个方面：一是学位类型单一；二是授予学位，特别是授予硕士学位的标准偏重于理论性与学术性。随着我国由高度集中的计划经济体制向社会主义市场经济体制的转变，以及由此而带来的高校管理体制、毕业生就业机制等变革，客观上要求对学位制度做相应调整，逐步使学位类型多

①② 钟怡．二十世纪八十年代以来美国专业硕士学位教育质量控制的研究——以 MBA、MPA 为例［D］．广州：华南师范大学，2003.

③ 谢桂华．学位与研究生教育工作实践及思考［M］．北京：高等教育出版社，2002：261.

④ 谢桂华．学位与研究生教育工作实践及思考［M］．北京：高等教育出版社，2002：258－260.

样化，以适应经济和社会体制的变革，更好地满足社会对各种类型高层次人才的需求。从我国实际情况看，博士层次主要是以从事教学、科研为主，学位类型与规格调整的重点是硕士层次。在我国，硕士学位是一个相对独立的层次，短时期内不会改变，但须根据现实需要进行改革。改革的方向就是将硕士研究生培养的重心，从学术型或教学科研型为主逐步调整为与应用型、复合型并重。为此，必须扩大各种专业学位的比重，逐步强化专业学位与特定职业的职位（岗位）任职资格（条件）的联系。从发展趋势看，我国硕士学位将演化为两大类：一类是作为攻读博士学位生源的过渡学位；另一类就是各种专业学位，并使专业学位成为硕士研究生的主体。①

二、专业学位的发展历程

专业学位教育作为培养高层次、应用型专门人才的有效途径，是欧美等发达国家的普遍做法，也是我国在实践中不断摸索和总结出的适合我国国情和教育实际的重要研究生教育形式。在我国，这类研究生教育虽然起步较晚，但经过努力和建设，认识不断明确，种类不断增加，制度不断完善，社会影响不断增强，已成为学位与研究生教育的重要组成部分，是培养高素质、高层次、应用型、复合型专门人才的重要途径。回顾我国专业学位的发展历程，大致可分为以下三个阶段。

（一）认识和准备阶段（1984—1988）

1984—1988 年，我国开始逐渐认识到培养高层次、应用型专门人才的重要性。

1981 年，我国学位条例中还未出现专业学位，那时研究生培养的目标基本是教学、科研人员。1984 年，教育部在清华大学、西安交通大学等高等工科院校首先提出改革研究生的培养和管理办法，尽快培养大批适应工矿企业和应用研究单位需要的、能够独立担负专门技术工作的高级工程科技人员，适应国民经济迅速发展的需要。1986 年，国家教育委员会在《关于改进和加强研究生工作的通知》中指出了我国研究生当时存在的主要问题，提出要调整学科比例，加快财经、政法、管理等薄弱学科和直接为经济建设服务的应用学科的发展，在每个层次中注意培养多种规格的特别是应用学科的研究生，如工程博士、工程硕士、临床医学博士等，既要培养大学教师和科研人员，也要注意培养应用部门的高层次人才。随后，国务院学位委员

① 谢桂华．学位与研究生教育工作实践及思考［M］．北京：高等教育出版社，2002：258－260.

会、国家教育委员会会同有关部委，先后在医学、货币银行学、国际金融、刑法、民法、国际经济法等学科开始应用类硕士研究生培养改革的试点工作，为实际业务部门培养应用型、高层次人才。①

尽管这一阶段还没有提出专业学位的概念，只是在原有学位类型的框架内强调了应用型人才的培养，明确了在培养要求、知识结构和能力结构上应各有侧重，但这段时间的探索是十分有意义的，为专业学位的初创奠定了基础。②

（二）专业学位初创阶段（1988—1995）

1988 年 10 月，国务院学位委员会第八次会议决定，在医科着手研究职业学位。这是我国首次提出职业学位的概念，并从此开始了职业学位的调查、考察、研究、论证工作。但由于医学学位的复杂性，直到 1997 年才开始正式进行临床医学专业学位的试点工作。我国第一个开展试点的专业学位是工商管理硕士，即 MBA。1990 年，国务院学位委员会第九次会议通过了《关于设置和试办工商管理硕士学位的几点意见》，指出我国学位条例实施 10 年以来，为培养教学、科研方面的高级专门人才做出了重要贡献。随着改革开放的深入发展，我国高级专门人才的培养必须面向日益发展的国民经济建设。专业学位工作在我国开始正式列入发展议题。随后，1992 年和 1995 年，国务院学位委员会第十一次会议和第十三次会议分别审议通过了建筑学专业学位和法律硕士专业学位设置方案。在这段时间，通过研究、论证以及对国外的考察、比较，特别是通过三个专业学位的试点工作，大家对专业学位的认识不断明确，对其重要性和如何开展有了更深入的了解，为今后进一步发展专业学位奠定了重要基础。③

（三）逐步制度化、规范化和快速发展阶段（1996 年至今）

1996 年国务院学位委员会第十四次会议通过了《专业学位设置审批暂行办法》，这是一个法规性文件，对专业学位的定义、性质、设置、程序等做了全面规定。这个文件在对专业学位有了较为清晰的认识，以及在几年专业学位试点工作经验总结的基础上，对专业学位做了总体设计，使专业学位的发展有了较为规范性的要求，也同时使专业学位的发展作为一项制度列入整个学位与研究生教育发展的总体战略中来。为保证专业学位的规格和质量，把好入口关十分重要，使入学考试制度和培养制度不断规范化，结合专

---

①② 周远清．在全国公共管理硕士（MPA）专业学位教育指导委员会成立大会暨第一次工作会议上的讲话[M]//全国公共管理硕士（MPA）专业学位教育指导委员会秘书处．中国 MPA. 北京：中国人民大学出版社，2001：32－35.

③ 周远清．重视专业学位教育搞好 MPA 教育试点工作［J］. 中国高等教育，2001（10）：17－18.

业学位应用性、培养对象是在职人员的特殊性，我国从1997年开始，首先在MBA招生中试行全国联考制度，统一命题、统一阅卷、统一录取标准。在招生考试指导思想上，着重考核考生的综合素质和业务能力，而不只是考死记硬背的知识。这一联考制度是我国研究生入学考试制度的重大改革。事实证明，这一改革是成功的，受到了广大在职人员的欢迎，有力地促进了MBA教育的发展。因此，从2001年开始，所有在职攻读专业学位都实行全国统一联考制度。①

至2000年底，专业学位研究生已累计招生40 961人，从1991年开始，年均增长率为68.8%，远远超过同期全国研究生的发展速度；同时，在职攻读专业学位已累计招生51 362人，从1993年开始，年均增长率为139%，② 特别是最近几年，呈快速发展趋势。至2005年底，我国已设立16种专业学位，招收、培养专业学位研究生的博士、硕士学位授予单位达到398个（如表4－1所示），占现有学位授予单位总数的51.2%；已毕业并被授予专业硕士学位的研究生接近15万人，约占全国各类已毕业研究生总数的15%；目前每年招收专业学位研究生约8万人，在读专业学位研究生24万人左右。③

表4－1　各专业硕士学位设立时间、培养目标及招生单位数（截至2006年6月）

专业学位名称	设立时间	培养目标	招生单位数/个
工商管理硕士（MBA）	1991	为工商企业或经济管理部门培养中级以上综合性管理人才	96
建筑学硕士	1992	以建筑行业为特定背景，以建筑师的知识结构和能力结构的基本要求为培养目标	28
法律硕士	1995	针对律师、公证、审判、执法等领域高层次专业化人才的需要而设置	50
教育硕士	1997	培养面向基础教育教学及其管理工作需要的高层次人才	49
工程硕士	1997	与工程师职业背景密切相关的硕士学位，旨在培养高层次的工程技术和工程管理人才	205

① 周远清．重视专业学位教育搞好MPA教育试点工作［J］．中国高等教育，2001（10）：17－18.

② 周远清．在全国公共管理硕士（MPA）专业学位教育指导委员会成立大会暨第一次工作会议上的讲话[M]//全国公共管理硕士（MPA）专业学位教育指导委员会秘书处编写．中国MPA．北京：中国人民大学出版社，2001：36.

③ 吴启迪．抓住机遇　深化改革　提高质量　积极促进专业学位教育较快发展［J］．学位与研究生教育，2006（5）：1.

续上表

专业学位名称	设立时间	培养目标	招生单位数/个
临床医学硕士	1998	培养临床医学高层次人才，提高临床医疗队伍的素质和临床医疗工作水平，促进卫生事业的发展，以适应社会对高层次临床医师的需要	85
农业推广硕士	1999	为农业技术研究、应用、开发及推广以及农村发展和农业教育等企事业单位和管理部门培养应用型、复合型高层次人才	53
兽医硕士	1999	面向现代大中型畜牧生产企业、国家动物防疫卫生事业、野生动物资源保护、动物园及家庭生活需要等方面培养高层次应用型、复合型人才	31
公共管理硕士（MPA）	2000	面向公共管理领域的一种专业学位，主要为政府部门和非政府公共机构培养高层次的应用型和复合型人才	83
口腔医学硕士	2000	培养口腔医师	30
公共卫生硕士	2001	为公共卫生部门，包括政府有关部门、疾病控制中心、医院、社区卫生机构等培养高素质、复合型、应用型的高层次公共卫生专门人才	24
军事硕士	2002	培养善于组织训练、管理部队，能够驾驭现代化战争，精于指挥作战的高层次应用型军事指挥人才	14
会计硕士	2004	培养高素质、应用型的会计人才	21
体育硕士	2005	培养体育教学、运动训练、体育管理与竞赛组织、社会体育指导等领域的高层次、应用型体育专门人才	21
艺术硕士	2005	培养高层次、应用型艺术人才，涉及音乐、戏剧、戏曲、电影、广播电视、舞蹈、美术、艺术设计等多种艺术创作领域	32
风景园林硕士	2005	为风景园林规划设计、保护、建设与管理等部门培养应用型、复合型、高层次的风景园林事业技术与管理人才	25

资料来源：①吴启迪．抓住机遇 深化改革 提高质量 积极促进专业学位教育较快发展

[J]. 学位与研究生教育, 2006 (5): 4.

②国务院学位办. 关于2006年招收在职人员攻读硕士学位工作的通知. 全国公共管理硕士 (MPA) 专业学位教育指导委员会, http://www.mpa.org.cn/displaynews1.asp? id = 580, 2006-06-05.

此后，我国专业学位研究生教育规模不断扩大。至2008年上半年，全国专业学位教育累计招生86.5万人，其中学历教育招生24.6万人，占专业学位总体招生数的28.4%；在职攻读招生61.9万人，占专业学位总体招生数的71.6%。[①] 为了进一步了解我国专业学位研究生教育的招生分布情况，这里以2009年全国各省市区全日制专业学位硕士研究生招生计划为例，统计有关高校招生人数（如表4-2所示）。

表4-2　2009年全日制专业学位硕士研究生招生计划

单位：人

学　　校	招生数/人	学　　校	招生数/人
北京市招生总数	6 665	北京林业大学	100
北京大学	600	北京协和医学院	30
中国人民大学	400	首都医科大学	40
清华大学	300	北京中医药大学	30
北京交通大学	280	北京师范大学	100
北京工业大学	105	首都师范大学	150
北京航空航天大学	400	首都体育学院	30
北京理工大学	250	北京外国语大学	110
北京科技大学	200	北京语言大学	40
北方工业大学	60	中央财经大学	140
北京化工大学	50	对外经济贸易大学	100
北京工商大学	40	北京物资学院	30
北京邮电大学	500	中国人民公安大学	30
北京建筑工程学院	30	北京体育大学	60
中国农业大学	150	中央民族大学	60
北京农学院	30	中国政法大学	300

① 我国将大力培养应用能力强的专业学位研究生. 教育频道. 新华网. http://news.xinhuanet.com/newscenter/2009-03/02/content_10930588.htm.

续上表

学　　校	招生数/人	学　　校	招生数/人
北京信息科技大学	30	河北工程大学	40
华北电力大学	400	河北工业大学	180
中国矿业大学（北京）	150	河北理工大学	40
中国石油大学（北京）	400	河北科技大学	40
中国地质大学（北京）	230	河北农业大学	30
中国科学院研究生院	300	河北医科大学	150
中国社会科学院研究生院	150	河北师范大学	50
军事医学科学院	60	石家庄铁道学院	30
财政部财政科学研究所	20	燕山大学	180
中国农业科学院	50	河北经贸大学	15
军医进修学院	100	**山西省招生总数**	710
中国林业科学研究院	10	山西大学	160
中国中医科学院	20	太原科技大学	50
天津市招生总数	1 490	中北大学	120
南开大学	350	太原理工大学	160
天津大学	550	山西农业大学	50
天津科技大学	55	山西医科大学	100
天津工业大学	55	山西师范大学	70
中国民航大学	40	**内蒙古自治区招生总数**	790
天津理工大学	55	内蒙古大学	280
天津医科大学	30	内蒙古工业大学	140
天津中医药大学	55	内蒙古农业大学	100
天津师范大学	190	内蒙古师范大学	195
天津财经大学	70	内蒙古民族大学	20
天津体育学院	20	内蒙古科技大学	55
天津城市建设学院	20	**辽宁省招生总数**	2 240
河北省招生总数	865	辽宁大学	190
河北大学	110	大连理工大学	400

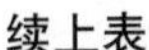

续上表

学　　校	招生数/人	学　　校	招生数/人
沈阳工业大学	90	东北电力大学	40
沈阳航空工业学院	30	长春工业大学	40
沈阳理工大学	40	吉林农业大学	110
东北大学	330	长春中医药大学	40
辽宁科技大学	30	东北师范大学	350
辽宁工程技术大学	90	吉林师范大学	40
辽宁石油化工大学	30	北华大学	40
沈阳化工学院	30	**黑龙江省招生总数**	1 440
大连交通大学	40	黑龙江大学	190
大连海事大学	170	哈尔滨工业大学	370
大连工业大学	40	哈尔滨工程大学	140
沈阳建筑大学	40	大庆石油学院	95
辽宁工业大学	30	齐齐哈尔大学	40
沈阳农业大学	80	佳木斯大学	30
大连水产学院	30	黑龙江八一农垦大学	70
中国医科大学	100	东北农业大学	90
大连医科大学	60	东北林业大学	100
辽宁中医药大学	30	哈尔滨医科大学	60
辽宁师范大学	70	黑龙江中医药大学	30
沈阳师范大学	30	哈尔滨师范大学	130
渤海大学	40	哈尔滨理工大学	95
东北财经大学	190	**上海市招生总数**	3 875
中国刑事警察学院	10	复旦大学	700
沈阳体育学院	20	同济大学	600
吉林省招生总数	1 550	上海交通大学	700
吉林大学	700	华东理工大学	220
延边大学	150	上海理工大学	80
长春理工大学	40	上海海事大学	75

续上表

学　　校	招生数/人	学　　校	招生数/人
东华大学	260	徐州医学院	40
上海海洋大学	75	南京中医药大学	50
上海中医药大学	40	南京师范大学	250
华东师范大学	480	徐州师范大学	80
上海师范大学	55	南京体育学院	20
上海外国语大学	40	扬州大学	370
上海财经大学	100	**浙江省招生总数**	1 430
华东政法大学	200	浙江大学	580
上海体育学院	40	杭州电子科技大学	130
第二军医大学	100	浙江工业大学	170
上海大学	110	浙江理工大学	80
江苏省招生总数	4 960	浙江海洋学院	30
南京大学	700	浙江林学院	30
苏州大学	520	温州医学院	60
东南大学	400	浙江师范大学	160
南京航空航天大学	190	杭州师范大学	80
南京理工大学	400	浙江工商大学	55
江苏科技大学	100	宁波大学	55
中国矿业大学	350	**安徽省招生总数**	1 220
南京工业大学	170	安徽大学	120
南京邮电大学	210	中国科学技术大学	350
河海大学	230	合肥工业大学	320
江南大学	240	安徽工业大学	50
南京林业大学	170	安徽理工大学	50
江苏大学	170	安徽农业大学	70
南通大学	60	安徽医科大学	60
南京农业大学	130	蚌埠医学院	30
南京医科大学	110	皖南医学院	30

续上表

学　　校	招生数/人	学　　校	招生数/人
安徽中医学院	30	青岛科技大学	80
安徽师范大学	30	济南大学	55
安徽财经大学	80	青岛理工大学	60
福建省招生总数	1 140	山东建筑大学	45
厦门大学	450	山东轻工业学院	50
华侨大学	140	山东理工大学	65
福州大学	200	山东农业大学	90
福建农林大学	75	青岛农业大学	60
集美大学	30	潍坊医学院	65
福建医科大学	50	山东中医药大学	85
福建中医学院	15	山东师范大学	180
福建师范大学	180	曲阜师范大学	100
江西省招生总数	1 000	聊城大学	60
南昌大学	270	鲁东大学	50
华东交通大学	115	山东体育学院	30
东华理工大学	20	烟台大学	75
南昌航空大学	75	青岛大学	260
江西理工大学	70	**河南省招生总数**	930
景德镇陶瓷学院	20	华北水利水电学院	40
江西农业大学	20	郑州大学	280
江西中医学院	10	河南理工大学	100
江西师范大学	150	郑州轻工业学院	30
江西财经大学	250	河南工业大学	30
山东省招生总数	2 960	河南科技大学	80
山东大学	600	河南农业大学	80
中国海洋大学	450	河南大学	200
山东科技大学	200	河南师范大学	90
中国石油大学（华东）	300	**湖北省招生总数**	3 545

续上表

学　　校	招生数/人	学　　校	招生数/人
武汉大学	750	中山大学	600
华中科技大学	750	暨南大学	220
武汉科技大学	90	汕头大学	30
长江大学	100	华南理工大学	600
武汉工程大学	80	华南农业大学	100
中国地质大学	300	广东海洋大学	30
武汉工业学院	35	广州医学院	60
武汉理工大学	450	广东医学院	20
湖北工业大学	70	广州中医药大学	30
华中农业大学	100	华南师范大学	150
华中师范大学	280	广州体育学院	30
湖北大学	120	深圳大学	120
中南财经政法大学	280	广东商学院	50
武汉体育学院	30	广州大学	120
中南民族大学	20	仲恺农业工程学院	20
三峡大学	90	广东工业大学	150
湖南省招生总数	1 750	广东外语外贸大学	120
湘潭大学	130	南方医科大学	120
湖南大学	450	**广西壮族自治区招生总数**	450
中南大学	500	广西大学	180
湖南科技大学	30	桂林电子科技大学	45
长沙理工大学	130	桂林工学院	35
湖南农业大学	180	广西医科大学	80
中南林业科技大学	35	广西中医学院	30
南华大学	85	广西师范大学	80
湖南中医药大学	10	**海南省招生总数**	100
湖南师范大学	200	海南大学	100
广东省招生总数	2 570	**重庆市招生总数**	1 490

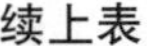

续上表

学　　校	招生数/人	学　　校	招生数/人
重庆大学	500	贵州师范大学	40
重庆邮电大学	100	**云南省招生总数**	665
重庆交通大学	100	云南大学	300
重庆医科大学	100	昆明理工大学	290
西南大学	320	昆明医学院	50
重庆师范大学	80	云南师范大学	25
第三军医大学	100	**西藏自治区招生总数**	10
西南政法大学	190	西藏大学	10
四川省招生总数	2 400	**陕西省招生总数**	2 535
四川大学	480	西北大学	180
西南交通大学	350	西安交通大学	500
电子科技大学	600	西北工业大学	245
西南石油大学	80	西安理工大学	70
成都理工大学	90	西安电子科技大学	500
西南科技大学	50	西安工业大学	40
成都信息工程学院	40	西安建筑科技大学	130
西华大学	60	西安科技大学	70
四川农业大学	160	西安石油大学	50
四川师范大学	80	陕西科技大学	20
西华师范大学	110	西安工程大学	60
西南财经大学	250	西北农林科技大学	150
成都体育学院	30	第四军医大学	100
西南民族大学	20	陕西师范大学	140
贵州省招生总数	320	西北政法大学	140
贵州大学	180	西安体育学院	30
贵阳医学院	25	长安大学	110
遵义医学院	50	**甘肃省招生总数**	560
贵阳中医学院	25	兰州大学	200

续上表

学　　校	招生数/人	学　　校	招生数/人
兰州理工大学	80	宁夏大学	70
兰州交通大学	80	宁夏医科大学	20
甘肃农业大学	80	**新疆维吾尔族自治区招生总数**	220
甘肃中医学院	40	新疆大学	70
西北师范大学	80	新疆农业大学	45
青海省招生总数	30	石河子大学	40
青海师范大学	30	新疆医科大学	35
宁夏回族自治区招生总数	90	新疆师范大学	30

资料来源：http://www.kaoup.com，2009－03－30.

从上表可见，一些高等教育资源较多的省市，拥有的普通高校数量多、办学力量强，成为国内专业学位研究生教育的主要承担者。从招生人数来看，北京市高校遥遥领先；江苏省高校招生近 5 000 人，居第二位；上海、湖北高校各招生 3 800 多人、3 500 多人，分列第三、第四位；山东高校招生近 3 000 人，广东、陕西高校均招生 2 500 人以上，居第五、第六、第七位；四川、辽宁高校招生 2 400 多人、2 200 多人，居第八、第九位。各省、市、自治区全日制专业学位硕士生招生人数是与普通高等教育发展状况相吻合的，它从一个侧面反映了我国高等教育区域分布的不平衡。

第四节　公共管理硕士招生考试政策的演变

公共管理硕士（MPA）专业学位设置后，国家对 MPA 招生考试进行改革探索，从 2001 年开始，不断调整其报名条件、考试科目、内容及录取等政策，以适应社会对人才选拔的需要。通过考察和分析 MPA 招生考试政策的演变，可加深对专业学位研究生教育招生制度变革的认识。

一、公共管理硕士招生考试政策演变

2001 年 10 月，我国进行了第一次 MPA 全国联考。2001 年 MPA 的培养目标是：培养德智体全面发展、德才兼备的世纪新型高层次领导人才，造就从事公共事务、公共管理和公共政策研究与分析等方面的高层次应用型专业

人才，为政府部门提供掌握分析方法及技术，精通某一具体政策领域的专业化管理者和政策分析者。招生对象是具有国民教育序列大学本科学历并具有4年以上的实际工作经历者；不招收应届本科毕业生；鼓励有不同学科背景的在职人员报考。入学考试实行全国公共管理硕士专业学位试点单位联合考试方式（即联考方式）。考试科目为：政治理论、外语、管理学、行政学、逻辑与数学。政治理论课由各试点单位自行组织。外语、管理学、行政学和逻辑与数学为全国联考科目。录取主要依据考生的考试成绩以及面试情况，并结合工作业绩和资历择优录取。2002年以后，MPA报考资格及录取政策发生了较大变化，报考条件不断细化，以适应社会发展的需求。

（一）报考条件的细化

2002年报考条件规定，报考MPA须是国民教育序列大学本科毕业（一般应有学士学位）、工龄4年以上的政府部门、非政府公共管理机构及企业的在职人员，重点招收政府部门的公务员。而2001年并未规定必须有学士学位，也未规定重点招收政府部门的工作人员。

2003年报考资格降低了要求，“符合报考条件的人员持所在单位人事部门的推荐意见就可报名”。2004年报考资格中的工龄由4年改为3年。

（二）考试科目的变化

2002年调整考试科目。在外语考试中增加了小语种俄语，但此类考生只限报哈尔滨工业大学。数学与逻辑科目被取消，改为综合知识，内容包含语文、数学、逻辑，结构比例为4∶3∶3。其中数学所占的分数比例由2001年的50%降低到30%。增加语文考试，所占分数比例高达40%。最大的变化是，考试科目中的外语改为全国各专业学位统一命题、统一考试。

2003年考试科目外语考试中增加了日语，但考生只能报考华东师范大学。2004年考试语种为俄语的考生，只能报考哈尔滨工业大学、东北大学；考试语种为日语的考生，只能报考华东师范大学、东北大学、东北财经大学。2005年小语种报考学校有所增加。考试语种为俄语的考生，报考院校增加了吉林大学和东北财经大学；考试语种为日语的考生，报考院校增加了吉林大学、大连理工大学。

（三）招生自主权、录取规定的变化

随着我国加入世贸组织，政府机构改革逐步深化，急需MPA人才发挥重要作用。为了适应社会发展的需求，使MPA培养面更广泛，使文、理、工等各个专业背景的人员都能公平地接受MPA专业教育，2002年，国务院学位委员会对2001年首次招收MPA的政策做了相应调整，首批24所MPA试点高校，获准自行划定本校录取分数线，其中北京大学、清华大学、哈尔

滨工业大学、复旦大学、上海交通大学、南京大学、浙江大学、中国科学技术大学、西安交通大学、中国人民大学等10所大学的录取人数，由本校根据自身办学条件和社会需求确定。2002年度，这10所大学招生人数扩大了50%左右，全国24所试点高校扩招了1 000人左右。2003年录取规定中，取消公务员须占80%比例的要求，录取分数由各培养单位自行划定，各招生单位根据考生入学考试成绩择优录取。[①] 2005年，有1/3的学校可以自主招生。

（四）其他政策规定

2002年招考新规则规定，逐步扩大面试在录取中的比重，并进一步规范化；各培养单位的报考录取学生比例、录取考生平均分数、最高分、最低分将以适当方式向全社会公布，联考排名低的单位和联考成绩低的考生，将由专业学位指导委员会进行质量跟踪。2004年人事部发出通知，要求把公务员在职攻读公共管理硕士专业学位列入公务员培训计划，并对公务员的学习时间和学习经费予以明确的政策支持。[②]

（五）招生规模发展

2004年，MPA招生院校由原来的24所扩大到47所，招生院校所在的省、市、自治区由14个扩大到24个。2005年，MPA招生院校增至83所，招生范围扩大到28个省（市、区），产生广泛的教育影响。

2001年首届MPA报考人数是11 846人，实际应考人数8 888人，录取3 056人。2002年MPA报考人数9 532人，实际应考人数7 544人，录取4 225人。2003年受“非典”影响，报考人数6 732人，实际应考人数5 481人，录取3 828人。2004年报考人数11 335人，录取5 733人。2005年报考人数18 604人[③]，创历史最高纪录。MPA教育在我国的迅速发展，在一定程度上反映了社会的实际需求和该专业学位的生命力。

二、公共管理硕士招生考试现状

（一）培养目标

MPA是培养政府部门及非政府公共机构的高层次的复合型、应用型专门人才，公共管理领域急需的专门人才。

（二）报考条件

MPA报考条件为国民教育序列大学本科毕业（一般应有学士学位）、工

---

① 今年全国MPA报考人数创新高［N］. 中国教育报，2005－10－19（10）.

②③ 朱立言教授详解2004年MPA招考政策实录. http：//mpa. kaoyantj. com/mpadongtai/2004/07/17/438275E008FC6514. html. 2004－07－17.

龄 3 年以上的在职人员。重点招收政府部门和非政府公共管理机构人员。

（三）考试

MPA 考试分为初试和复试两个阶段，初试即全国联考，考试科目有外语（英语、日语、俄语）、管理学、行政学和综合知识。复试由各招生单位组织，包括政治理论考试和面试。考试语种为俄语的考生，限报东北大学、辽宁大学、东北财经大学、吉林大学、哈尔滨工业大学；考试语种为日语的考生，限报华东师范大学、大连理工大学、东北大学、辽宁大学、东北财经大学、吉林大学。

（四）录取

考试结束后，一般在每年 12 月中下旬公布成绩。录取工作由各招生院校自行组织和确定，录取分数线由各校自行划定。非政府部门人员录取比例一般不超过本校当年录取限额的 20%。

（五）招生院校分布

2005 年，有 83 所院校试办 MPA 教育，其中，教育部直属院校 44 所（占教育部直属院校的 59%），其他委属院校 10 所，地方大学 29 所（占 MPA 教育试办院校的 34.9 %）。MPA 教育试办院校在我国东、中、西部的分布比例分别是60%、26%、14%。[①] 这些院校在各省（市、区）具体分布情况如表 4－3 所示。

表 4－3　MPA 教育试办院校地区分布

地区	MPA 授权点/个	拥有 MPA 的学校
北京市	12	北京大学、中国人民大学、清华大学、北京科技大学、北京师范大学、中国农业大学、中国政法大学、中央财经大学、北京航空航天大学、北京理工大学、中央民族大学、中国社会科学院
天津市	3	南开大学、天津大学、天津师范大学
辽宁省、吉林省、黑龙江省	8	东北大学、大连理工大学、吉林大学、东北师范大学、大连海事大学、哈尔滨工业大学、辽宁大学、东北财经大学
山东省	4	山东大学、中国海洋大学、青岛大学、山东师范大学

① 陈光．我国 MPA 教育的现状与趋势——2005 年全国教育研讨会综述与思考［J］．人文社会科学研究，2005（4）：25－26.

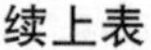

续上表

地区	MPA 授权点/个	拥有 MPA 的学校
上海市	6	复旦大学、同济大学、上海交通大学、华东理工大学、华东师范大学、上海财经大学
江苏省	7	南京大学、东南大学、中国矿业大学、河海大学、南京农业大学、苏州大学、扬州大学
浙江省	2	浙江大学、浙江师范大学
湖北省	6	武汉大学、华中科技大学、武汉理工大学、华中师范大学、中南财经政法大学、湖北大学
湖南省	5	湖南大学、国防科学技术大学、中南大学、湖南师范大学、湘潭大学
广东省	3	中山大学、华南理工大学、暨南大学
福建省	2	厦门大学、福建师范大学
江西省	2	南昌大学、江西财经大学
安徽省	3	中国科技大学、合肥工业大学、安徽大学
山西省	2	山西大学、山西财经大学
河北省	2	河北大学、燕山大学
河南省	2	郑州大学、河南大学
内蒙古自治区	1	内蒙古大学
海南省	1	海南大学
甘肃省	2	兰州大学、西北师范大学
新疆维吾尔族自治区	1	新疆大学
陕西省	3	西安交通大学、西北大学、西北工业大学
重庆市	1	重庆大学
四川省	2	四川大学、西南财经大学
云南省	1	云南大学
贵州省	1	贵州大学
广西壮族自治区	1	广西大学
总计	83	

资料来源：陈光．我国 MPA 教育的现状与趋势——2005 年全国教育研讨会综述与思考［J］．人文社会科学研究，2005（4）：25－26.

（六）报考、录取规模

以2005年为例，全国MPA报名和录取人数，如表4－4、表4－5、表4－6所示。

表4－4　2005年全国MPA报名人数（按报考人数排序）

单位：人

序号	院校名称	报考人数	序号	院校名称	报考人数
1	中山大学	1 066	24	中国海洋大学	247
2	北京大学（及国家行政学院合作培养）	1 010	25	厦门大学	221
3	中国人民大学	912	26	北京师范大学	221
4	上海交通大学	759	27	华中师范大学	220
5	同济大学	733	28	哈尔滨工业大学	213
6	复旦大学	576	29	吉林大学	206
7	南京大学	464	30	华东师范大学	206
8	华中科技大学	443	31	云南大学	206
9	华南理工大学	434	32	内蒙古大学	198
10	湖南大学	422	33	兰州大学	196
11	国防科学技术大学	404	34	东北财经大学	193
12	清华大学	356	35	北京科技大学	190
13	山西大学	344	36	中国科学技术大学	180
14	山东大学	319	37	中南大学	178
15	四川大学	312	38	东北大学	176
16	郑州大学	309	39	西安交通大学	171
17	浙江师范大学	303	40	天津师范大学	170
18	浙江大学	293	41	南开大学	168
19	南昌大学	292	42	暨南大学	167
20	江西财经大学	276	43	北京航空航天大学	162
21	河北大学	275	44	安徽大学	159
22	天津大学	266	45	青岛大学	157
23	中南财经政法大学	261	46	西北师范大学	153

续上表

序号	院校名称	报考人数	序号	院校名称	报考人数
47	重庆大学	147	66	武汉理工大学	97
48	大连海事大学	140	67	中国矿业大学	96
49	广西大学	135	68	海南大学	95
50	苏州大学	134	69	大连理工大学	94
51	新疆大学	126	70	福建师范大学	93
52	山西财经大学	123	71	山东师范大学	81
53	湘潭大学	121	72	华东理工大学	80
54	贵州大学	121	73	中国政法大学	77
55	东北师范大学	120	74	辽宁大学	76
56	湖北大学	120	75	上海财经大学	74
57	西北大学	117	76	燕山大学	67
58	武汉大学	114	77	合肥工业大学	56
59	中国社会科学院研究生院	114	78	东南大学	48
60	湖南师范大学	114	79	河南大学	30
61	南京农业大学	113	80	中央民族大学	24
62	华南师范大学	111	81	中央财经大学	22
63	西南财经大学	107	82	北京理工大学	21
64	西北工业大学	107		总计	18 604
65	扬州大学	102			

说明：本统计表根据教育部学位与研究生教育发展中心提供的数据库整理、统计而成，仅供各 MPA 培养单位参考。

资料来源：2005 年全国 MPA 报名人数一览表. 全国公共管理硕士 MPA 专业学位指导委员会工作简报 2005 年第 51 期，http://www.mpa.org.cn/displaynews1.asp? id=163，2005-09-15.

表4-5 2005年非西部学校（无西部考生）MPA录取人数

（按总分平均分排序） 单位：人

序号	招生单位	录取人数	序号	招生单位	录取人数
1	中国科学技术大学	136	21	天津大学	86
2	山东大学	110	22	苏州大学	80
3	同济大学	293	23	中山大学	275
4	中国人民大学	270	24	武汉大学	111
5	北京大学	258	25	吉林大学	63
6	南京大学	178	26	安徽大学	69
7	复旦大学	247	27	华中科技大学	85
8	清华大学	106	28	湘潭大学	80
9	浙江大学	133	29	哈尔滨工业大学	92
10	北京师范大学	56	30	东北大学	78
11	上海交通大学	402	31	华中师范大学	77
12	郑州大学	90	32	南开大学	66
13	国防科学技术大学	107	33	华南理工大学	88
14	北京航空航天大学	214	34	国家行政学院	121
15	华东师范大学	105	35	北京科技大学	53
16	南昌大学	100	36	南京农业大学	83
17	东北财经大学	65	37	中国社会科学院研究生院	52
18	湖南大学	91	38	合肥工业大学	80
19	山西大学	80	39	中南大学	82
20	厦门大学	151	40	中国农业大学	61

表4-6 2005年西部学校和非西部学校（西部考生）MPA录取人数

（按总分平均分排序） 单位：人

排序	招生单位	录取人数/人
1	华东师范大学	1
2	中国人民大学	17

续上表

排　序	招 生 单 位	录取人数/人
3	内蒙古大学	80
4	北京师范大学	68
5	中国科学技术大学	1
6	北京大学	48
7	西安交通大学	83
8	武汉大学	9
9	四川大学	80
10	浙江大学	21
11	华中科技大学	16
12	云南大学	80
13	中国社会科学院研究生院	19
14	重庆大学	67
15	兰州大学	38
16	中国农业大学	20
17	北京科技大学	9
18	西北大学	31
19	新疆大学	70
20	南开大学	1

资料来源：公共管理硕士研究生录取结果排序．全国公共管理硕士 MPA 专业学位教育指导委员会工作简报 2005 年第 37 期，http://www.mpa.org.cn/displaynews1.asp? id = 129，2005－06－17.

（七）专业学位指导委员会的监督

每个专业学位都有专业学位指导委员会，MPA 也不例外。专业学位指导委员会是国家学位委员会授权建立的，由培养单位的校长、院长、专家学者和有关主管部门的负责人及相关行业的人员共同组成，目前还是自上而下成立的专业性组织，对专业学位的发展起着决定作用。专业学位指导委员会的主要职责是：批准专业学位试点学校；制定培养方案；制定专业学位教育的标准；设置招生考试方案、监督和评估招生质量等。

专业学位指导委员会对于 MPA 招生有一套监控指标：按联考成绩总分

平均分、联考成绩总分最低分、外语最低分分别进行排序。每年专业学位指导委员会根据以上三项指标，对 MPA 培养单位进行全国排名，排序情况运用如下：①

（1）结合本年度录取结果排序情况，下达下一年度在职人员攻读 MPA 招生限额。总分平均分排序列于前 30% 的院校，自定下一年度招生规模；总分平均分排序列于中间 50% 的院校，适当限定招生规模；总分平均分排序列于后 20% 的院校，削减上年招生指标的 20%。

（2）对于持续招生质量较差、排名较后的招生单位做出处理：有一年落入最后 5 名的招生单位（指标的任何一项），下一年度限制招生。连续两年进入最后 5 名的学校，下一年度再次限制招生，给出黄牌警告并责令整顿。对于连续三年总分平均分排序均在后 5 位的招生单位，予以下一年度停止招生的处理。

第五节　专业硕士研究生招生考试的现状分析

1991 年我国开始进行专业硕士学位的试点，从试办之初，就以质量作为发展专业学位的前提。围绕如何保证质量问题，有关部门对专业学位的招生考试做了很多探索和改革，取得了一定的效果。随着专业硕士研究生教育的发展，其招生考试也出现了一些弊端。本节主要论析专业硕士学位的特点及现状。

一、专业硕士学位的主要特点

专业学位在国际上通常称为职业学位（professional degree）。职业学位有两大特性，即学术性和职业性，两者缺一不可，这也是职业学位的本质特征。职业学位要求有较高层次的专门技术，有独特的知识领域，有严格的入门标准和鲜明的实践性；同时，职业学位获得者应该有较高的理论素养，有较强的运用理论解决实际问题的能力。在美国，医学博士（D. M）是临床医师的必备条件；建筑硕士学位（M. ARCH）是获得建筑师执照的先决条件；法律博士是获得律师资格的重要前提，教育硕士是专为教师行业而设置的；等等。

由于我国经济发展的阶段性和用人制度的特殊性，还没有形成规范的机

① 中华人民共和国国务院学位委员会《关于公布 2005 年在职人员攻读硕士学位录取结果排序的通知》（学位办〔2006〕32 号）。

制和严格的学位与从业资格的紧密关系，因此，我国的专业学位还不能算是严格的职业学位，在目前情况下，还不能被称为职业学位。为了与学术型研究生培养标准相区别，用“专业学位”的名称更准确一些。随着经济发展以及学位与研究生教育制度不断完善，人事制度不断规范，用人条件的层次不断提升，相关行业和主管部门加强了用人的规范化管理。在开展专业学位工作时，也特别注意与有关行业主管部门的联系与协调，并逐步与有关行业任职资格相衔接，[①] 发展方向是使专业学位逐步成为职业学位。

专业硕士是专业学位的一种，是我国研究生教育的一种重要形式。根据国务院学位委员会的定位，专业学位为具有职业背景的学位，培养特定职业高层次专门人才。[②] 专业硕士研究生教育与学术型硕士研究生教育的区别，主要表现在以下几个方面。

（一）培养目标和方式不同

根据我国的有关规定，学术型硕士研究生教育是以培养教学和科研人才为主，授予学术型学位；而专业硕士研究生教育主要培养具有良好职业素养的高层次应用型专门人才，授予的是具有职业背景的硕士专业学位。

在培养方式上，学术学位硕士研究生课程设置侧重基础理论学习，重点培养学生从事科学研究创新工作的能力和素质。而专业学位硕士研究生课程设置是以实际应用为导向，以职业需求为目标，以综合素养和应用知识与能力的提高为核心；教学内容强调理论性与应用性课程的结合，突出案例分析和实践研究；重视运用团队学习、案例分析、现场研究、模拟训练，注重培养学生研究实际问题的意识和能力。

（二）招生条件不同

专业硕士要求报考者有一定年限的实际工作经历，而学术型硕士则不需要。绝大多数专业硕士还要求在职人员报考须经所在单位或相应管理部门的同意，有的还需要所在单位推荐，等等。

（三）招生考试不同

学术型硕士研究生招生考试一般在每年的 1 月和 2 月进行“统考”，而“统考”以外的专业考试、复试则由各招生单位自行命题、阅卷。专业硕士研究生招生考试分为两种，即每年 10 月举行的“在职人员攻读硕士学位全

---

① 周远清．在全国公共管理硕士（MPA）专业学位教育指导委员会成立大会暨第一次工作会议上的讲话[M]//全国公共管理硕士（MPA）专业学位教育指导委员会秘书处．中国 MPA．北京：中国人民大学出版社，2001：34.

② 关于印发《专业学位设置审批暂行办法》的通知［G］//国务院学位委员会办公室，教育部研究生工作办公室．专业学位文件选编．北京：中国科学技术出版社，2001：384.

国联考”（简称“全国联考”）和1月举行的“全国硕士研究生入学统一考试”（简称“全国统考”）。前者主要面向具有一定工作年限和经验的在职人员，后者招生对象主要为应届、往届本科毕业生及同等学力人员。“统考”以外科目，由各招生单位自行命题、阅卷。

（四）颁发的文凭不同

学术型硕士毕业后，授予学历证书和学位证书。专业学位硕士生中，攻读全日制专业学位研究生属于学历教育，毕业通过论文答辩后可获得毕业证书和学位证书；攻读非全日制专业学位研究生属于非学历教育，毕业通过论文答辩后只获得学位证书。大体来说，“统考”生拿“双证”，“联考”生拿“单证”。

（五）学习方式不同

学术型硕士以全日制学习为主，学制一般为3年。专业硕士学位教育的学习方式分为非全日制和全日制两类：前者以业余时间学习为主，进行不脱产或半脱产学习，学制一般为2～4年；后者为全脱产学习，学制一般为2年，并须有不少于半年的实践教学，应届本科毕业生的实践教学时间原则上不少于1年。

专业硕士与学术型硕士的主要区别如表4－7所示。

表4－7　专业硕士与学术型硕士的主要区别

	非全日制专业学位硕士	全日制专业学位硕士	全日制学术学位硕士
招生计划归属	国务院学位办	教育部	教育部
招生对象	一定工作年限和经验的在职人员	应历届高等教育毕业生（大专毕业工作2年以上）	应历届高等教育毕业生（大专毕业 工作2年以上）
考生来源	联考一志愿报考考生	统考一志愿和调剂考生	统考一志愿和调剂考生
招考时间	每年7月份报名，10月份考试	每年9、10月份报名，1月份考试	每年9、10月份报名，1月份考试
录取原则	招生学校自定	统考国家统一分数线	统考国家统一分数线
教学方式	主要利用双休日和假期教学	全日制教学	全日制教学

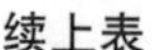

续上表

	非全日制 专业学位硕士	全日制 专业学位硕士	全日制 学术学位硕士
教学范围	按学科领域教学	按学科专业教学	按学科专业教学
授位类别	硕士学位证书	专业硕士学位证书、毕业证书	学术硕士学位证书、毕业证书
培养侧重	学术实践	学术理论与实践	学术理论与应用
过程管理	单独管理	学校统一管理	学校统一管理

资料来源：http://yz. chsi. com. cn/z/yz2013kyzn/.

二、专业硕士学位招生考试的特点

我国现有的专业硕士学位都是针对不同的学科和领域而设，所以在考试方式、报考条件、考试科目、录取等方面存在显著区别。以 2011 年为例，各专业学位报考条件及初试科目如表 4－8、表 4－9 所示。

表 4－8　2011 年各专业学位报考条件

序号	类别码	类别名称	报考条件	
			基本条件一	基本条件二
1	0251	金融硕士	（1）中华人民共和国公民。 （2）拥护中国共产党的领导，愿为社会主义现代化建设服务，品德良好，遵纪守法。 （3）年龄一般不超过 40 周岁（1971 年 8 月 31 日以后出生者），报考委托培养和自筹经费的考生年龄不限。 （4）身体健康状况符合国家和招生单位规定的体检要求。	
2	0252	应用统计硕士		
3	0253	税务硕士		
4	0254	国际商务硕士		
5	0255	保险硕士		
6	0256	资产评估硕士		
7	0352	社会工作硕士		
8	0353	警务硕士		
9	0553	新闻与传播硕士		
10	0554	出版硕士		
11	0551	艺术硕士		

续上表

<table>
<tr><th rowspan="2">序号</th><th rowspan="2">类别码</th><th rowspan="2">类别名称</th><th colspan="2">报考条件</th></tr>
<tr><th>基本条件一</th><th>基本条件二</th></tr>
<tr><td>12</td><td>0951</td><td>农业推广硕士</td><td rowspan="23">（5）已获硕士或博士学位的人员只准报考委托培养或自筹经费硕士生。
（6）考生的学历必须符合下列条件之一：
①国家承认学历的应届本科毕业生；
②具有国家承认的大学本科毕业学历的人员；
③获得国家承认的高职高专毕业学历后，经2年或2年以上（从高职高专毕业到2011年9月1日，下同），达到与大学本科毕业生同等学力，且符合招生单位根据本单位的培养目标对考生提出的具体业务要求的人员；
④国家承认学历的本科结业生和成人高校应届本科毕业生，按本科毕业生同等学力身份报考；
⑤已获硕士、博士学位的人员。
自考生和网络教育学生须在报名现场确认截止日期前取得国家承认的大学本科毕业证书方可报考。在校研究生报考须在报名前征得所在培养单位同意</td><td rowspan="22"></td></tr>
<tr><td>13</td><td>0952</td><td>兽医硕士</td></tr>
<tr><td>14</td><td>0953</td><td>风景园林硕士</td></tr>
<tr><td>15</td><td>0954</td><td>林业硕士</td></tr>
<tr><td>16</td><td>0454</td><td>应用心理硕士</td></tr>
<tr><td>17</td><td>0651</td><td>文物与博物馆硕士</td></tr>
<tr><td>18</td><td>1055</td><td>药学硕士</td></tr>
<tr><td>19</td><td>1056</td><td>中药学硕士</td></tr>
<tr><td>20</td><td>1151</td><td>军事硕士</td></tr>
<tr><td>21</td><td>1253</td><td>会计硕士</td></tr>
<tr><td>22</td><td>1255</td><td>图书情报硕士</td></tr>
<tr><td>23</td><td>1051</td><td>临床医学硕士</td></tr>
<tr><td>24</td><td>1052</td><td>口腔医学硕士</td></tr>
<tr><td>25</td><td>1053</td><td>公共卫生硕士</td></tr>
<tr><td>26</td><td>1054</td><td>护理硕士</td></tr>
<tr><td>27</td><td>0453</td><td>汉语国际教育硕士</td></tr>
<tr><td>28</td><td>0851</td><td>建筑学硕士</td></tr>
<tr><td>29</td><td>0853</td><td>城市规划硕士</td></tr>
<tr><td>30</td><td>0552</td><td>翻译硕士</td></tr>
<tr><td>31</td><td>0852</td><td>工程硕士（除项目管理领域）</td></tr>
<tr><td>32</td><td>0451</td><td>教育硕士（除教育管理领域）</td></tr>
<tr><td>33</td><td>0452</td><td>体育硕士（除竞赛组织领域）</td></tr>
<tr><td>34</td><td>035101</td><td>法律硕士（非法学）</td><td>在高校学习的专业为非法学专业［普通高等学校本科专业目录法学门类中的法学类专业（代码为0301），毕业生不得报考］</td></tr>
</table>

续上表

序号	类别码	类别名称	报考条件	
			基本条件一	基本条件二
34	035 102	法律硕士（法学）		在高校学习的专业为法学专业［仅普通高等学校本科专业目录法学门类中的法学类专业（代码为0301）毕业生方可报考］
36	0451	教育硕士（限教育管理领域）	（1）中华人民共和国公民。 （2）拥护中国共产党的领导，愿为社会主义现代化建设服务，品德良好，遵纪守法。 （3）年龄一般不超过40周岁（1971年8月31日以后出生者），报考委托培养和自筹经费的考生年龄不限。 （4）身体健康状况符合国家和招生单位规定的体检要求。 （5）已获硕士或博士学位的人员只准报考委托培养或自筹经费硕士生。	大学本科毕业后有3年或3年以上工作经验的人员；获得国家承认的高职高专毕业学历后，有5年或5年以上工作经验，达到与大学本科毕业生同等学力的人员；已获硕士学位或博士学位并有2年或2年以上工作经验的人员
37	0452	体育硕士（限竞赛组织领域）		
38	1251	工商管理硕士		
39	1252	公共管理硕士		
40	1254	旅游管理硕士		
41	1256	工程管理硕士		

资料来源：中国研究生招生信息网，http://yz. chsi. com. cn/z/yz2011wb/.

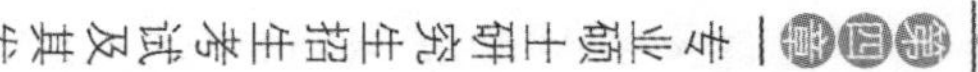

表 4-9　2011 年专业学位硕士研究生入学考试初试科目设置及试题选用一览表

序号	类别码	类别名称	第一单元科目	第二单元科目	第三单元科目	第四单元科目
1	0251	金融硕士	▲思想政治理论（100 分）	▲英语一或▲英语二或▲俄语或▲日语，统考外国语以外的其他语种，由单位自命题（100 分）	▲数学三（150 分）	金融学综合（150 分）
2	0252	应用统计硕士				统计学（150 分）
3	0253	税务硕士				税务专业基础（150 分）
4	0254	国际商务硕士				国际商务专业基础（150 分）
5	0255	保险硕士				保险专业基础（150 分）
6	0256	资产评估硕士				资产评估专业基础（150 分）
7	0352	社会工作硕士			社会工作原理（150 分）	社会工作实务（150 分）
8	0353	警务硕士			警务硕士专业基础（150 分）	警务硕士专业综合（150 分）
9	0451	教育硕士			教育综合（150 分）	招生单位自命题科目(150 分)
10	0553	新闻与传播硕士			新闻与传播专业综合能力（150 分）	新闻与传播专业基础（150 分）
11	0554	出版硕士			出版综合素质与能力(150 分)	出版专业基础（150 分）
12	0551	艺术硕士			艺术基础或招生单位自命题（150 分）	招生单位自命题科目（150 分）
13	0852	工程硕士			▲数学一或▲数学二或▲数学三（仅供项目管理、物流工程领域选用）或“工业设计工程”招生单位自命题科目或生物化学（仅供“生物工程”领域选用）（150 分）	▲计算机学科专业基础综合或单位自命题科目（150 分）

续上表

序号	类别码	类别名称	第一单元科目	第二单元科目	第三单元科目	第四单元科目
14	0951	农业推广硕士	▲思想政治理论（100分）	▲英语一或▲英语二或▲俄语或▲日语，统考外国语以外的其他语种，由单位自命题（100分）	农业知识综合一或农业知识综合二或农业知识综合三或农业知识综合四（150分）	招生单位自命题科目（150分）
15	0952	兽医硕士			兽医基础（150分）	
16	0953	风景园林硕士			风景园林基础（150分）	
17	0954	林业硕士			林业基础知识综合(150分)	
18	0452	体育硕士			体育综合（300分）	
19	0454	应用心理硕士			心理学专业综合（300分）	
20	0651	文物与博物馆硕士			文博综合（300分）	
21	1055	药学硕士			药学综合（300分）	
22	1056	中药学硕士			中药专业基础综合(300分)	
23	1151	军事硕士			招生单位自命题（150分）	招生单位自命题（150分）
24	1253	会计硕士				会计学（100分）
25	1255	图书情报硕士				图书情报综合（100分）
26	1251	工商管理硕士		▲英语二或▲俄语或▲日语，统考外国语以外的其他语种，由单位自命题（100分）	▲管理类联考综合能力（200分）	
27	1252	公共管理硕士				
28	1254	旅游管理硕士				
29	1256	工程管理硕士				

续上表

序号	类别码	类别名称	第一单元科目	第二单元科目	第三单元科目	第四单元科目
30	1051	临床医学硕士	▲思想政治理论（100分）	▲英语一或▲俄语或▲日语，统考外国语以外的其他语种，由单位自命题（100分）	▲西医综合或▲中医综合（300分）	
31	1052	口腔医学硕士			▲西医综合或▲中医综合或口腔综合（300分）	
32	1053	公共卫生硕士			▲西医综合或▲中医综合或卫生综合（300分）	
33	1054	护理硕士			护理综合（300分）	
34	035101	法律硕士（非法学）			▲法硕联考专业基础（非法学）（150分）	▲法硕联考综合（非法学）（150分）
	035102	法律硕士（法学）			▲法硕联考专业基础（法学）（150分）	▲法硕联考综合（法学）（150分）
35	0453	汉语国际教育硕士			汉语基础（150分）	汉语国际教育基础（150分）
36	0851	建筑学硕士			建筑学基础（150分）	招生单位自命题科目（150分）
37	0853	城市规划硕士			城市规划基础（150分）	城市规划设计或城市规划相关知识（150分）
38	0552	翻译硕士		翻译硕士英语或翻译硕士俄语或翻译硕士日语或翻译硕士法语或翻译硕士德语或翻译硕士朝鲜语（100分）	英语翻译基础或俄语翻译基础或日语翻译基础或法语翻译基础或德语翻译基础或朝鲜语翻译基础（150分）	汉语写作与百科知识（150分）

说明：（1）括号内所注分值为该栏考试科目试题满分值。（2）加“▲”的为全国统考或全国联考试题。

从表4-8、表4-9来看，我国专业学位的创设及招生考试具有以下一些特点。

（一）专业学位起步晚、种类多、发展快

我国专业学位创设于1990年，发展较快，涉及工商管理、公共事业管理、法律、教育、医学、体育、农业、卫生、会计、风景园林、艺术、军事、审计等领域。迄今共设置专业学位39种（如表4-10所示）。

表4-10　2013年全日制硕士研究生专业学位类别及代码表

代码	学位类别	代码	学位类别	代码	学位类别
0251	金融	0454	应用心理	1052	口腔医学
0252	应用统计	0551	翻译	1053	公共卫生
0253	税务	0552	新闻与传播	1054	护理
0254	国际商务	0553	出版	1055	药学
0255	保险	0651	文物与博物馆	1056	中药学
0256	资产评估	0851	建筑学	1151	军事
0257	审计	0852	工程	1251	工商管理
0351	法律	0853	城市规划	1252	公共管理
0352	社会工作	0951	农业推广	1253	会计
0353	警务	0952	兽医	1254	旅游管理
0451	教育	0953	风景园林	1255	图书情报
0452	体育	0954	林业	1256	工程管理
0453	汉语国际教育	1051	临床医学	1351	艺术

资料来源：中国研究生招生信息网，http://yz.chsi.com.cn/z/yzzyss/index.jsp.

（二）招生考试方式灵活

专业学位招生考试实行两段制模式，分为初试和复试。初试包括10月的“全国联考”和1月的“全国统考”两种。16种专业学位中，MBA和法律硕士有10月联考和1月份国家统考两次考试，并且授予毕业证和学位证两种证书，比其他专业硕士多了一种学历证书。其他专业硕士初试只有全国联考，由教育部学位与研究生教育发展中心命题，也有部分考试科目由招生单位命题，与全国联考同时进行。但也有例外，如工商管理硕士专业学位中的EMBA，就没有设置全国的统一考试，招生自主权下放到了招生单位，由其自主命题，组织考试。全国联考和统考这两大国家级别的考试都有规定的考试科目，各专业学位的考试科目有所不同。因此，教育部和国务院学位办

每年都会在发布报名信息时公布相关方案。复试由各招生单位自行组织，考核科目一般是政治、综合面试，有的专业学位会有专业技能测试等，复试占整个考试过程的30% ~50%。

（三）报考条件显著不同

我国在职人员攻读专业硕士学位，因培养目标不同、服务社会的领域不同，所以报考条件也有很大差异。一般报考条件最低的限度是国民教育序列大学本科毕业（有学士学位），工作2年以上的相关领域人员。个别如工程硕士中某些领域不需要工作年限。如工程硕士中报考电子与通信工程、控制工程、计算机技术等领域的考生可不受工作年限的限制，被录取为工程硕士研究生的，需在修完研究生课程并从事工程实践2年以上，结合工程任务完成学位论文（设计），方能进行硕士学位论文（设计）答辩；报考集成电路工程、软件工程等领域的考生可不受工作年限的限制。此外，农业推广硕士、兽医硕士、体育硕士招收专科学历的在职人员，但要求更多的工作年限和特别的工作业绩等。如农业推广硕士，要求国民教育序列大学专科毕业学历，具有中级以上技术职称，6年以上农业推广实践经验，工作业绩突出者方可报名。兽医硕士规定，国民教育序列大学专科毕业学历，具有中级以上技术职称，6年以上兽医相关实践经验，工作业绩突出者可以考虑报名。体育硕士对专科学历者报考要求也很严格，必须是3年以上运动实践经验，并且具有“运动健将”以上运动技术等级者，才可以报考。

（四）录取人数有限额

每年1月和2月“全国统考”的录取工作，由教育部划定统一的复试分数线（按地区和专业）后参加复试。每年10月“全国联考”的录取工作，由各招生单位自行组织，录取分数线由各招生单位自行划定，统一公布。各招生单位根据考生入学考试成绩（含面试）择优录取。每年国务院学位委员会办公室会下发各招生单位招收在职人员的限额，某些专业学位对自行确定招生人数的单位也有明确的招生数量限制，有的专业学位会限制本、专科学历的招生人数，有的专业学位对领域内的招生人数有限制，等等。如兽医硕士规定，录取具有国民教育序列大学专科毕业学历而未获学士学位的人数，不得超过本校当年录取限额的10%。工程硕士专业学位招生中，若培养单位在水利工程、测绘工程、地质工程、矿业工程、石油与天然气工程、核能与核技术工程、工业设计工程、农业工程、林业工程等领域招收工程硕士研究生，录取具有国民教育序列大学本科毕业学历，但未获得学士学位的人数所占比例可单列，但不得超过该领域当年录取人数的20%。公共管理硕士招生中，非政府部门人员录取比例一般不超过本校当年录取限

额的20%。

此外，法律硕士、教育硕士、体育硕士、公共卫生硕士、军事硕士、工商管理硕士、会计硕士、公共管理硕士的外国语（英语、日语、俄语）考试科目，使用同一试卷。工程硕士、农业推广硕士、兽医硕士、风景园林硕士的联考科目为硕士学位研究生入学资格考试（Graduate Candidate Test，GCT)。教育硕士、军事硕士的专业课、专业基础课、专业知识等课程考试的命题、阅卷由各招生单位自行组织，考试与全国联考同时进行。某些专业对外国语（英语、日语、俄语）的报考学校有特定的限制。例如，法律硕士外国语考试语种为俄语的考生限报黑龙江大学、东北财经大学，考试语种为日语的考生限报东北财经大学；体育硕士报考语种为日语、俄语的考生，只限报考北京体育大学、东北师范大学等。

第六节　专业硕士研究生招生考试存在的问题

自20世纪90年代创立以来，我国专业学位研究生教育一方面发展迅速，培养了一大批应用型、高层次专门人才；另一方面，由于办学时间短，主要是借鉴国外经验，在发展过程中也存在一些问题和不足，需要做理性分析，以便进一步改革和完善。

一、定位不清晰

目前我国仍有不少院校对专业学位的内涵不清楚，混淆了学术型与专业型硕士学位，把专业学位研究生教育作为学术型研究生教育的翻版，仍然以学术型学位作为教学要求和培养目标。

专业硕士学位教育存在着单纯为扩大规模、谋取经济利益等功利性倾向，由此诱发了重数量轻质量、重收入轻投入等一系列问题。一些院校片面追求经济效益和社会知名度，放松了招生条件和文凭发放条件，使得生源质量大打折扣，损害了专业硕士的品牌形象。还有一些媒体对专业硕士渲染过热，沦为一种市场炒作。这些都是值得我们关注和反思的问题。

二、报考要求宽严不一

由于专业硕士学位报考条件各有特点，并且每年入学资格不断变化，因此，各培养单位在招生考试过程中，很难把握统一的报考条件，报考要求宽严不一。

（一）学生实际工作经验不足

我国 MPA 教育呈现“低龄化”的特征。国外 MPA 一般要求 5 年以上工作经验，所以学员毕业后一般进入企业中高层。但是，在中国对工作经验要求比较低，本科毕业 3 年就可以报考。中国 MPA 学生平均年龄是 25 岁左右。MPA 被很多人当成是“考研”的补充。有的考生根本没有工作经验或工作经历极短，很难消化吸收操作性极强的管理内容，毕业后到企业工作，难免会“纸上谈兵”。社会上对工商管理硕士的质疑和批评，很大程度上指向这些 MPA 低龄学员的实际工作能力。据不完全统计，我国 2002 年的 MPA 学员平均年龄为 28 岁，最小的为 22 岁，工作经验超过 6 年的不到 50%，80% 的学员还没有走上管理岗位。[①] 这与 MPA 在具有初步管理经验的基础上培养学习管理理论的职业经理人的初衷背道而驰，在某种程度上影响了我国 MPA 教育的质量。

（二）存在招收不符合报名条件的考生的现象

根据农业推广硕士的招生对象要求，报考农业推广硕士的人员应该是来自农业和农村工作第一线的人员，不允许此领域以外的其他人员报考。但是在各培养单位的报名和招生过程中，不同程度地存在招收不符合报名条件生源的问题。这种现象的出现有两方面的原因：一是报考人员本身造假；二是由于招生单位追求招生数量，审核不严格。

（三）在职攻读和全日制报考政策的不协调、不平等

在职攻读和全日制统招两类法律硕士的报考资格存在着政策性不协调、不平等的问题。[②] 报考在职法律硕士的学历条件必须是大学本科毕业，且一般应有学士学位，而统招法律硕士则允许同等学力考生报考。

（四）某些专业学位报考条件与现实情况脱节

如报考教育硕士的具体条件是：具有学士学位、3 年以上基础教育第一线教学经历的在职普通中小学、幼儿园和其他中等学校的文化基础课的专任教师或管理人员，以及省、市、区、县教育研究部门或政府机关教师系统中有中小学、幼儿园教师职务的教研员或管理人员；只有国民教育序列大学本科学历、未获得学士学位者，除满足上述条件外，还需具有中学一级（或相当的）教师职务。而我国中学教师的学历层次普遍偏低，这是历史因素造成的。尤其是在教育相对落后的地区，教师的学历层次差异更大，即使一个

---

① 刘芳．美国 MBA 教育研究［D］．石家庄：河北大学，2005：45.

② 法律硕士入学考试制度存在三大问题［EB/OL］，中国考试在线，http://www.kao100.com，2006－01－15.

地区的不同学校之间差别也很大。专业学位的设置就是为了提高教师的整体质量，提高基础教育的水平。如果报考资格条件不切合现实情况，就会在一定程度上限制教育硕士的数量增长与质量提升。

三、初试偏重知识性内容

目前我国专业学位招生考试处于尝试阶段，在考试科目设置和内容选择上还不成熟，突出表现在以下两个方面。

（一）联考科目和单考科目同时在初试中进行，容易造成不公平

专业硕士入学考试中既有统一命题、统一阅卷的联考科目，也有各校单独命题的单考科目。联考中，这两种科目同时在初试中进行，统一划总分线，容易造成不公平，也不利于全国各个培养单位进行成绩比较。①

（二）联考科目过多，过分强调笔试，对能力考查不够

一方面，过分强调笔试，不利于达到专业硕士招生考试的目的。专业硕士入学考试的目的是通过对考生的知识基础、基本素质和综合能力的测试，选拔有潜质的优秀人才入学。由于专业学位培养目标强调实践性，所以招生考试应该重视考生的实践经验。而过分强调笔试，客观上造成了通过面试甄选考生的空间太小。这在某种程度上削弱了对考生综合能力和管理潜质的考查，不利于达到考试目的。②

另一方面，在考试题型设置上，过分偏重知识性内容，对能力考查重视不够。其后果一是不利于选拔符合专业硕士培养目标的考生，影响培养目标的实现；二是容易误导考生，形成专业硕士“重知识、轻能力”的错误导向和“重死记硬背、轻理解应用”的观念，不利于专业学位教育的健康发展；三是影响阅卷的质量与效率。由于考试内容偏重知识性内容，且主观性题目比例过高，阅卷的负担与压力过大，影响考试选拔的公平性和效度。随着专业硕士招生规模扩大、考生数量的剧增，这一问题日益突出。③

四、复试录取侧重笔试成绩

（一）复试录取偏重初试成绩

专业硕士学位教育的目的就是为国家培养高层次、应用型专业人才。而一些生源不足的院校，为了追求招生规模，往往会忽视面试的成绩，以联考

---

① MBA 教育指导委员会负责人就 MBA 入学考试改革答记者问. http://www.cer.net，2004-08-27.

②③ 法律硕士研究生招生环节的几点质疑. http：//lawsee.yeah.net.

成绩作为录取的标准。

（二）未形成科学规范、符合专业学位特点的复试程序

我国研究生招生考试变革中，注重发挥初试与复试的各自功能，越来越关注和强化复试标准和复试程序的制度化建设。但是，在专业硕士招生中，“笔试定录取”和“复试走过场”的情形仍较普遍。[①] 这种状况显然不利于全面检测考生的实际应用能力、表达能力和综合文化素质。

综上所述，我国专业学位招生考试存在的问题和不足主要表现为以下四个方面：一是仍有不少培养院校对专业学位的内涵不清楚，混淆学术型与专业型硕士学位，把专业学位教育作为学术型研究生教育的翻版。二是各专业硕士学位报考要求宽严不一，既影响专业学位生源的整体质量，也制约其培养目标的实现。三是初试阶段，联考科目与单考科目统一计入总分，容易造成录取不公平；联考科目过多，过分强调笔试，对实践能力考查不够。四是复试录取侧重笔试成绩，尚未形成科学规范、符合专业学位招生特点的复试程序。

① 法律硕士入学考试制度存在三大问题. 中国考试在线，http://www.kao100.com，2006－01－15.

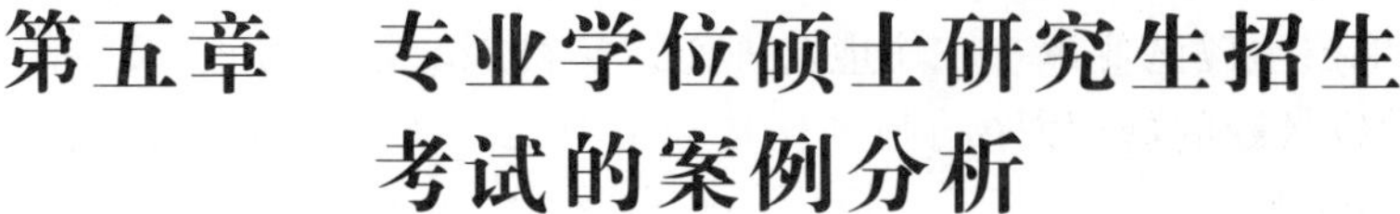

第五章　专业学位硕士研究生招生考试的案例分析

为了加强研究生教育复试环节的规范化管理，2006 年教育部出台了《关于加强硕士研究生招生复试工作的指导意见》。这是教育部首次出台关于加强复试工作的专项文件，也是研究生招生制度改革的一个重要举措，有利于提高复试工作的科学性和公平性。本章以公共管理硕士（MPA）招生考试为案例，深入探究专业学位硕士研究生招生考试制度的变革与完善。

第一节　公共管理硕士招生考试案例分析

MPA 招生考试分为初试和复试，初试为全国联考，复试由各招生单位组织。研究 MPA 的招生考试，复试是其中的重要组成部分。为了能够结合实践，我们选取了国内两所实施 MPA 专业学位教育的大学作为案例，分别以 A、B 作为代码，对比分析其招生复试的特点，找出其中存在的不足。

一、A 校招生概况

（一）培养目标

MPA 专业学位教育的培养目标是培养扎根中国国情、融入国际主流的高素质中国公共领导人才。“扎根中国国情”要求学生从中国实际出发，深刻认识中国国情，熟知过去，把握未来；“融入国际主流”要求学生切实了解和把握全球化发展的趋势，有开放的胸襟和国际战略眼光；“高素质”主要是指具有爱国奉献、明德为公的思想境界，对现实公共管理问题既能进行专业而独到的分析与研究，也能切实掌握具体的运作、协调与沟通技巧，卓有成效地解决现实问题；“中国公共领导人才”强调的是我们培养的人才要能够成为中国公共事务的领导者。①

① http://ggbg.cic.tsinghua.edu.cn/ggbg/detail.jsp? seq =426&boardid =10101，2006 -07 -03.

（二）招生规模

该校自定招生计划，一般每年招生 200 人左右。MPA 属于在职教育，不脱岗。招生特点是以居住地、工作地为中心，实行地域化招生，因此制约了 MPA 专业学位教育的规模发展。

（三）生源竞争

区域内招生竞争主要受单位所提供的条件以及系统内政策导向的影响，如报考单位对报考某所学校的经费支持等。

（四）复试

复试没有笔试，参考全国联考成绩，按 1：1.3～1：1.5 的比例，确定参加复试的人数。培养单位普遍重视复试。

1. 复试方式

（1）复试一般以 3 位专家为一组。每组专家面试 10～13 名考生，然后独立打分，综合各专家打出的分数计算学生成绩。

（2）复试成员一般包括校外专家，如国家部委的专家。每年情况不同，第一年 3 人中有 1 人来自国家部委。

（3）每组面试有博士后参与记录。

2. 复试内容

复试内容为案例式考试，考查考生的分析能力、应变能力以及对社会问题的关注程度。

（五）考试公平问题

（1）面试环节中，考官分组，考生分组。每组学生根据初试成绩高低均匀搭配，通过考试技术手段切断考官与考生事前联系，防止舞弊现象。为了保证复试的公平性，该校有专门的题库、备考室和引导员。

（2）录取通过初试和复试两项成绩综合衡量，每年初试和复试的权重比例不一样，但总趋势是复试权重大于初试。

（3）如果遇到考生投诉的情况，复试小组会再讨论，慎重对待。

二、B 校招生概况

（一）培养目标

MPA 专业学位教育的培养目标是为国家培养公共事务和行政管理高层次、应用型专门人才。

（二）招生规模

该校自定招生计划，每年招生人数一般为 150 人左右。

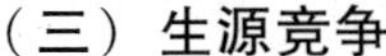

（三）生源竞争

考生的来源主要是政府部门，如省政府部门、国家税务局等，来自于事业单位的不到 20%。拓展生源的思路是：扩大招生宣传，联系需求部门单位；按系统组织招生，努力向周边地区扩展生源。

（四）复试

复试没有笔试，约按 1∶1.2 的比例确定复试人数。

1. 复试方式

考生组成若干小组，抽签决定面试顺序。面试教师一般是本校学科专家。先由考生作自我介绍，然后由面试教师提问，考生当场回答，教师直接打分。最后计算各位教师评分的平均分，作为考生的面试成绩。

2. 复试内容

复试内容包括时事政治、党的理论、毛泽东思想、邓小平理论、“三个代表”重要思想，旨在考查考生分析问题的能力，并结合考生本职工作提出相关问题。

（五）录取

面试教师打分后会签名，并且整个复试过程会做记录，然后备案，存档。录取以分数为标准，主要以笔试为主，复试的权重为 20%。

三、A 校和 B 校招生考试特点分析

（一）培养目标明确

通过对 A 校和 B 校招生情况的对比可知，两校 MPA 专业学位教育培养目标明确，已形成自己的招生特色。2011 年，全国共有 146 所 MPA 培养院校，每个学校都有自身的特点，如何科学定位本校的培养目标，是形成各自办学特色的基础。当前，在 MPA 培养院校的定位问题上，存在趋同、攀高的现象。事实上，各校的具体条件、学科基础及校园文化不同，如在服务领域、学科专业结构、区域经济和社会发展需求等方面存在差异。学校应科学分析外部环境、社会需求和自身实力，充分考虑自身的办学条件和能力，确立自己的立足点，主动适应外部环境，优化结构，形成适宜的学科专业结构和人才培养模式，使资源配置更加合理，这样才能扬长避短，不断发挥自己的优势。

（二）生源受到限制

MPA 只有在职教育，招生以居住地、工作地为中心，这在一定程度上制约其规模发展。由于主要为政府部门及非政府部门公共管理机构培养人

才，因此其生源主要来自党政机关，如省委、市委组织部，省政府部门等，并且生源的流向主要受单位所提供条件、系统内政策导向的影响，如学员所在单位对学员提供的经费及学习时间的支持等。

（三）招生宣传的力度不够

A 校和 B 校主要是通过网页、报纸进行招生宣传。宣传受地域限制，并未面向全社会；招生宣传的人力、物力不足；与考生考前、考后交流甚少，考生对于学校 MPA 教育的特色并不十分了解。生源是办好 MPA 教育的关键因素，因此，应加大招生宣传力度。首先，应投入大量人力、物力、财力，在学院网站、其他教育网站、报纸等新闻媒体发布招生信息，扩大影响。其次，与省委组织部、省人事厅及其他厅局联系，以得到其支持。最后，在考生服务方面，一是做好网站服务，通过中心网站与考生交流，解答考生各种问题；二是认真准备，减少考生在报考、面试、录取过程中所花费的时间和费用。

（四）复试各有特点

A 校和 B 校复试的共同点是都没有笔试，复试内容都是通过面试综合考查学员的工作经验、个人素质和领导能力，而且复试的整个过程都有记录和备案。所不同的是，A 校复试更强调科学性和公平性。不仅每年从校外如国家机关邀请专家参与复试，而且非常重视复试公平性。如在考试分组中，采用考试技术等手段，切断考官与考生的事前联系，防止舞弊行为发生。录取综合衡量初试、复试成绩，每年初试和复试的录取比例不一样，但总趋势是复试权重大于初试。而 B 校的复试与 A 校相比，要求较为宽松，并且录取时偏重全国联考成绩。

第二节　公共管理硕士招生考试存在的问题

我国的 MPA 招生从一开始就试行全国联考制度，这一措施对保证 MPA 生源质量，促进我国 MPA 教育的发展起了重要的作用，但由于这一专业学位教育创办时间较短，仍处于初步发展阶段，不足与缺陷在所难免。主要存在以下几个问题。

一、招生宣传力度不够

MPA 专业学位人才培养的方向是政府部门及非政府部门公共机构的高层次专门人才。招生的对象主要是政府部门，招生问题突出表现为三类：一

是很多人对专业学位的认识不清，把 MBA 与 MPA、行政管理混为一谈；二是招生过程中与政府部门和公共机构的人员联系不够；三是一些用人单位对 MPA 学位不予认可，对考生未给予应有的支持，把攻读 MPA 学位看成是个人的事情，只知用人，不重视培养人。

二、招生录取偏重分数

（一）联考科目不尽科学

MPA 的联考科目是 4 门，MBA 的联考科目是 2 门，法律硕士的联考科目是 3 门，工程硕士的联考科目是 1 门，会计硕士的联考科目是 3 门，体育硕士的联考科目是 2 门。与其他专业硕士相比，MPA 的联考科目偏多。科目繁多不利于一些具有丰富实践经验，在政府部门中担任重要职务，但没有充足的时间复习备考的考生入学。据调查，在这 4 门联考科目中，英语、管理学两科对 MPA 学生后续学习成绩有显著影响，逻辑与数学影响较弱，而行政学科目的影响并不显著。如何结合现有公务员队伍的知识结构和能力需要，制定合理的考查内容和选拔标准，尚需对联考科目和内容做进一步研究。①

（二）偏重笔试分数

我国的 MPA 联考目前还是一种选拔性考试，复试分数线是根据联考成绩和招生单位的招生计划人数，由各招生单位划定的。MPA 考生录取的主要依据还是笔试成绩，通过面试选拔有实践经验的优秀政府管理人才的空间不大，而且面试内容局限于政治理论，不能反映考生的综合素质，工作业绩在录取中没有得到应有的重视。不少考生认为，现行 MPA 招考制度仍基本上是一种严格的分数控制制度，强调分数至上，这与 MPA 教育的性质和特征并不吻合，一些工作经验丰富，但理论基础相对薄弱的考生，由此放弃考试。如何通过切实可行的措施保障，促使实际能力强的优秀考生脱颖而出，已成为 MPA 招考环节中亟待解决的一个重要问题。②

（三）复试形式化

在分数上线的基础上强调结合工作业绩和资历择优录取，这是在 MPA 招考中确定的一项基本原则，但事实上，这一原则在实践中并未能得到有效的贯彻落实。多年来，在 MPA 招考中，分数上线基本上就已等同于被录取，

---

① 沈勇．公共管理硕士（MPA）入学标准有效性研究［J］．中国行政管理，2005（5）：52－55.

② 蒋红，陈克清．试论我国 MPA 教育中亟待解决的几个问题［J］．云南行政学院学报，2005（3）：81－82.

其后的面试淘汰率较低，因而也就丧失了对考生进行综合素质考查的作用。[①] 此外，尚未建立符合专业学位特点、完善的复试程序。

三、生源不稳定

MPA 教育生源不稳定，各校兴办 MPA 教育的热情与社会、考生对此学位教育评价形成反差。

经过几次扩充培养单位，我国 MPA 试办院校已由最初的 24 所，发展到 2011 年的 146 所，还有很多院校在积极申报试办权。这说明各高校对兴办 MPA 教育有很大的热情。但从 MPA 报考人数上看，其中有三年连续呈下滑趋势：2001 年全国报考 11 846 人，2002 年全国报考 9 530 人，2003 年全国报考 6 732 人，每年递减 2 000 多人。到 2004 年，报考人数才回升为 11 335 人。89. 1% 的学员认为，毕业后只有学位没有学历的问题将影响 MPA 今后的发展，而且 MPA 学员所在单位的领导对这种专业教育还缺乏足够的认识，MPA 学位在党政机关和社会组织中受重视程度不高，公务员学习最贴近本职工作的专业却得不到本单位的认可，学成后的预期也不高，这种情况影响了公务员的学习积极性。非公务员学员毕业后，由于没有相关政策，无法进入党政机关或非政府公共组织中工作，造成人才浪费。[②]

四、政策不配套

MPA 教育的社会环境，特别是政策环境还有待改善。虽然人事部 2004 年 60 号文件已明确提出对公务员攻读 MPA 给予学习费用和学习时间的支持，但在实际执行中，只有 50% 的单位有支持，另一些单位不给报销学费。一般而言，经济发达地区，财政支持较大，相应地，MPA 报考人数较多。现阶段，广东、江苏、浙江、上海、北京等地 MPA 的学习人数最多；经济落后地区，攻读 MPA 的人数则较少。显然，国家有关政策的落实情况，与促进 MPA 教育良性发展的要求还有较大距离，MPA 教育尚未成为我国干部学历后教育的主要内容。目前，国家尚未开展对 MPA 学员资格的认定工作，也没有将 MPA 教育作为提职、晋升的重要考核条件。这在一定程度上削弱了学习者的积极性，制约了 MPA 的发展规模。

MPA 招生呈现地域化特点，因此，MPA 教育的发展规模和生源流动也受到相应的影响。专业学位的性质、特点和培养目标，决定了招生考试应注

---

① 蒋红，陈克清．试论我国 MPA 教育中亟待解决的几个问题［J］．云南行政学院学报，2005（3）：81－82.

② 段旻雯．MPA：希望更多的人报考你［N］．中国教育报，2004－01－12（3）.

重实际能力和素质的考查，但在实际招生选拔中，招生考试举办者偏重于传统的笔试形式和方法，不重视对综合素质、能力的测试。

第三节　专业学位硕士研究生招生考试的影响因素

招生考试是专业硕士教育的重要前提，影响着社会对专业硕士的认识、评价与接受程度，决定着人才培养的质量与效果。就 MPA 招生考试而言，自 2001 年首届 MPA 招生以来，国家教育主管部门对 MPA 招生考试政策进行过多次修改，不断探索完善。专业学位招生考试作为研究生招生考试的组成部分，既要适应选拔高层次专门人才的需要，又须遵循考试自身的发展规律。

一、专业学位教育与经济社会发展相适应

教育外部关系规律表明，教育作为社会的一个子系统与社会系统及其他子系统——主要是经济、政治、文化系统之间存在着必然性的关系。教育必须受一定社会的经济、政治、文化所制约，并为一定社会的经济、政治、文化的发展服务，即教育必须与社会发展相适应。① 专业学位研究生招生考试改革同样受教育内外部关系规律的制约。

研究生教育也必须适应社会发展的要求。随着我国就业市场对人才需求的变化，大学的理念与研究生价值观的多元化正在形成尖锐的矛盾。在这种矛盾的碰撞中，研究生教育的理念也呈现出多元化倾向。培养单位、研究生、管理者、导师之间的关系正在发生变化，创新意识、公平意识、权利意识、个性意识已悄然“走”进校园，多元质量观、市场观念、效益观念逐渐形成。这一切都昭示着以个性培养为核心的多元差异的教育理念已初现雏形，研究生教育理念正在发生一场变革。伴随着研究生教育理念的悄然变革，过去单一的培养模式开始被打破，专业学位及各种类型学位比例开始上升，学术型学位比例相对下降。

西方发达国家大学后教育的发展表明，高层次、应用型人才的培养规模一直呈不断扩大的趋势。至 20 世纪 90 年代，美国的职业学位获得者的比例已占硕士学位获得者人数的 55% 以上。英国、法国、加拿大等国家的学位

---

① 潘懋元．潘懋元高等教育学文集［M］．汕头：汕头大学出版社，1997：159 – 160.

制度与我国有很大差异，但都是十分重视高层次专门化人才的培养，许多行业的从业标准与学位、文凭证书紧密相关。

在我国，随着经济的快速发展、社会的全面进步以及加入 WTO 后面临的挑战，各行各业对于高层次、应用型人才的需求日益迫切。由于我国的学位制度建立晚，专业学位发展历史更短，这方面的人才培养滞后，虽然近年有较快发展，但远不能适应和满足当前以及长远的需要。因此，必须适应社会经济发展对专业型、应用型、高层次人才的需求，从规模和比例上大力发展专业学位教育。我国学位与研究生教育，既要培养学术性人才，为知识创新、科技进步做贡献，也须为现代化建设培养各种类型的应用型、复合型人才，两者应齐头并进，不可偏废。

考试发展的一般规律是："选拔性考试的内容、形式必须随着社会和教育的发展而变革。"[①] 专业学位教育招生考试，同样需要与教育和社会的发展相适应。就考试的目的而论，招生考试是为特定社会鉴别、选拔人才服务的，而人才标准随社会发展而变迁，因此，考试的标准也必须不断更新。我国专业学位的创立仅有 16 年的历史，在招生考试方面处于初步探索时期。专业学位招生考试要为知识经济时代所需要的创新人才选拔服务，适应现代化建设的需要，其考试科目、内容、形式等，要根据经济社会发展的需求适时做出调整和改革。

二、专业学位招生考试形式随招生规模扩张而变革

近几年，随着我国高等教育规模的迅速扩大，专业学位教育的人数也在不断增加。至2000 年底，专业学位研究生已累计招生40 961 人。从1991 年开始算，年均增长率68. 8%，远远超过同期全国研究生的发展速度；同时，在职攻读专业学位已累计招生 51 362 人，从 1993 年开始算，年均增长率 139%，[②] 特别是最近几年，呈快速发展趋势。至 2005 年底，我们已设立了 16 种专业学位，招收、培养专业学位研究生的博士、硕士学位授予单位达到 398 个，占现有学位授予单位总数的 51. 2%；已毕业并被授予专业硕士学位的研究生接近 15 万人，约占全国各类已毕业研究生总数的 15%；目前

---

① 张亚群．科举革废与近代中国高等教育的转型［M］．武汉：华中师范大学出版社，2005：249－252.

② 周远清．在全国公共管理硕士（MPA）专业学位教育指导委员会成立大会暨第一次工作会议上的讲话[M]//全国公共管理硕士（MPA）专业学位教育指导委员会秘书处．中国 MPA．北京：中国人民大学出版社，2001：36.

每年招收专业学位研究生约 8 万人，在读专业学位研究生 24 万人左右。①

专业学位教育规模的扩张，要求必须有统一组织的考试，以保证招生考试的公平性与高效率，维护考生的权益。我国从 2001 年开始，所有在职攻读专业学位教育都实行全国统一联考制度。专业学位教育的培养目标是培养特定职业应用型、复合型、高层次人才。研究生招生考试属于选拔性考试，需要突出个性化的特征，专业学位研究生更加注重应用性、实践性。因此，在招生自主权方面，专业学位研究生比学术型研究生的招生考试需要更多的自由度和灵活度，即需要进一步扩大招生自主权。

招生考试自主权是高等学校办学自主权的重要组成部分。《高等教育法》第三十二条规定，“高等学校根据社会需求、办学条件和国家核定的办学规模，制定招生方案，自主调节系科招生比例”。我国专业学位硕士招生自主权包括：自定复试分数线，复试由各培养单位自行组织，录取分数线也是各校自己划定。复试权重所占比例与学术型硕士差别不大。

（一）自定招生专业方向

在市场经济的条件下，高校适应社会发展需求最直接的环节是专业设置以及各种层次和规格的人才培养。专业设置和人才培养规格与模式的确立，就如同企业生产什么产品一样至关重要，应由学校根据市场和社会需要自主决定。一方面，高校根据社会需求和自身的实际，就学校的专业设置和人才培养问题独立自主地做出规划；另一方面，高校自身发展需要的个性和特色。高校应根据各自的地理状况、师资储备和以往的学术积累，发展各自的学术和职能专长，建立自身的特色，树立自己的品牌，以适应社会对多种人才的需求。为此，高校必须按照自身情况和实力合理设置招生专业，最大限度地体现自身的专长和特色，树立专业领域的权威和影响力，从而促进自身的蓬勃发展。而这些都需要招生自主权的充分发挥。②

MPA 专业方向的设置和建设，是 MPA 教育健康发展的基础性环节。各试办院校要结合自身学科优势，面向社会需求，设计有自己特色的 MPA 专业方向，要坚决避免按原有学科办学的倾向。公共政策与管理学科，是当代科学技术，尤其是社会科学交叉综合的产物。开展 MPA 教育的院校有各种类型，每个学校依托的学科基础不一样，有政治学、行政学、教育学、管理学、社会保障、土地资源等。MPA 是建立在这些学科基础之上的专业学位，各试点单位绝不能用新瓶装老酒，不能仅停留在原有学科的范围内。MPA

---

① 吴启迪．抓住机遇　深化改革　提高质量　积极促进专业学位教育较快发展［J］．学位与研究生教育，2006（5）：1.

② 李小娟，孙恒．高校招生自主权探析［J］．温州职业技术学院学报，2005（4）：67.

绝不是原有政治学、行政学等学科的简单翻版，也不是新增加了一个二级学科学位点，我们是在创造一个新的专业学位，必须严格按照研究生教育规律和专业学位特点扎扎实实做好各项工作。各试点单位应根据各自的学科特长，在统一的指导思想和规范要求下，办出有特色的 MPA,[①] 要有利于各校自主权的实现，调动各校积极性、主动性、创造性，创造出各校的特色。同时，各个学校又要根据自己的传统、价值取向、学科特点，显示自己的优势与特长。

（二）改革复试环节

专业学位研究生招生考试必须满足时代进步和科技发展对人才的要求，必须着眼于应用型、实践型和创新能力人才的选拔，突出专业学位的特色。根据专业学位生源的特点，要调整考试科目，降低联考科目难度，加大对综合能力的考查，同时在复试中加大实践环节的考查力度。如某些专业学位复试考查动手能力、实验能力，并结合工作经历来设计问题等。录取时，专业学位的复试权重应该至少是 50% 以上。

三、兼顾公平与效率符合考试自身的发展规律

中国自古至今的考试选才，都存在着一系列的公平与效率问题。研究生招生考试也存在着公平与效率问题。考试一直把追求公平视为理所当然的目标，但公平并不是考试的唯一目标，讲求效率也是考试的重要方面。有效地选拔人才和配置资源，最大限度地发挥考试的测验选拔功能，也是考试的重要职能。维护公平竞争、杜绝考试作弊、准确区分优劣，归根到底都是为了提高选拔人才的效率，或者说通过维护公平而达到提高效率的目的。[②]

（一）专业学位研究生招生考试的公平性

专业学位研究生招生考试的公平性主要指，各培养单位在招生选拔过程中，应坚持以素质、能力和知识为根本，排除权利、金钱等其他人为因素的干扰，以考生的综合素质为依据，做到“成绩面前人人平等”。[③]我国的专业学位硕士研究生初试，实行全国授权单位联合考试或国家统一考试，统一命题，统一组织实施，统一录取标准。考试公平性集中体现在三方面：首先，考试形式上，初试采用公开考试、择优录取的公平竞争方式，以考试成绩为

① 全国公共管理硕士（MPA）专业学位教育指导委员会秘书处．中国 MPA ［M］．北京：中国人民大学出版社，2001：38.

② 刘海峰．高考改革中的公平与效率问题［J］．教育研究，2002（12）：80－84.

③ 张耀萍．高考形式改革研究［D］．厦门：厦门大学，2004.

参加复试的依据，只认成绩不认人，在分数面前人人平等。其次，在考试内容和考试标准上，用统一的考试内容和考试标准测量所有考生的知识与能力，有力地维护了招生考试的公平性。最后，在考试的组织主体上，教育部学位与研究生教育发展中心和国家考试中心的参与，提高了考试的命题质量和命题水平，保证了专业硕士学位选才的权威性和公平性。因此，要进一步体现和保持专业硕士学位招生选才的公平性，应继续发挥国家在招生考试中的积极作用。

（二）专业学位招生考试的效率

“高考选才的效率有两方面的内容：（1）就考试作为一种手段而言，效率的提高意味着考试能够简便易行、省时省力，国家、社会和大学能够运用高校经济的考试选拔人才；（2）就人才选拔的活动来看，高考选才效率的提高是指入学考试能够科学、有效地选拔高校所需的人才。”[①] 这不仅要求高考选拔能够多选人才，更应科学地选出人才。科学选出人才意指考试应该满足各级各类高校对人才的不同需要。高考选才效率的内容同样适用于专业学位招生考试。

从这两方面的效率来看，专业学位的初试作为大规模的统一考试，在第一种效率方面优点突出。全国联考在防止人情困扰、维护公平选才方面有其优越性，同时具有规模效益，节省人力、财力和物力。而复试在第二种效率方面体现得更加充分。专业学位主要是面向有工作经历的在职人员而设，培养人才强调应用性、实践性。复试使各招生单位参与了招生考试的组织与实施，虽然现在复试在整个招生考试过程中的比例不高，但在一定程度上，各培养单位可以根据自己的学科特色和复试要求选拔出需要的人才。这体现了人才选拔的效率。

（三）公平与效率的选择

专业学位的联合考试在一定程度上兼顾了考试公平与考试的效率。联考的优点是试卷统一、标准统一、考分具有可比性。但是专业学位是我国特殊的研究生教育，它的人才培养目标也有独特之处，要选拔出符合攻读专业学位所需要的人才，必须实行复试，即各培养单位要根据社会需求和自身特色，提高选拔人才的效率，同时兼顾考试的公平性。当然，在初试中也应更多地体现选才的效率，根据在职人员的特点，设计科学的试题，使考试标准统一，保持考试的公平性。在维护公平性的同时，也要考虑在职人员离开学校时间久、工作繁忙等因素，因此联考的科目不宜太多，试题不宜太难，不

---

① 刘海峰．高考改革中的公平与效率问题［J］．教育研究，2002（12）：80－84.

应太多考查记忆性的内容，主要考查在职人员的实践能力和综合素质。

四、招生考试模式改革受文化传统因素制约

我国专业学位招生考试模式的选择，借鉴和汲取了国外先进的教育理念和经验，但也不可避免地受到本国民族文化传统的制约。因此，推进专业学位招生考试改革，不是简单地与国际接轨，照搬国外高校专业学位独立招生的模式，而是立足于本国教育实际，探索具有中国特色的专业学位招生考试模式。

文化与考试有着密切的关系，考试所选择的优秀传统文化，客观上促进了本民族文化的传承。文化不仅决定了考试的内容，也在思想观念上对考试内容和形式产生影响。以下就中华文化传统如何影响考试的价值观，进而影响招生考试改革略加论析。

考试价值观的确立，在很大程度上受文化传统的影响。中华民族自秦统一至清末，政治上除了短暂分裂，大一统的局面几乎贯穿始终。在文化上，以先秦时代的“天下观”“大同观”“和平观”“平等观”为精神，逐渐形成了“维护大一统”“礼治”“民本”“公平”“知识本位”“学而优则仕”等为主体价值观的文化传统观念。[①] 这种文化价值观与后来出现的科举制度彼此结合，相互促进，一方面科举制在传统文化价值观的影响下逐渐形成以“公平竞争、择优录取”为本质精神的价值取向；另一方面，科举制的长期使用又进一步巩固和强化了传统文化中的“平等”与“学而优则仕”的价值观。这种要求平等开放的竞争精神，至今仍成为大规模国家考试的核心原则，这是社会进步的显著标志。由此不难理解，当今全国联考仍是专业学位招生考试主体形式的意义所在。这也体现了传统考试价值观对当今专业学位招生考试模式选择的深层次影响。

文化传统影响下的招生考试发展史表明，维护招生考试的公平性，在我国具有深厚的历史积淀，这是专业学位招生考试应遵循的重要原则之一。要维护专业学位招生考试的公平公正，需要选择全国联考和全国统考的初试模式，以保障考生的公平竞争。

同时，我们也看到，专业学位教育旨在培养特定职业应用型、复合型、高层次人才，注重人才的实践性、应用性。为了专业学位的办学特色，专业学位研究生招生考试，应依据社会发展的需要和培养单位自身的实际，针对专业学位生源的特点，扩大培养单位招生自主权。除了各培养单位自定招生

① 杨学为，廖平胜．考试社会学问题研究［M］．武汉：华中师范大学出版社，2003：195.

专业方向外，更应加大复试权重，使复试在招生考试中的比例至少达到50%。

当然，我国传统文化既有精华，也有糟粕，既有促进专业学位招生考试公平的一面，也有阻碍招生考试改革的成分。如传统文化中的任人唯亲、帮派活动、裙带关系等因素，都影响到招生考试的公平公正。在社会诚信体系尚不完善的状况下，防止招生考试舞弊，无疑是一项艰巨任务。随着高校在组织考试和招生录取中自主权的不断扩大，高校维护招生考试公平的压力增大，有效抵制招考舞弊之风是招生考试改革成功的关键。

为了减少和杜绝复试舞弊，应建立健全相关的监督和制约机制。为了保障复试过程的公平性，首先，学校内部要有自己的监督体系；其次，学校应组织人员进行巡查。复试结束后，学校要有专门接受考生投诉、处理投诉的部门。

“从民族文化传统来看，中西方有着显著的差异，这也是制约高考改革的不可忽略的因素。如高校自主招考的法制化、社会及舆论监督问题，在西方发达国家已建立了完整有效的法律制度规范和机制，在我国仍需花大力气才能构建，并且也非短期内即可完善。”① 同样，专业学位招生考试改革既应借鉴国外的有益经验，也须从国情出发，立足本国实际，慎重考虑传统文化对招生考试改革的影响，走具有中国特色的招生考试改革之路。

第四节　公共管理硕士招生考试改革的内部调适

MPA 教育在我国处于发展阶段，招生考试存在不同程度的问题。我们只有及时发现和剖析问题，借鉴其他国家公共管理招生考试的成功经验，结合我国的国情，弥补其弊端，才能找到专业学位研究生招生考试国际化与中国化的最佳结合点。

一、严格审查报考资格

（一）严把招生报名入口关，做好资格审查工作

各培养单位应严格把好专业硕士学位的报名关，尽可能地杜绝弄虚作假行为。与此同时，国家也应该尽快出台国家教育考试法，加强对报名过程中舞弊行为的处理。各培养单位须本着宁缺毋滥的原则，对考生进行严格的资

① 张亚群．立足实际，推进高校自主招生的多元化［J］．湖北招生考试，2006（8）：7.

格审查和复试，尤其要检验学历证和学位证的真假。

（二）拓宽生源渠道，提高生源质量

生源是影响 MPA 教育发展的一个非常重要的因素。生源的数量与质量是辩证统一、相辅相成的。生源数量是质量的基础，只有拓宽生源渠道，增加生源数量，才能更好地选拔人才；而生源质量的改善，又可以提高 MPA 教育的信誉度，吸引更多的优秀生源报考。

首先，MPA 招生作为 MPA 教育的入口，各试办院校应予以高度重视，要下大力气，组织好生源，做好招生工作。这项工作做不好，MPA 教育就会落空。

2001—2003 年，MPA 招生曾出现过报考人数下滑现象。由于 MPA 刚开始兴办，属于新鲜事物，没有毕业证书，入学考试很难，管理严格，因而导致连续几年报考人数下降。此后，国家中组部和人事部开始重视 MPA 教育，鼓励干部接受教育，自 2004 年起报考人数又开始回升。

其次，MPA 教育的特点，为广大在职学员提供了继续深造的良好平台。在职人员的特点，一是离开学校时间较长，课本知识早已忘记，攻读学术型管理硕士比较困难；二是工作繁忙，不可能脱产接受全日制在校学习；三是具有实践经验，能够联系工作实际。MPA 教育作为在职人员继续教育的平台，被列入在职人员个人职业发展的规划。在职人员所在单位应该看到攻读专业学位的长远利益，鼓励支持在职人员报考 MPA。①

最后，MPA 教育是为政府部门和非政府部门培养高层次应用型人才的，考生来源呈现地域化、集中化的特点。各招生单位仍然需要广泛宣传，扩大合作渠道，同时继续加强与政府部门的联系与合作，争取更多的政策支持。

二、减少初试科目

我国教师熟悉传统的笔试命题的原则、方法和技术，而对综合素质、能力方面测试的考试技术还很生疏。专业学位的性质和特点决定了招生考试改革的方向是应用型、能力型考试，因此，考试科目、内容等都应朝此方向靠拢，突出专业学位的选拔特点。

（一）工程硕士的成功经验

加入 WTO 之后，我国各行业都面临着挑战，教育也不例外。这就要求我国的教育必须面向世界，参与国际化办学竞争。作为选拔人才的重要手

① 罗兴录．农业推广硕士专业学位研究生教育的特点与培养对策［J］．高教论坛，2006（1）：112－113.

段，国内的专业学位硕士研究生入学考试应借鉴国际考试经验。我国现行考试模式与世界通行的诸如 GRE、GMAT 等考试存在一定差异，不为国际上所认可。为了在国际高等教育竞争中获得应有地位，必须改革我国现行硕士研究生入学考试方式。在这方面，GCT 考试改革具有典型性。它不仅在考试的组织管理上给予了各招生单位更大的自主权，还在考试内容上彻底打破了应试模式，全面实行能力化考核。①

目前，我国工程硕士实行 GCT－ME 考试，类似于美国的 GRE 考试，主要测试的是考生知识面及实际运用能力。总体来说，它具有以下几方面的优点：

1. 兼顾招生选拔标准的统一性与灵活性

我国工程硕士采用两段制考试方式，将入学考试分为两个阶段：第一阶段为全国联考。考生需参加全国统一的工程硕士考试，所考科目、命题、阅卷由教育部学位与研究生教育发展中心统一组织，在统一标准下命题、考试和评分。借此，不同院校对工程硕士考试形成了统一的标准，使考试成绩具有可比性。第二阶段为培养单位自行组织考试。由考生本人持工程硕士联考成绩单，到报考院校申请参加其自行确定和组织的考试。考试方式既可面试也可笔试，考试时间由培养单位决定。此外，培养单位还可根据实际情况自行确定本校工程硕士分数线；考生的考试成绩有效期为两年，在此期间可自由挑选报考院校，学校也可以自由挑选学生。所有这些规定表明，工程硕士考试具有一定的灵活性。②

2. 兼顾招生考试内容的基础性与应用性

工程硕士考试试卷由四部分构成，即语言表达能力部分、数学基础能力部分、逻辑推理能力部分和外语运用能力部分。语言表达能力部分主要以语文为工具，测试考生在知识积累基础上的语言表达能力，通过考生对字、词、句、篇的阅读、分辨与理解，考查其掌握基本的自然科学和人文科学知识水平，特别是运用语言工具对知识进行表达的能力。数学基础能力的测试以数学基础知识为背景，重点考查考生所具有的基本数学素养、对基本数学概念的理解，考查考生逻辑思维能力、数学运算能力、空间想象能力以及分析解决问题的能力。逻辑推理能力部分的试题将以数学、物理、化学及日常生活为背景，考查考生所具有的数学、物理、化学常识性知识，特别是考查考生运用基本数学原理和技巧对物理、化学及日常生活中的问题进行数学推

① 李素琴，陈娟．美国研究生入学考试的特点及启示［J］．中国高教研究，2005（2）：40.

② 周建民，宋丽．试论我国工程硕士入学考试对全日制硕士入学考试的启示［J］．高等农业教育，2006（1）：65－67.

理和解题的能力。外语运用能力部分的目的是测试考生具备的英语实际水平，以及运用英语能力和学习能力。①

3. 兼顾招考制度的公平性与效率性

工程硕士入学考试的第一阶段为全国联考，考生参加全国统一组织的工程硕士考试，教育部学位与研究生发展中心按照统一的考试大纲要求，组织专业的人员和机构对试题的难度、信度、效度和区分度进行研究和分析，保证试题的科学性，保证同一专业不同招生单位考生考试内容的统一性，保证阅卷标准的统一性。所有这些规定，体现了工程硕士考试制度的公平性。同时，由于工程硕士第一阶段的命题、考试、阅卷工作由教育部学位与研究生发展中心统一组织，这就减轻了招生单位的工作压力，使他们有更多的时间和精力去关注第二阶段考生综合素质的考核。这样就节省了招生单位专业课命题、印制试卷、分发试卷等方面的人力、物力、财力，缩短了招生单位的工作时间，简化了工作环节，从而有助于提高工作效率。②

4. 兼顾考试权力的自主性与调控性

2001 年，教育部取消了工程硕士考试统一确定录取分数线的做法，改为由招生单位自行确定录取分数线。2002 年，教育部又准许部分招生质量好的高校自行确定招生规模。2003 年，教育部又推出两段制考试，将第二阶段专业综合测试的组织实施权限赋予招生单位。所有这些改革措施表明，培养单位在工程硕士招生中享有较大的自主权。

为了避免招生单位滥用职权、盲目扩大招生规模，政府出台了一些规范招生单位行为的宏观指导和调控政策。2001 年，经国务院学位办同意，全国工程硕士教育指导委员会采取了三项保障措施：（1）公布联考成绩排序名单；（2）要求培养单位书面报告录取分数偏低考生的理由，并要求对这些学生的培养过程实施全程跟踪；（3）成立质量分析与跟踪调研小组，对录取偏低分人数较多的培养单位进行全程质量跟踪，并对连续两年被跟踪的单位，做暂停招生处理。③

（二）对 MPA 招生考试的启示

国家学位主管部门要进一步改革 MPA 招生考试和录取制度，减少初试科目，尝试用综合考试代替某些单科考试，或借鉴工程硕士两段制考试模式，考试内容应侧重于检验学生分析问题与解决问题的能力，进一步加大复试权重。

（1）在试卷的设计上，应突出对考生理论联系实际能力的考查。目前

①②③ 周建民，宋丽．试论我国工程硕士入学考试对全日制硕士入学考试的启示［J］．高等农业教育，2006（1）：65－67.

的试卷设计仍侧重于抽象的理论考查，考分在很大程度上只反映出考生对指定参考书进行死记硬背的应试能力，而考生的综合素质、对知识的实际应用能力则基本无从体现，这与 MPA 教育培养应用型人才的办学宗旨是不相适应的。在今后的试卷设计中，应当通过调整题型、分值等方式，加强对考生理论联系实际、解决现实问题能力的考查。①

（2）在借鉴国外研究生人才选拔方式的基础上，参考工程硕士的两段制考试模式，MPA 招生选拔可以模仿 GCT 两段制考试模式。两段制是指国家统一举行的“研究生入学资格考试”和各高校自行组织的专业考试。其中，“研究生入学资格考试”由国家教育主管部门委派专门的考试机构统一组织，重在测试考生的综合素质，体现群体的共性，其成绩有一定的有效期；学校的专业考试则是测试考生在某一或某些方面的特殊能力，体现考生的个性。

将 MPA 入学考试分为两段进行，不仅有利于人才选拔，而且能充分体现高校的办学自主权，适应社会和市场的需求。作为综合性水平考试，GCT 要求考生必须扩大知识面，并具有一定的实践能力。推出 GCT 考试的积极意义在于：

一是考试本身体现了以人为本的精神。调查表明，很多企事业单位目前有大批本科毕业生，很多人已经成为业务骨干，他（她）们急需更新知识，但又不能拿出大量时间应考。同时，考试时间的限制往往与其工作发生冲突。按照构想，如果条件具备，GCT 以后将采取在一年内多次、多地考试，甚至像 GRE 一样采取机考的方式，争取让更多的在职人员接受研究生教育。

二是对一种新的招考方式的大胆探索。按照连续性考试方式，考生往往在大学一、二年级就准备考研，使得考生的知识面以及他们的能力发展都受到一定的制约，对大学本科教育质量也造成一定的影响。GCT 将更能考出考生的才能，也更适合在职人员。② 这一改革设计思想开放，大胆借鉴了国外先进的考试模式，是对现行高等教育入学考试制度的挑战，将有可能引起我国高等教育人才选拔方式的思想和理念的转变。

总之，以 GCT 考试为代表的中国专业硕士研究生考试改革还处于起步阶段，在这一过程中我们还需要将国外研究生入学考试方式的成功经验与我国的具体实际相结合，改革我国现有专业学位研究生招生过程中存在的弊端，最终找到专业学位研究生入学考试国际化与中国化的最佳结合点。

---

① 蒋红，陈克清．试论我国 MPA 教育中亟待解决的几个问题［J］．云南行政学院学报，2005（3）：81－82.

② 刘万永．GCT 为研究生入学考试改革探路［N］．中国青年报，2003－08－11（4）.

三、加大复试权重

国外 MPA 招生具有严格的录取标准，不仅表现为有严格的入学考试，而且在录取时往往并不以入学考试成绩作为录取的唯一标准，更加注重对考生综合能力的全面考查。考生不仅要有很强的学术基础，而且要有出众的品质和能力。国内学者有关 MPA 入学考试选拔标准有效性研究表明：面试成绩对培养过程中研究生的学习成绩有很大影响，因此我们更应该重视面试在招生考试中的作用。①

（一）重视工作业绩，加大复试权重

复试的重要性在我国的各类考试中越来越受重视，这也为 MPA 招生考试提供了借鉴。专业学位的人才培养强调实践性、应用性，在以笔试分数作为录取基本依据的前提下，MPA 招生更要注重考查考生的实际应用能力，重视工作业绩，加大复试在录取中的权重，通过面试切实考查学生的专业基础知识、开拓创新能力等，以考生的综合素质作为录取的依据，从而真正发挥面试的作用。

（二）面试要严格规范、谨慎操作

为了保证面试的质量，必须认真组织管理面试工作。面试小组成员要充分重视面试工作的重要性，根据各招生单位 MPA 培养目标，认真进行面试的准备，做好面试提纲。面试的问题可以针对考生的实际工作经历，准备部分结合实际的问题，注重考核其实际工作能力。

在面试过程中，对考生能力的考核必须严格规范、谨慎操作，这是十分关键的。各高校要重视面试在选拔机制中的作用，研究符合 MPA 专业特点的、有效且规范的面试方法。一方面要以差额面试的形式突出对考生的能力考核，另一方面又必须严格地规范和监督面试过程。如案例分析中 A 校和 B 校的经验，面试老师给出学生成绩后要签名；面试中有专门的人员进行全程记录，并将记录备案、存档，这在一定程度上可防止舞弊行为，保证了复试的公平、公正。

第五节　公共管理硕士招生考试改革的外部保障

MPA 招生考试是为培养目标服务的，培养目标又决定了各招生单位的

① 沈勇．公共管理硕士（MPA）入学标准有效性研究［J］．中国行政管理，2005（5）：52－55.

办学特色。同时，招生考试的质量保障需要有效的监督体系，这也离不开良好的宏观政策环境的支持。因此，学校的培养目标、办学特色、监督体系及政策环境对招生考试的发展有重要影响。

一、完善招生考试监督体系

（一）招生单位的监督

复试过程中为了保障公平性，学校内部要有自己的监督体系，学校应该组织人员做复试巡查。复试结束后，学校有专门的接受考生投诉、处理投诉的部门。

第一，建立透明度高的复试流程。研究生复试过程的高透明度，是社会公众的共同期待。首先要公开。研究生复试过程要公开化，建立公示制度。其次要合理。复试过程有一定的合理程序，如不按照科学的过程进行，复试质量将令人怀疑并遭受批评。再次要客观。现代社会强调客观性特质，即复试能从不同层面、不同角度进行，坚持“全面衡量、择优录取、保证质量、宁缺毋滥”的原则。上述三点要求与公平、公正、公开原则互为补充，辩证统一。专业学位研究生复试改革，应在上述要求和原则指导下，达到复试程序规范化、复试内容科学化、复试结果透明化、复试方法高效化、复试成本最低化和复试效益最大化。①

第二，建立招生自主权制衡机制。建立招生自主权制衡机制，实现责、权、利的统一。在招生单位享有更大招生权力和利益的同时，明确其责任，制定相应的监督与惩罚措施，在具体招生工作中，严格执行招生录取规定，做到依法招生，违法必究，执法必严。

第三，建立监控系统，确保复试质量。研究生复试之时，教育主管部门有必要监督与控制复试实施的进度，并随时进行适当的调整。遇到问题，应采取权宜措施，以排除障碍。监控系统应包括以下三个部分：一是监督系统。为确保复试实施的进度与成效，教育管理部门应组成监督小组，巡回监督复试的实施，并随时处理发现的问题。二是评价系统。复试实施成效的评估是复试品质的检验。因此，应成立评估小组，在特定时间内完成评估报告，以作为及时修正或改进的参考。三是问题处理系统。复试实施，应预先推测可能发生的情况，应有问题处理系统，排除障碍或修正方案，以保证复试能如期发挥作用。②

① 曹叔亮．研究生入学考试复试改革试探［J］．扬州大学学报，2006（3）：22－24.

② 袁振国．中国教育政策评论［M］．北京：教育科学出版社，2000：165.

（二）充分发挥指导委员会的监督和指导作用

MPA 专业学位指导委员会对 MPA 培养院校的监督是按联考成绩总分平均分、联考成绩总分最低分、外语最低分分别进行排序，然后以排序结果决定下一年度在职人员攻读 MPA 招生限额，对于持续招生质量较差、排名较后的招生单位做出相应的处理。

专业学位指导委员会虽然在招生监控方面起了一定的作用，但是目前，我国专业硕士学位尚处于初创阶段，采取的是公共课由国家统一命题、统一考试、统一评卷；专业课在国家学位办指导下由学校自主进行。原则上，国家只制订招生计划，录取分数线由学校自主决定，这样难免就会出现在生源不足的情况下，个别院校为扩大规模，降低录取的标准，从而很难保证生源质量。因此，专业学位指导委员会要充分发挥咨询、指导、监督和检查的作用。对招生工作开展得好的，要及时总结和宣传；对工作不到位的，要帮助学校一同做好质量分析工作和自主与自律办学的工作。另外，要大力提倡社会评价。这个社会评价不仅仅只是以往封闭式的专家评估，而是引入社会、用人单位和毕业生意见的具有很强指导性和促进作用的开放式评价。同时要提倡培养单位自我评估、本领域内相互评估与指导委员会抽查评估三者结合。并且专业学位指导委员会要组织专家力量，深入研究 MPA 入学考试制度，积极探索新的考试方法，促进招生考试向着应用型、能力型考试转变。

二、办出有特色的公共管理硕士教育

举办 MPA 教育院校的增多，生源的分流，促使该专业学位教育向品牌化发展。社会对人才的需求复杂而多样，因此，学校也应当是多样性的。学校办学定位准确，满足人才市场需要，占据人才市场的一定份额，就能可持续发展。随着我国 MPA 授权单位的增加，在学校自主确定招生办法与招生规模的情况下，这种竞争日益激烈。如果学校没有特色，就招不到优秀学生，无法有效使用招生自主权。因此，各校应根据本校实际确定办学模式，办出水平，办出特色。应该说，扩大学校办学自主权，更有利于学校创新办学模式。各培养单位应充分用好这个自主权，要从学校的办学条件出发，办出特色，形成品牌，使 MPA 专业硕士学位教育逐步形成一个自我生存、自我发展、自我约束的良性循环，这样才会有源源不断的生源。①

① 张文修副主任在湖南省学位与研究生教育研讨会上的发言：对我国研究生教育发展中几个问题的看法［M］//刘惠琴，沈岩，雍翠菊．工程硕士研究生教育的实践与创新．北京：清华大学出版社，2003：20－21.

三、营造良好的宏观政策环境

随着社会主义市场经济体制的不断完善，我国传统的以计划指令和行政管制为主要手段的管理型政府越来越不适应时代发展的要求。我国加入WTO后，既带来许多机遇，同时也面临着许多挑战，最大的挑战是对政府管理的挑战。应对这些挑战，必须建立服务型政府。建设服务型政府，必须建设一支高素质的公务员队伍。政府公务员应首先转变观念，优化知识结构，提高现代行政管理水平，从传统的“干部”角色转变到现代公务员的轨道上来。

科举时代，对官员从政要求很高，必须通过严格的科举选拔考试。自唐代开始，科举出身成为士人入仕的首要途径，中高层官员中大部分是进士出身，历代名臣多由科举登进。按新、旧《唐书》有传之官员共有1 804名，其中科举出身者达634名，占官员总数的35.1%。科举出身者成为历代文官之主干，进士科更是成为各代中高级官员的主要来源。宋代进士科录取人数更多，在执政者中所占比例更高。据《宋史·宰辅表》及有关列传统计，北宋92名宰相中科举出身者达83人，占总数的90%；在176名副宰相中，科举出身达162人，占总数的92%。历朝进士出身者在高官中或清要官中所占的比例较大，金朝、元朝、明朝亦然。清代的进士出身者占到91%。[①]由此可见，科举时代政府官员的“学历”都很高。

我国MPA的招生对象主要是公务员，培养目标是高层次、应用型、复合型公共管理人才。与古代科举官员相比，我国现代公务员“学历”普遍偏低。据统计，2004年初，我国公务员中，大专以上文化程度的仅占56%。政府机关的公务员在社会主义现代化建设中担负着重要使命，公务员素质水平决定着行政质量和行政效率。因此，我们必须大力提高公务员队伍的整体素质，国家也应为MPA专业硕士学位教育营造良好的宏观政策环境。

2004年，人事部《关于公务员在职攻读公共管理硕士（MPA）专业学位有关问题的通知》要求充分认识公务员在职攻读公共管理硕士专业学位的意义，认真做好公务员在职攻读公共管理硕士专业学位报名推荐工作，明确提出对公务员在职攻读MPA给予学习时间和学习费用的支持。[②]受其影响，2005年MPA的报考人数创历史最高纪录，可见政策支持对于MPA教育发展的重要影响力。MPA生源大多是公务员，需要公务员的体制与之配

---

① 刘海峰. 科举学导论［M］. 武汉：华中师范大学出版社，2005：155－166.

② 朱立言教授详解2004年MPA招考政策实录. http://mpa.kaoyantj.com/mpadongtai/2004/07/17/438275E008FC6514.html，2004－07－17.

套。它的发展需要更多的财政支持，期待更多的时间保证，并且获得学位后需要组织人事部给予认可。现在很多人为了文凭而读 MPA，要逐步过渡到为了个人职业发展而读 MPA，引入公共管理人才的良性竞争机制。各单位不能把攻读 MPA 学位看成是个人的事情，因为培养与使用要结合起来，干部也需要充电，不然会导致公务员只有服务社会的心，却没有服务的能力与素质。MPA 教育的各个方面，尤其是与职业接轨的政策配套措施，都需要得到政府支持。应构建未来 MPA 专业学位与职业相衔接的政策机制。政府部门可以要求公务员都要获得 MPA 学位，激发公务员攻读该专业学位的动力和热情，并把它作为升迁的参考条件。对于攻读 MPA 的公务员，可在经费方面给予部分支持，对攻读的年限要求放宽，如第一年脱产学习，其余的课程集中一段时间学习，争取在 4 年以内获得学位证。

第六章　研究生招生考试的域外比较

在高等教育国际化与本土化发展过程中，不同国家与地区研究生教育的入学选拔制度存在较大差异。本章对美国、日本及我国台湾地区的硕士研究生招考制度做比较研究，考察其不同类型学位与研究生招生选拔制度的特点与经验，以资借鉴。

第一节　美国硕士研究生入学申请制度

美国研究生教育起始于1876年约翰·霍普金斯大学（the Johns Hopkins University）的创建。该校首次设置研究生院，以大学毕业生为生源基础，招收研究生。目前，美国的硕士研究生学位类型分化明确，学术型硕士研究生实行入学申请制度，辅以能力考试制度，招生权力下放到各高校。

一、美国硕士学位类型的分化

美国的硕士学位并不是攻读博士学位的必要资格，而是介于学士与博士之间的一个中间学位。关于硕士学位的性质与地位在美国一直都有争议，各校的标准差异较大。1963年，美国研究生院协会对硕士学位的培养目标归结为：①提供研究生阶段的基础教育；②对本科阶段的欠缺实施补偿性教育；③作为终结性专业教育。根据硕士培养目标，硕士学位明确分为：①学术型和教学型的硕士，主要授予攻读人文科学的文硕士，以及攻读理科、工科和农科的理硕士；②专业硕士，主要针对今后的职业进行培训，有些领域的专业硕士学位是取得执照的先决条件。①

二、美国学术型硕士研究生的招生考试制度

美国最早发展了研究生院机构，将其作为研究生人才选拔与培养的负责机构。学术型硕士研究生招生实行入学申请制度，由各高校完全自主招生，

① 周洪宇．学位与研究生教育史［M］．北京：高等教育出版社，2004：131.

考试则由社会专业机构实施，作为招生的参考依据。

（一）美国的研究生院

美国研究生招考没有全国性的统一规划和协调，大学拥有招生自主权，具体事宜由各大学的研究生院负责。联邦政府一般通过拨款和立法对研究生教育施加影响。

美国研究生院有两种情况：一种是文理研究生院，只负责文理学院的研究生教育计划，其他学院也有研究生教育机构。哈佛大学和哥伦比亚大学就是典型例子。另一种是研究生院负责整个大学的研究生招生和教育计划。康乃尔大学和伊利诺大学就属于此类型。①

研究生院没有单独的教师和校舍，研究生导师同时也是本科生教师，所有的教学、科研活动都以学系为单位组织进行。学系以学科群体的学院式控制，取代德国大学模式讲座制中一位教授的主导权，因此美国的研究生院也被称为“研究生系型大学”。各高校一般根据自己的实际情况，综合考虑研究生的招生数量、各学院的研究生计划、本科生与研究生的比例、硕博士与专业学位研究生的平衡等问题，由研究生院院长与各学院院长共同商议决定。大多数研究生院都负责申请入学的工作，但录取的决定实际上是由各学科领域的教师决定的。

（二）美国学术型硕士研究生入学申请制度

美国的研究生招生实行入学申请制度，对申请攻读硕士研究生的人员，各大学一般要求提供以下材料：①大学学士学位证书与大学本科学习成绩单；②目的申诉书，描述申请人的研究兴趣、研究计划；③提供 2～3 名教授的推荐信，对申请人的学术水平、工作能力和从事科学研究的能力给予客观评价；④提供美国教育考试服务社（ETS）举办的研究生入学考试（GRE）成绩（大约有 60% 的大学要求提供 GRE 成绩）。对于外国学生，美国大学要求申请人提供英语考试的合格证明，如托福（TOEFL）考试成绩。美国大学一般春秋两季招生，各校以至各院系都规定有不同的申请截止时间，但均有伸缩的余地。

下面以约翰·霍普金斯大学为例了解其硕士研究生招考的具体情况。约翰·霍普金斯大学是美国第一所研究型大学，也是美国最为著名的大学之一。该大学研究生院设有研究生入学申请办公室（the Graduate Admissions Office），申请者也可根据预期进入的不同学院直接前往联系。一般需要把完

① 北京师范大学外国教育研究所．美国和日本的研究生入学考试［M］．北京：北京师范大学出版社，1987：13.

整的申请表（application）、大学成绩单（transcripts）、推荐信（letters of recommendation）、GRE 成绩（GRE scores），以及其他的支持性文件（supporting documentation）直接递交给各学院。入学申请要求包括如下内容:①

第一，申请表。申请表一般包括三个部分：一是申请者的个人信息，如申请人的姓名、住址、联系方式、出生日期和国籍等。二是大学学业情况，如就读大学信息、申请人学术背景、工作经历等。三是目的申诉书，列出考查的内容与条目。

第二，目的申诉书（statement of purpose）。根据申请表中的提示，目的申诉书要清晰表明申请者对研究项目的独特资格。审查组最感兴趣的是：申请者将要研究的课题及原因、将为大学带来何种研究经验，以及申请者研究成功后的最终目标。

第三，大学成绩单。招生单位要求申请者提供大学本科成绩单或成绩记录，标明上课时间、课程内容、所得分数及等级排名。由大学主管注册的教师呈送或密封交给学生本人与申请表一起呈送。研究生院和教授在决定录取学生时十分谨慎，会考查其就读学校的档次、综合水平等。

第四，申请费用（application fee）。约翰·霍普金斯大学规定：Krieger 文理学院（Krieger School of Arts and Sciences）所有的申请者都要提交 60 美元的申请费用，而 Whiting 工程学院（Whiting School of Engineering）则不需要提交申请费用，海外留学生须支付国际支票。如果学生在一所大学中申请了两个或更多的学院，只需提交一次申请费用。

第五，推荐信。由了解申请者学术背景的教授签署 2 ~ 3 封推荐信，对学生的资格、学术水平、工作能力和进一步学习的潜力、获得专业成就的动机、可能性，以及与其他研究生的比较进行客观公正的评价。推荐信可以直接呈送研究生院或密封交由申请人连同申请表一起呈送。

第六，提交 GRE 考试成绩。GRE 考试是由教育测验服务中心（ETS）承办的研究生入学综合测验，包括普通测验和学科测验，又叫能力倾向测验和专业测验。一般高校将 GRE 能力倾向测验成绩作为录取的参照。

第七，提交 TOEFL 成绩。TOEFL（Test of English as a Foreign Language）是由美国教育考试服务社举办、为申请去美国或加拿大等国家上大学或入研究生院学习、非英语国家学生提供的一种英语水平考试。

第八，部分工作成果。如建筑学、音乐学的申请者须提供设计的图纸、本人创作或演奏的曲子磁带。人类学、心理学等学院要求申请者提交一份成

① 约翰·霍普金斯大学主页，http://www.grad.jhu.edu/admissions/requirements.htm.

果的样本，例如一篇论文或一篇公开发表的文章。

第九，补充性课程形式（supplementary course form）。只有申请数学学院的申请者需要提交，主要考查申请者的数学背景，要求列出学习院系、有关数学课程名称、目录、指导教师以及考试成绩等。

这是约翰·霍普金斯大学主页中列出的总体入学申请要求，但每个学院的要求又不尽相同，并且各个学院申请截止时间亦不同。如人类学系需要提交3封推荐信、GRE成绩（国际学生提交TOEFL成绩）、目的申诉书、大学成绩单、部分工作成果以及个人履历（resume），申请时间截止到1月5日；而细胞、分子、发展性生物学和生物物理学的研究项目（Program in Cell，Molecular，Developmental Biology and Biophysics，CMDB）则要求提交2封推荐信、GRE成绩、目的申诉书和大学成绩单即可，申请时间截止到12月15日。总之，各个学院的入学要求都相当灵活，根据本院需求有目的地制定，并不雷同。

（三）美国学术型硕士研究生考试制度

美国学术型硕士研究生统一入学考试主要采用GRE考试。这项考试发展至今，不断进行改革和完善，以降低考试成本，提高人才选拔效度。

1. GRE考试的创立

1937年，哥伦比亚大学、哈佛大学、普林斯顿大学和耶鲁大学的研究生院共同使用一套试题，进行研究生测验计划，用来确定学生在开始研究生学习时已掌握知识的情况。这是美国GRE（Graduate Record Examination）考试的前身。随着报考人数的增加，该项考试“被用于决定学生是否被录取的目的”①。

1949年，GRE能力测验作为研究生入学考试的一个固定部分被引用。②GRE考试主要为普通测验，也叫能力倾向测验。即测量一个人已经发展起来的能力，它指在一个较长时间内获得的，不特别指向某一个学习领域的技能，它所测验的能力是研究生界认为成功的从事高一级学习所必需的能力，即词的知识、阅读理解能力、对数学概念和数量演变的精通和逻辑推理能力，这些能力在GRE测验中通过言语能力、定量能力和分析能力三部分体现出来。③

1964年，GRE考试发展了学科测验，也叫专业测验，主要针对大学本

①② 北京师范大学外国教育研究所．美国和日本的研究生入学考试［M］．北京：北京师范大学出版社，1987：28.

③ 北京师范大学外国教育研究所．美国和日本的研究生入学考试［M］．北京：北京师范大学出版社，1987：58.

科的一个专业或主要专门领域中的广泛背景知识进行测验。GRE 专业考试共有 16 个专业类型，分别为数学、物理、化学、生物、生物化学、计算机、工程、地理、历史、教育、心理学、社会学、经济学、政治学、文学和音乐。除音乐考试时间为 3 小时外，其余专业考试时间为均为 2 小时 50 分，每门学科的测验试题基本能做到覆盖整个学科领域。①

大部分学校只要求申请者具备普通测验的成绩，只有少数知名度较高的大学要求申请者具备学科测验的成绩。

2. GRE 考试的改革

GRE 考试从 1992 年开始进行计算机化考试。2002 年对普通测验的考试内容做了调整，用分析写作（analytical writing）替代了分析性（analytical）选择题，改革后的 GRE 考试包括 3 个部分：分析部分（analytical writing）、语言部分（verbal）和数学部分（quantitative）。②

分析部分往往是考试的第一部分。主要要求考生能够清楚有力地论证复杂观点；能够检验某一论证的合理性，给出逻辑分析和有效论据；能够用恰当的理由和事例支持论点；能够紧扣中心进行叙述论证；具备用英语书面语写作的能力。考查的内容包括两个写作：一部分是 45 分钟的“观点陈述”题（“Issue” Task），要求考生在规定的时间内就给定的论题从某一角度表明自己的观点并进行有理有据的分析论述。另一部分是 30 分钟的“论证辨析”题（“Argument” Task），要求考生辨析某一论点，论证说明其合理性与不足性。

语言部分主要考查考生分析和评价材料并从中综合得出信息的能力、分析文章内各部分关系的能力、识别词语和概念之间的联系的能力，涉及天文、地理、人文、科学、艺术、政治和历史等各方面的知识。主要有 4 种不同的题型：①反义词（antonyms），这种题型要求从 5 个答案中选择正确的 1 个。它不仅考查学生对某一单词的了解程度，而且考查学生对该单词的反义词的了解程度。②类推（analogies），主要考查学生对于词汇的掌握程度及分辨词与词之间关系的能力。③句子填空（sentence completions）主要考查学生对于词与词组的辨认能力，以及合乎逻辑和文法的组词能力。④阅读理解（reading comprehension），主要考查学生的阅读理解能力。该部分包括两组试题，每组试题 30 分钟，一般包括两段较长的阅读材料和两段较短的阅读材料，内容涉及文学、社会科学、生物学和自然科学。

数学部分（quantitative）试题内容皆为数理上的基本问题，包括几何、

① 刘海兰．中美研究生招生考试制度的比较研究［D］．长沙：湖南师范大学，2005：35.

② 刘海兰．中美研究生招生考试制度的比较研究［D］．长沙：湖南师范大学，2005：34－35.

代数、统计图表、智力测验等方面，主要目的在于测量考生基本数学的潜在能力和对数理方面问题的理解判断及推理反应能力。题型主要有数的大小比较、计算题、图表分析推理。①

GRE 普通测试经过 4 年研究，2007 年秋季开始实施美国新版 GRE 考试。改革的内容主要有以下几方面。②

（1）新版 GRE 一般测试继续包括语言、数学和分析写作三部分内容，分析写作试题内容和形式变化不大，语言和数学部分变化较大，试题内容更加强调考查考生的复杂推理能力，注重体现研究生学习时需要的能力，其目的是增加考试的效度，为研究生院提供更多关于申请者表现的信息。各部分内容的具体变化如下：

语言推理部分（verbal reasoning）：更加强调对高级认知能力的考查，减少考查单词的纯记忆能力；增加阅读理解材料；强调考查研究生学习需要的能力，如复杂推理能力；增加适于机考的试题数量；考试时间延长，用 2 小时 40 分钟的部分替代原 1 小时 30 分钟的部分。

定量推理部分（quantitative reasoning）：测试与研究生学习期间关系更加密切的数学推理能力；增加真实生活场景的数学问题；几何学试题的数量减少；考试时间延长，用 2 小时 40 分钟的部分替代原 1 小时 45 分钟的部分。

分析写作部分（analytical writing）：设置新的题目背景，降低考生使用事先背好的文章的可能性；每一部分的时间为 30 分钟；使用分数的学校通过密码登录网站即可看到考生的文章。

（2）从考试安全考虑，新版 GRE 一般测验的试题不会重复使用，考过的试题将不会在之后的任一场考试中出现。

（3）利用先进的计算机技术为考生提供更大的便利，如数学推理部分在屏幕上为考生提供计算器。

（4）新版 GRE 一般测验将会在遍布全球的考点通过计算机完成，考试时间由 2 小时 30 分钟增加为 4 小时左右。不同于原来的全年持续不断的测验，新版 GRE 考试每年将会在全球测试 29 次。

（5）新版 GRE 一般测验的评分量表将发生变化，语言和数学新的量表分为 40 ~ 50，中间为 1 分的增长。分析写作部分的分数量表分维持现在的 0 ~ 6，中间为 0.5 分的增长。

① 刘海兰．中美研究生招生考试制度的比较研究［D］．长沙：湖南师范大学，2005：34 – 35.

② 陈睿．美国新版 GRE 考试对我国硕士研究生入学考试科目改革的启示［J］．中国考试，2006（6）：45 – 47.

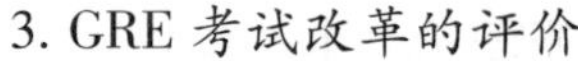

3. GRE 考试改革的评价

GRE 考试由美国社会专业测试机构实施，影响大，效度高，在发展中重视考试的研究与革新，提高人才选拔效率。

GRE 董事会于 1966 年成立，由教育测验服务中心（ETS）、研究生院联合会（AGS）和美国研究生院委员会（CGS）联合组成，其成员多达 250 个研究生院。研究生院参与指导 GRE 测验工作，因而将该项考试作为研究生录取的重要依据。测验工作的具体实施、组织由 ETS 执行。

目前全美 60% 以上的高校将 GRE 考试成绩作为录取的重要参照。不仅如此，国际学生申请进入美国研究生院，也需要提交 GRE 考试成绩，GRE 考试成为全球性测试。

GRE 考试发展成为全球性考试，是与其注重考试研究，不断改革完善、提高人才选拔效率分不开的。1992 年，GRE 考试实行计算机化考试，减少人工操作，提高工作效率，降低了考试成本。此后，经过 2002 年、2007 年的两次改革，GRE 考试更加强调考试内容的改进、考试安全的保证以及人才选拔效度的增强。

（四）美国学术型硕士研究生录取制度

美国对研究生招生实行自主录取，即招生单位可以自主决定录取标准，并拥有录取结果的最终决定权。录取的整个程序是：研究生院把申请者的信息汇总，首先把申请表上的情况登记，输入计算机，再把申请表送到相应的领域由该专业的教师进行鉴定；然后，学科领域的全体教师或一个教师委员会考查所有的申请，按拟录取的顺序排队，向研究生院推荐，将申请表送回研究生院；最后由研究生院院长给申请人去信说明是否录取。通常，研究生院院长（或副院长）复查申请，但实质上是否录取学生的决定是由特定专业的教师做出的，录取的决定权掌握在各学科领域的教师委员会或教师小组手中。他们会考查申请者的学科背景、专业知识、学习动机和潜能。最看重的是本科生成绩，其次是推荐信和 GRE 分数。此外还会有一些其他标准，如考虑招收具有不同学术背景、国别、民族、年龄和性别等的学生以促进研究生教育的多元化。

三、美国学术型硕士研究生招考制度的特点

首先，美国学术型硕士研究生招生是一种入学申请考试。只要具备入读研究生的条件均可申请入学，由研究生院进行资格审查，再由各学科专业教师考查学生的研究潜质决定是否录取。

其次，美国的研究生招生是一种专业选拔。研究生的招生、考试、录取

都由专业机构承办，分别由高校研究生院、社会机构［教育测验服务中心（ETS）］，以及招生学院的教师委员会负责，分工明确，各司其职。工作人员均为所在领域的专家，高校的研究生院与教师委员会全部是专家团队。就作为考试实施机构的 ETS 而言，也是由熟悉大学课程、研究生教育以及考试、心理学方面的专业人士和部分教育行政人员构成，并以法律法规、行业规范作为制度保证。

再次，美国的研究生招生考试权力层层下放，最终分布于基层——学科领域教师联合会。美国研究生招生，高校完全自主招生，大学教授、硕士研究生导师拥有招生决定权。

最后，美国研究生入学考试侧重能力的考查，注重考试的科学性。GRE 普通测验，考核考生业已形成的能力与科学研究潜能，并不断调整考试内容和方式，提高人才选拔效度，对我国学术型研究生考试制度具有借鉴意义。

第二节　日本硕士研究生选考制度

日本作为后起的资本主义国家，是东亚学习欧美现代化的先驱。日本与我国一衣带水，同属东亚儒家文化圈，在文化传统上具有相似之处。因此，日本研究生是东西方文化与教育制度融合的产物，综合了德国的讲座制、美国的研究生院制以及本国教育传统，颇具特色。日本最早的研究生院，是由政府 1886 年的帝国大学令主观促成的。“帝国大学由研究生院和分科大学组成，研究生院是研究高深学问的学术技艺，分科大学是教授学术技术的理论及应用的场所。”[①]在日本战前的全国性国立大学，设有以学部为基础的研究生课程或研究生院。

一、二战后日本研究生院制度的演变

第二次世界大战后，随着人才需求量的增加，除全国性国立大学的研究生院外，日本地方性国立大学于 1963 年开始设置了研究生课程或研究生院，但只限于硕士课程；博士课程一直到 1974 年才开始出现，其资格审查极其严格。

20 世纪 70 年代，硕士学位类型适应社会发展而分化。硕士课程的目的，一方面“从广阔的视野出发，进修精深的学识，培养其在专业领域进

① 关正夫．日本高等教育的改革动向［M］．陈武元，译．厦门：厦门大学出版社，1991：118.

行理论和应用研究的能力”；另一方面“培养要求高度专业性的职业所需要的很强的能力”。[①] 80 年代制定了研究生院弹性化制度，研究生入学资格亦弹性化。90 年代，日本政府实施独立研究生院或独立研究科制度，从此开始以全国性国立大学研究生院为重点的组织结构调整。调整的内容主要是以独立研究生院的方式，将原有以学部为基础的研究生院或研究科调整为研究生院大学或独立研究科。研究生院的大学以硕士、博士课程为主，以学部课程为辅。以东京大学为例，90 年代，首先在该大学的法学部、理学部及工学部进行了试点，调整办法是把以学部为基础的研究生院从学部中独立出来，成立研究生院或独立研究科，教师编制从原属于学部的教师划入研究生院的教师编制，这些教师在承担研究生院教育科研任务的同时，兼任学部的教学任务；研究生院及独立研究科均有自己独立的教学科研经费，而且其经费及研究生院的教师待遇远远高于学部。这种研究生院大学今后发展的方向是缩小本科教育规模，扩大研究生规模，目的是使其成为培养高级人才以及进行尖端科学技术研究的基地。经过调整，在日本国立大学内部形成了两种研究生教育组织类型：一种是以学部为依托的研究生院或研究科（地方性国立大学）；一种是不以学部为依托的独立研究生院大学或研究科（全国性国立大学）。[②]

二、日本学术型硕士研究生招生考试制度

日本大学传统上将研究生教育定位于研究导向，招收有志于专门研究各领域的大学毕业生，施以学术训练，颁授一般修士学位（专业学位为专门职修士）。日本大学审议会咨询报告中提出：“随着学术研究的迅速发展，培养具有高水平研究能力与创新能力的学术型研究人才相当必要，那些具有优秀研究潜能的学生应当尽可能早地进入研究生教育阶段，接受更为系统专业的高等教育。”[③] 但近年来，由于研究生院数量的增加、类型的多样化，以及教育职能的多样化，日本的研究生教育开始注重专业教育。

日本没有全国性统一的研究生院招生工作机构，也不进行全国统一考试，而是由各研究生院自行组织，各校根据自己的实际情况制定研究生院规则。

---

① 关正夫. 日本高等教育的改革动向［M］. 陈武元，译. 厦门：厦门大学出版社，1991：124.

② 张玉琴，李奇术. 日本研究生教育发展研究［J］. 外国教育研究，2005（1）：51－52.

③ 李旭，张群，张喜梅. 中日研究生招生考试制度特点的比较研究［J］. 中国冶金教育，2006（3）：66.

（一）报考资格

尽管自20世纪80年代以来，日本研究生院逐步放宽了报考资格，但还是从严把握。许多研究生院，尤其是名牌大学，对报考资格相当重视。硕士研究生报名最多的是应届本科毕业生。具有报名资格考生除应届（本年度3月份）毕业生外，还有在外国受过16年教育者或应届毕业生；被认定为相当于完成16年课程毕业者；有同等以上学力者。[①] 在研究生院发放的招生简章中，详细规定了各研究科的报名手续、考试日期、各专业的考试科目、招生人数等。

（二）报考手续[②]

报考者向有关研究生院提出报考申请，填志愿书，递交推荐信及相关的成绩表，同时还要交一定的报考手续费。

（三）入学考试

硕士研究生招生考试是选拔性考试，需要经过激烈的竞争考试。招生考试内容，根据各大学、各研究科的要求分别进行。硕士研究生招生考试通常分为特别选考与一般选考两种办法：特别选考是本校优秀的本科生免考笔试而进行选考的制度；一般选考是凡具备报考硕士研究生资格的人，不论来自哪所大学、哪个专业的毕业生，都要通过笔试与口试而选考的制度。[③]

入学考试由各院自己办理，虽然细节有所不同，但大致情形相似。东京大学研究生入学考试进行笔试、口试，参考大学本科学业成绩和健康诊断。笔试一般考外语、专业科目和基础科目。

外语通常从英语、德语、法语、俄语或汉语中选考一门，也有系科要求选考两门，“主要从学术期刊中摘录，测验学生的翻译能力，对学生进入研究生阶段学习，掌握学科前沿动态有重要意义”[④]。外语考试的命题并不依赖专门的外语课教师，如工学系研究科外语笔试的命题由工学专家担任，一些留学过美国的英语很好的教师出题。

基础科目与专业科目考试侧重于专业基本知识和方法技能。在考试科目中实行选考制度。以法学政治学研究科为例，专业科目笔试3门。报考公法

① 北京师范大学外国教育研究所．美国和日本的研究生入学考试［M］．北京：北京师范大学出版社，1987：134.

② 周洪宇．学位与研究生教育史［M］．北京：高等教育出版社，2004：228.

③ 北京师范大学外国教育研究所．美国和日本的研究生入学考试［M］．北京：北京师范大学出版社，1987：119.

④ 李旭，张群，张喜梅．中日研究生招生考试制度特点的比较研究［J］．中国冶金教育，2006（3）：66－67.

专业，考试科目有宪法，还要从行政法、租税法、民法和国际法中选考 2 门，所遵循的原则就是考生选考的 2 门中必须包括本人所要主修科目，例如要主修行政法，选考科目中必须有行政法。①

笔试合格后，进行口试。笔试成绩要对外语和基础科目划定最低标准分数线，如果有一门以上低于标准分数线，一般不可能被录取。口试内容以考生的主修科目为中心进行面对面的问答，也会围绕考生毕业论文进行深入交谈。

日本大学的研究生院考试一般每年举行一次，也有的研究生院一年举行两次，不同学科、专业的考试日期也不尽相同。如人文科学和教育科学院的研究生招生考试在每年的 2 月份举行，而自然科学、法学、经济学等研究生院招生考试一般在 9 月份举行。

（四）录取

特别选考制度，不经过研究生院的招生考试直接升入硕士，为选拔培养未来优秀研究人员和技术人员做出了很大贡献。有的大学规定特别选考的学生不得超过该专业招收新生总数的 1/2，有的大学则规定不得超过招生定额的 1/3。

一般选考由各研究科的若干教师组成口试委员会，考官一起听完考生的口述以及答题的情况，共同评价考生的能力，包括创造性能力、基础能力，是否具有发展前途的研究素质等。口试后，召开专业课程会议，对每一个考生的成绩进行评议，根据各位考官的意见、招生定额、与历年招收新生的水平进行比较，最后做出合格与否的决定，专业课程会议的结论提交研究科委员会，得到审查、批准之后发榜。②

三、日本学术型硕士研究生招考制度的特点

日本学术型硕士研究生招考制度与我国招考制度同中有异，异中有同，其中许多招考举措值得我们学习借鉴。

（一）考试科目与内容设置弹性化

日本各研究科成立招生委员会，负责招生考试事项。从研究科教师中选出成员，组成命题委员会，根据各学科领域的特点，并参照历届考题的范围

---

① 北京师范大学外国教育研究所．美国和日本的研究生入学考试［M］．北京：北京师范大学出版社，1987：136－137.

② 北京师范大学外国教育研究所．美国和日本的研究生入学考试［M］．北京：北京师范大学出版社，1987：138.

拟出考题。考试科目为外语、基础课与专业课，与我国考试科目设置相同。在笔试中设置选考科目，一般有一门必考科目，考生可自行选考，但必须包括所报考的专业。外语考试则由各研究科教授自行命题。这种考试科目选考形式及命题方式对我国研究生招考具有启发意义。

（二）招考分笔试、口试两阶段进行，但不以考试成绩为唯一录取依据

日本研究生招考采取笔试与口试相结合的选拔模式，并对笔试成绩划定最低分数线，类似于我国初试、复试两阶段。但由于考生可自由选择考试科目，笔试通过率较高。口试更侧重对考生能力的考查，并参考其毕业论文、大学成绩等其他条件，综合考虑合格与否，合格者予以录取，不按笔试加口试成绩排名。因此考试成绩作为录取参考，又不唯考试。

（三）各研究科具有完全自主权

日本的研究生招考没有全国统一性计划。各研究科自行制定招生工作，从报考手续、考试日期、各专业的考试科目、招生人数到考试的命题、考试与录取，均由各研究科自行决定。就东京大学而言，也无全校性统一考试。赋予招生单位自主招生权是国际通行惯例，我国研究生招生也需进一步扩大高校招生自主权。

（四）考试竞争较激烈，但并未引起社会关注

日本硕士研究生考试竞争率，有的大学为1.5～2倍，日本国立大学硕士报名中应届本科毕业生占60%～80%，[①] 但录取名额极少。日本研究生院实行讲座制，每年本科生40人的学科中，由6个讲座构成一个学科，如电子工程学科，每个讲座每年允许招收两名硕士研究生，即该学科每年可招收12名硕士。[②] 因此，考研竞争率是相当高的。

然而，研究生招生考试并未引起社会的关注。主要原因在于：研究生院是培养研究人员的场所，主要培养纯学术研究人才和年青一代的学者；而日本大学教育过早进行专业教育或专门化学习，将研究生教育“移位于工业”，被称为“应用型大学”。[③] 社会期望研究生院所培养的人才，具有高度专业性职业所需求的水平和能力，而非纯学术研究，这引导本科毕业生更倾

① 北京师范大学外国教育研究所．美国和日本的研究生入学考试［M］．北京：北京师范大学出版社，1987：121.

② 北京师范大学外国教育研究所．美国和日本的研究生入学考试［M］．北京：北京师范大学出版社，1987：114.

③ 伯顿·克拉克．探究的场所——现代大学的科研和研究生教育［M］．王承绪，译．杭州：浙江教育出版社，2001：185.

向于进入社会、企业工作。在工作过程中，还可以通过论文硕士、论文博士等形式，完成硕士、博士学位教育。

第三节　国外公共管理硕士招生考试的改革与发展

专业学位教育最早在德国诞生。西方发达国家大学后教育发展史表明，高层次应用型人才培养规模呈不断扩大趋势。20 世纪 90 年代，美国职业学位获得者比例占硕士学位获得者总数的 55% 以上。英国、法国、加拿大等国也十分重视培养高层次专门化的人才，许多行业的从业标准与学位、文凭证书紧密相连。本节以公共管理硕士学位为例，考察和分析国外专业学位教育发展历程与招生考试特点，为我国专业学位招生考试改革提供有益借鉴。

一、国外公共管理硕士教育的历史变迁

公共管理硕士学位，国际通用的相关专业名称还有公共政策硕士（Master of Public Policy，MPP），或公共事务硕士（Master of Public Affairs，MPA），以下统称为 MPA。作为专业学位研究生教育，MPA 教育以培养政府部门及非政府公共管理部门的高层次应用型、专业化的公共管理人才为目标。第一个 MPA 教育计划是在美国锡拉丘兹大学马克斯韦尔学院启动。此后 MPA 教育逐渐在世界各国展开。

（一）公共服务培训学校

MPA 教育的产生与公共行政（或管理）事业的发展密切相关。公共管理作为一种专业教育，最早产生于 18 世纪的德国。1727 年，普鲁士国王弗里德里克·威廉姆一世发布命令，在哈列大学设立一个经济、行政法和公共行政或管理教授职位，培养管理者，以适应普鲁士国家管理与经济发展所需要的专门人才。当时，公共管理还被视为只是培训高级专门人才——未来的管理者领域，而不面向其他专业者。这就是当今的工商管理专业和公共管理专业教育的先声。[①]

作为一种专业学位（公共行政或管理）教育，被明确提出并付诸实施，从现有资料看，则以美国为最早。19 世纪末，美国开始酝酿公共行政或管理教育。1887 年，威尔逊发表了《行政学之研究》的论文，通常被学界认

① 国外 MPA 教育的历史回顾［M］// 全国公共管理硕士（MPA）专业学位教育指导委员会秘书处. 中国 MPA. 北京：中国人民大学出版社，2001：163.

为是美国公共行政管理教育的发端。直到1911年，纽约市政研究局创办“公共服务培训学校”，美国才正式实施对公务员进行公共行政或管理教育的培训。1924年，“公共服务培训学校”迁到了锡拉丘兹大学，该校与新成立的“马克斯韦尔公民与公共事务学院”合并，同时启动了美国第一个MPA（master of public administration）计划，面向公共行政或管理领域创办了综合性的教育与培训课程。①

（二）美国的MPA教育

继锡拉丘兹大学首开MPA教育之后，哈佛大学肯尼迪政府学院、普林斯顿大学伍德威尔逊国际事务学院，先后于20世纪三四十年代也开展MPA教育培训。从美国公共服务培训学校算起，美国的MPA教育已有80多年历史，经历了以下3个发展阶段。

第一阶段，20世纪50年代之前，创立和发展初期。这一时期，尽管一些高等院校陆续开办了MPA教育，但发展速度缓慢。

第二阶段，20世纪60年代至70年代初，MPA教育大发展时期。由于美国从联邦到州和地方（市）各级政府对公务员职业培训的需求日益增大，大学的公共行政课程教学随之获得迅速发展。至1973年，全国开设的公共行政课的院校达101所。MPA教育的专业领域开始分化，由原来的公共行政（或公共管理）增加了公共事务（public affairs）、公共政策分析（public policy analysis）专业；课程内容分别适应联邦政府、州政府和地方政府的需求；还为国外留学生提供有关课程。就每一个专业领域而言，也各有侧重，内容不完全一致。这一时期的美国MPA教育从总体上看。还比较分散，缺乏一定的规范和组织，但多样化是其最显著特色。

第三阶段，20世纪70年代以后，规范化的发展时期。MPA教育规模继续扩大，1983年全美开办了该专业学位教育的院校有186所，至1995年已发展到232所。这些院校普遍开展公共行政与管理方面的专业教育，也为在职公务员提供各类培训课程。② 这一时期的MPA教育最主要特点是，有关院校开始建立不同的组织，加强联系，相互学习，建立了统一的MPA课程标准。1978年成立了由开办MPA教育的所有院校组成的全美行政院校联合会（NASPAA），联合会内设立学术委员会，负责确定MPA教育的共同课程或核心课程。联合会的学术委员会还定期对其成员院校的MPA教育进行合格评估。评估结果由《美国新闻与世界报道》公布，即全美MPA教育院校排行榜。评估结果分为三类，即合格、不合格与限期改进。这一结果不仅

---

①② 国外MPA教育的历史回顾. http://www.mpa.org.cn/displaynews1.asp? id = 73, 2005 - 11 - 01.

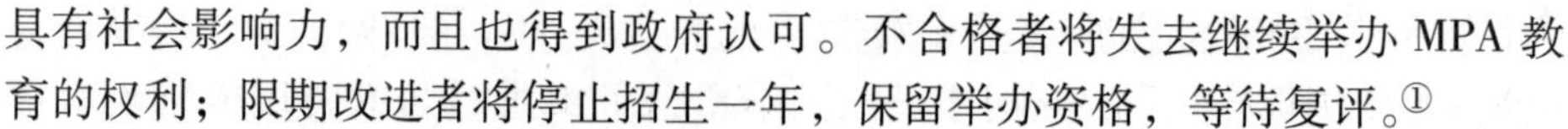

具有社会影响力，而且也得到政府认可。不合格者将失去继续举办 MPA 教育的权利；限期改进者将停止招生一年，保留举办资格，等待复评。①

（三）其他国家的 MPA 教育

欧洲与 MPA 相近的教育是在二战后逐步发展起来的，各国之间学位名称不尽相同。

法国 1945 年创办的国立行政学院，以培养高级行政管理人员为目的，受法国传统影响，虽不授学位，但质量与水平毫不逊色于美国 MPA。为适应国际化的要求，法国国立行政学院已决定为毕业生授予相关学位。英国 MPA 教育的发展在欧洲较为突出，不过，该专业硕士研究生有的不称作 MPA，而称为公共服务工商管理硕士（master of business administration/public service，MBAPS），实质上与美国 MPA 意义相近，也是专为中央及地方政府培养公务员、为公共机构培养高级管理人员和为在职公务员提供进一步教育。在这方面，英国较多侧重于公共政策教育。比较有影响的院校有伯明翰大学的公共政策学院、牛津大学等。德国在 20 世纪 90 年代以前，只有行政科学硕士（master of administrative sciences）学位，随着国际合作与交流的不断发展，此后也开始引进 MPA 学位。欧洲其他国家的情况与上述基本类似。

欧美的 MPA 教育在其公务员队伍的专业化和政府管理工作中发挥了巨大的作用。现今，欧美各国上至总统，下至地方公务员，都有人受益于 MPA 教育。欧美 MPA 教育的发展及其成功经验，很快受到世界其他国家的重视与借鉴，纷纷建立各具本国特色的 MPA 教育。如今，加拿大、澳大利亚及韩国等也设立相关学位课程，以色列在美国的帮助下于 1999 年开办了 MPA 教育。马来西亚一所大学与锡拉丘兹大学合作，开办 MPA 课程。更普遍的情况是，欧美国家有关院校的 MPA 教育对世界其他国家开放，吸收了来自世界各国的留学生，培养了一批国外的高层次管理者。日本东京大学于 20 世纪 80 年代曾派人到哈佛大学攻读 MPP（公共政策）学位课程。新加坡、马来西亚、土耳其等国也开展了 MPA 培训项目。②

二、国外公共管理硕士的招生与培养

MPA 教育经过 80 多年的发展，在国际上十分盛行，被认为是政府部门、非政府公共管理机构、非营利组织以及在管理规则严格的产业部门工作

---

① 国外 MPA 教育的历史回顾，http://www.mpa.org.cn/displaynews1.asp?id=73，2005-11-01.

② 国外 MPA 教育的历史回顾［M］//全国公共管理硕士（MPA）专业学位教育指导委员会秘书处．中国 MPA．北京：中国人民大学出版社，2001：167-169.

的管理人员最为合适的学位。它所培养的专业人才，在各国各级政府及社会组织的管理中发挥了重要作用。当今国际上的 MPA 名校有美国哈佛大学肯尼迪政府学院、锡拉丘兹大学马克斯韦尔学院等，以及法国国立行政学院、韩国首尔大学、新加坡国立学院等。下面以这 4 个国家著名 MPA 院校为例，分析其招生特点。

（一）国外 MPA 招生考试的特点

国外 MPA 招生考试都有其成功的经验。上述 4 国著名 MPA 院校招生考试的特点如表 6－1 所示。

表 6－1 从国际比较的角度，展示了 4 国 MPA 教育的特点，主要包括以下 4 方面：

1. MPA 专业学位项目种类多样

国外 MPA 项目种类多样，满足了不同层次、不同类型人群学习的需要。具体而言，首先，MPA 专业学位教育包括公共管理硕士（master of public administration，MPA）和公共政策硕士（master of public policy，MPP）两种，如美国。新加坡除了以上两种，还加入了具有本国特色的 MPM（the master of public management programme）。其次，为满足不同群体的需要，MPA 项目类型多样。有一年制、两年制的 MPA；有普林斯顿大学专门为本科生开设的 MPA 和为在职人员提供的 MPA；有锡拉丘兹大学马克斯韦尔学院为平均年龄在 25 岁的年轻大学毕业生而设置的 MPA；还有为政府部门工作 5～10 年的中层管理人员而设的 MPA。再次，根据国际需求，每个国家都有 MPA 国内班和国际班。如哈佛大学肯尼迪政府学院，开设了国际发展公共管理硕士（MPA/ID）。最典型的是法国，设置了国际长期班和短期班。最后，根据 MPA 学员学习的需要，有日班和夜班、全日制和在职攻读等不同类型。

表 6－1　美国、法国、韩国、新加坡 MPA 学位的招生考试

国家	大学	培养目标	MPA 项目	报名条件	初试	复试	MPA 项目特色
美国	哈佛大学肯尼迪政府学院（KSG）	培养公共管理时代的精英①	1. 两年制（MPA2）	经济学、政治学或管理学相关领域的学士学位，至少有 3 年以上的从业经验，被录取者需要有较高水平的学习背景、出色的职业经历记录，还需要制定一个切实可行、2 年内完成的学习方案②			为正处于事业发展早期阶段，并寻求在政府和非营利组织中获得重要领导地位的学员设计③
			2. 一年制在职 MPA（MC/MPA）	7 年以上工作经验的在职官员			最大的特点是灵活性。学生平均年龄约 29 岁，背景各异，每个部门派来的官员都有不同的培训目标④。学制为 1 年的全日制学习
			3. 国际发展公共管理硕士（MPA/ID）	经济学、数量分析方面有较好成绩（特别是微积分、线性几何成绩），以及较高的 GRE 成绩			肯尼迪政府学院与哈佛大学国际发展研究所合作设立的一个全新的硕士研究生项目。培养未来国际发展领域的实干家。学制 2 年
			4. MPP	1 篇文章、3 封推荐信、大学成绩单、GRE 或者 GMAT 或者 TOEFL 的成绩			

① 邓征．从课程设置看美国 MPA 教育模式的启示［J］．理论与实践：理论月刊，2004（6）：85.

②④ http://www. ksg. harvard. edu/degreeprograms/MPAMC/program_ home. htm

③ 陈通，齐二石．MPA 教育：哈佛大学的实践及启示［J］．天津大学学报：社会科学版，2002（2）：184.

续上表

国家	大学	培养目标	MPA 项目	报名条件	初试	复试	MPA 项目特色
美国	哈佛大学肯尼迪政府学院（KSG）	培养公共管理时代的精英	报名条件的共同点	工作经验，个人简历，3 封推荐信，大学成绩单。经济学、数量分析方面较好成绩，GRE 或者 GMAT 或者 TOEFL 的成绩。国际申请者，攻读 MPA2 和 MC/MPA 都需要 TOEFL 和书面英语考试成绩			
美国	锡拉丘兹大学马克斯韦尔学院	为美国和国外各级政府培养下一代领导人，为相关非营利组织或者私人机构培养领导人	1. 为平均年龄在 25 岁的年轻大学毕业生而设	工作经验（实习经验）、数量分析基础、个人简历、大学成绩单、介绍信，所有的 MPA 学生必须有 GRE 成绩，母语不是英语的国际申请生必须有 TOEFL 成绩，学院也接受 GMAT 成绩①			考生的社会工作经历非常重要。在公共部门的有限经历或者其他部门的工作经历都可以获得优先录取的机会
			2. 为政府部门工作 5 ~ 10 年的中层管理人员而设				强调考生的工作业绩
	普林斯顿大学伍德威尔逊国际事务学院	为国家服务的管理者	1. 本科生攻读	本科学生要在二年级开始申请，大四获知被录取后开始一年的实习，重视实践经验②			MPA 为两年制的学位。MPA 是为多样化的、国际性的和有才能的个人而设置的，并且他们愿意为公共事业服务
			2. 在职人员	2 年以上工作经验，简历、3 封推荐信、大学成绩单，列出已学过的数学、经济学、政治学 3 个领域的课程、成绩，并对课程内容做简单介绍。申请者必须提供 GRE 成绩。母语不是英语和没有在美国学院或者大学获得学士学位的国外申请者必须提供 TOEFL 成绩或者英语语言测试（IELTS）成绩③			

① http://www.maxwell.syr.edu/pa/mpaprogram.asp.

② 张勇，任溶，孙琦．MPA 登陆中国［M］．北京：中央编译出版社，2000：74－75.

③ http://www.wws.princeton.edu/acad－adm/requirements/mpa.html.

续上表

国家	大学	培养目标	MPA 项目	报名条件	初试	复试	MPA 项目特色
法国	法国国立行政学院	为国家行政管理部门培养除了专业技术人员以外的高级公务员①	1. 公务员录用（参加外部考试）	社会上非公务员的人员，年龄不超过 28 岁，有高等教育文凭	6 门笔试	4 门口试	
			2. 在职公务员（参加内部考试）	5 年工作经验，不超过 47 岁	6 门笔试	4 门口试	
			3. 进入国立行政学院学习及进入国家公务员的“第三条道路”	从事过一项或多项专职社会工作 8 年，或担任过一届或多届各级地方议会议员 8 年，年龄不超过 40 岁②	4 门笔试	5 门口试	
			4. 国际长期班	公务员、公共部门工作人员、准备进入公职部门的大学生；具有高等教育第二阶段学习毕业文凭；年龄在 35 岁以下；较强的法语口头和笔头能力；对法国和欧洲的社会和制度有充分的了解和具备基本的国际知识③	法语水平测试（非法语国家考生参加）、业务知识考试和面试	学院派人到考生所在国与使馆人员共同对考生进行录取面试	
			5. 国际短期班	公务员或公共部门工作人员；具有扎实的工作经验，并在行政部门承担重要职责；有较强的法语口头和笔头能力			

① 张修学. 国外著名行政院校概览［M］. 北京：国家行政学院出版社，1999：237.

② 全国公共管理硕士（MPA）专业学位指导委员会秘书处. 中国 MPA［M］. 北京：中国人民大学出版社，2001：198.

③ 法国国立行政学院. 全国公共管理硕士专业学位教育指导委员会网站，http://www.mpa.org.cn/displaynews1.asp? id=187，2005-09-07.

续上表

国家	大学	培养目标	MPA 项目	报名条件	初试	复试	MPA 项目特色
韩国	首尔大学	培训高级在职公务员	MPA 日班	必要的学业证明	英语和行政（笔试），选考一门科目（行政法、经济学、政治学、心理学和数学）①	统一笔试英语、行政管理选答课	
			MPA 夜班	必要的学业证明，具有5年以上工作经验的政府官员；军队中的校级军官和将军；政府和大型企业中的高级管理官员；或是初级学院、四年制学院或大学的正式教师			
新加坡	新加坡国立大学(NUS)	让每个人成为公共事业的领导者	MPP（2年全日制）	有出众的学术能力和职业发展潜力，至少2年在公共管理部门的工作经历。学术成绩、介绍信、书面的分析能力，通过课外项目、城市或社区的集体活动表现出来的个性特征和领导能力。新加坡国内综合大学的学士学位，学习成绩优秀或良好。经济学和数学课程基础。母语不是英语或者大学的课程也不是用英语完成的，必须提交 TOEFL 成绩或者 IELTS 成绩，TOEFL 和 IELTS 成绩2年内有效			
			MPA	忠实为公共事业服务，有很高的热情，外表出众。乐于接受新思想，很强的洞察力。至少有5年的工作经验，及新加坡国内综合大学的硕士学位，而且学位课程成绩是优秀或良好。母语非英语或者大学的课程也不是用英语完成的，须提交 TOEFL 成绩或者 IELTS 成绩，这两项成绩2年内有效 ②			

① 韩国著名 MPA 院校简介. 全国公共管理硕士专业学位教育指导委员会网站，http://www. mpa. org. cn/displaynews1. asp? id = 191，2005 – 09 – 08.

② 新加坡国立大学网，http://www. spp. nus. edu. sg/degree_ prog_ mpa. htm#mpaa，2006 – 09 – 29.

续上表

国家	大学	培养目标	MPA 项目	报名条件	初试	复试	MPA 项目特色
新加坡	新加坡国立大学(NUS)	让每个人成为公共事业的领导者	MPM	有出众的学术能力和职业发展潜力，很强的领导能力，成熟的个性；有很高的热情，外表出众；乐于接受新思想；在国内组织中已经有很明确的领导能力或政治领导或者是在非营利组织或私人部门有相当的职位。35～45 岁之间，至少 8 年的工作经验；有数学和经济学的学科背景，很强的英语功底（TOEFL 成绩至少 580 分，或者 IELTS 成绩至少 6.5 分）①			

① 新加坡国立大学网，http://www.spp.nus.edu.sg/degree_prog_2.htm .

2. 招生条件严格且灵活

申请 MPA 的一般是立志于为政府部门和非政府组织服务的人，他（她）们需要接受更高层次的教育。当然，这些条件对于申请者来说并不是首要和唯一的。以上 4 个国家中，各个学校的 MPA 入学要求，根据培养目标和课程计划，设定不同的入学条件，但都把工作经验、职业发展潜力、数量分析、经济学学科基础作为入学的首要和必备条件，充分地体现了 MPA 专业学位的应用性、实践性特点，体现了招生过程的严格性。此外，每个国家的招生条件又表现出一定的灵活性。如美国，3 个著名的 MPA 培养院校都把学生的大学成绩、推荐信、个人说明材料和 GRE 或者 TOEFL 成绩作为申请攻读 MPA 学位的重要考虑因素。法国则很重视申请者的学历，并特别要求国际班的学生有较强的法语口头表达和书面表达能力，还必须是公务员或公共部门工作人员或准备进入公共部门的大学生。韩国对学历也有一定的要求。而新加坡的招生条件是最有特点的，要求申请者有独特的性格，对公共事务热心，并且要有出众的外貌，乐于接受新的思想，还要有极强的洞察力。

3. 入学考试要求不同

这 4 个国家中，美国和新加坡没有正式统一的入学考试，一般只要 GRE、TOEFL 或者 GMAT 成绩达到学校的要求便可申请读 MPA 专业学位。这些考试不以某一专业或学科门类为测试背景，也不以大学知识水平为测试背景，而是所有专业使用同一种试卷，试题内容覆盖大学、中学知识以及某些其他常识，充分体现了对考生的能力、素质和潜力的测定。

法国和韩国则设立了严格的考试。韩国的入学考试形式同我国一样，分为初试和复试。初试是英语和行政（笔试），选考一门科目（行政法、经济学、政治学、心理学和数学）；复试是统一笔试英语、行政管理选答课。

法国则专门为 MPA 专业学位设置了 3 种考试，外部考试、内部考试和第三种考试。这 3 种考试都分为资格考试和录用考试，形式上类似于我国的初试和复试。考试程序不仅严格，内容也很复杂。外部考试和内部考试的资格考试一般是 6 门笔试，内容如下：

①有关公法或经济的文章；②针对第一门的选择，公法考生要根据材料提交一份综述，经济考生要根据材料写出两篇阐述性的综合报告；③就前两门中未选的考试写作两篇文章；④写作一篇关于 18 世纪中期以来政治、经济和社会领域的基本演变及思想的文章；⑤选择如下任一题目写作：公共财政和金融经济、社会问题与国际问题；⑥选择性笔试，可选题为商法、民法、经济、地理、近代史、政治学、行政学、社会学、人口学、数学、统计

学、会计学、财务管理。①

录用考试是4门口试或面试。内容如下：

①第五门笔试中未选择的两门主题为口试内容；②外语口试；③考试委员会与考生面试，内容为一般素质了解；④体育考试，具体方法每年不一样。②

只有第三种考试的资格考试为4门笔试，内容为：①以公法为主题的报告；②以经济为主题的报告；③可选主题的报告，选题有：社会组织学，企业管理，地方政府及公共部门的管理，社会关系；④当今世界政治、经济及社会问题方面的文章。③

录用考试是5门口试或面试，考试内容如下：①社会问题口试；②欧盟和国际问题口试；③外语口试；④面试；⑤选试：从可选主题中任选其一。④

4. 录取考虑综合素质

在表6-1中，4个国家的MPA招生有着严格的录取标准。法国和韩国并不把入学考试成绩作为录取的唯一标准，而更加注重对学习能力、表达能力、逻辑分析能力和工作经历等方面的全面考查。考生不仅要有很强的学术基础，而且要有出众的品质和能力。美国和新加坡虽没有正式统一的入学考试，但GRE、TOEFL、GMAT本身就是综合能力、综合素质的测试，此外，还有工作经历、学科背景、推荐信、大学成绩、申请者的文章、个人简历等，录取时会综合考虑这些因素，整个录取过程也是非常慎重的。

（二）国外MPA教育的特点

1. MPA培养目标明确

一般来说，MPA的目标是培养在公共组织尤其是政府机构从事公共事务管理和公共服务的管理者、领导者和政策分析人才，以及中高级职员。通过表6-1，我们可以清楚地看到，美国、法国、韩国、新加坡MPA院校根据自身特点，提出了各自针对性较强的培养目标。如，肯尼迪政府学院的口号是为“二十一世纪准备领导人”；法国国立行政学院的培养目标是，为国家行政管理部门培养除了专业技术人员以外的高级公务员；韩国首尔大学是培训高级在职公务员和为新录用的公务员进行工作前的培训，为行政机构提供行政管理方面的咨询服务。招生考试是为培养目标服务的，学校规定了培养目标，相应地，便会有适合培养目标的选拔人才制度为其服务。有了明确和清晰的培养目标，才能够确定相应的课程和培养方案，逐步形成本国特色

①②③ 张修学．国外著名行政院校概览［M］．北京：国家行政学院出版社，1999：237-239.

④ 张勇，任溶，孙琦．MPA登陆中国［M］．北京：中央编译出版社，2000：102.

的 MPA 教育，最终走上品牌化的道路，吸引国际学子攻读 MPA。

2. MPA 发展前景广阔

由于 MPA 的培养目标与毕业生就业的去向相一致，社会与政府的需要使 MPA 毕业生就业前景非常广阔，如中央和地方政府的公务员和政府官员，非政府或半政府公共管理和公共事业部门的管理人员，公有企业的经理人员，非政府组织的领导人员等。近 20 年多来，在美国高层管理者中，具有 MPA 学位者的比例不断上升。在联邦政府就业的公务员中有 10% ~20% 具有 MPA 学位或相近学位。在公共政策领域工作的公务员中，50% ~60% 拥有 MPA 学位或相近学位。政府在招聘公务员时，某些职位要求应聘者必须具有 MPA 学位。从总趋势来看，对美国政府公务员来说，具有 MPA 学位已越来越重要。这不仅说明了人们对 MPA 的重视程度，更主要的是，该专业学位适应了当代政府机关工作人员专业化发展的大趋势。①

在法国，国立行政学院的毕业生相当一部分是政府部门高级公务员。该院成立以来，为政府输送了大批优秀的高级行政管理人员。据 1996 年的统计，尚在工作的 4 200 名该院毕业生中，80% 在政府或公共部门工作，1 900 人为高级公务员，30 名为议员，10 名为参议员，另外还有一批大使等。

国外 MPA 毕业生的就业情况基本一致。美国 MPA 毕业生的去向多为政府部门、公共机构、国有企业和私人企业。近年来，企业吸收 MPA 毕业生的比例越来越大，原因是政府的权力下放，一些职能转向企业，同时，企业也需要懂得政府管理工作的人才。普林斯顿大学伍德威尔逊国际事务学院的 MPA 及 MPP 毕业生的去向主要有国际机构、美国及外国政府部门、州与地方政府部门、非营利机构和私人部门等。由此可以看出，MPA 教育已不仅仅指向政府部门，公共事务部门等社会各界都需要 MPA 人才。这也是 MPA 教育逐步走向大众化的主要原因之一。

公共管理作为一种专业学位教育，被明确提出来并付诸实施，最早的国家当属美国。一方面，社会生产力的迅速发展，使美国最高层次人才供不应求。在国际竞争日益激烈的情况下，美国非常重视公务员的职业培训和进修。另一方面，美国研究生教育发达，公共行政学为 MPA 教育发展提供了深厚的“学术土壤”。国外 MPA 教育历史比我国悠久。以美国、法国、韩国、新加坡为例，通过比较其培养目标、MPA 项目、MPA 项目特色、报考条件、初试、复试各环节，可加深对其 MPA 学位项目种类多样、招生条件严格且灵活、入学考试要求不同、录取考虑综合素质等特点的认识。这些招

① 全国公共管理硕士（MPA）专业学位教育指导委员会秘书处. 中国 MPA［M］. 北京：中国人民大学出版社，2001：184－186.

生经验都值得深入研究和借鉴。

第四节　我国台湾地区研究生入学考试制度及其特点

我国台湾地区的研究生招生考试，以各大学院系的研究所为依托，实行自主招生和单独考试，考试方式多样化。近年来，台湾地区研究生招生人数直线上升，酝酿采取统一汇办报名、统一分发的改革。台湾地区研究生自主选拔方式，特别是其博士生招考模式，对于大陆研究生入学考试改革具有一定的借鉴意义。

一、台湾地区研究生入学考试制度概况

台湾地区研究生教育由各大学院系所设立的研究所承担，研究生招生入学考试由各大学自行办理，规定招生考试的科目、考试内容、考试时间等。研究生招生名额由台湾地区教育主管部门统一规划，各研究所在招生简章中，明确规定各校的正取生、备取生的人数。这种按照研究所进行招生的方式，同时授予学位也是按照研究所的名称和研究生主要修习的课程来确定所授予的学位，不同于大陆的按照学科门类授予学位。一般而言，在台湾地区，研究生入学考试分为硕士班和博士班两个层次。

每学年度在招生考试前，各大学根据有关文件，确定入学考试具体事宜。台湾《大学办理硕士班博士班招生审核作业要点》（2001 年）① 明确要求：各校要成立专门的学校招生委员会，招生委员会负责招生名额提报程序、报考资格、招生方式、考试日期、录取原则、招生纷争处理方式及其他有关考生权利义务事项。在招生简章中应详列招生名额、报考资格、考试项目、考试日期、报名手续、评分标准、录取方式、招生纷争处理程序及其他相关规定，并最迟于受理报名或申请前 20 天公告。

各校招收的研究生包含一般生及在职生。在职生的考试科目及录取标准，根据在职生的特性另外规定，可以考虑个人工作经验及成就；若与一般生相同时，其招生名额要与一般生名额合并规定。各校硕士、博士班除教育主管部门核定分组外，并要为教学、研究需要另行设定若干组别（如甲、乙、丙等组），其考试科目及各组招生名额应在招生简章中明确规定。各校各硕士、博士班的招生名额，需纳入学校每学年度招生总量。甄试招生名额

---

① 台湾大学网站，http://www. ntua. edu. tw/ ~d02/rule/docs/admin/ad02. doc［2006 - 01 - 19］.

应包含于当学年度教育主管部门核定的各校招生总量内，以不超过当学年度各系所招生名额40%为原则。同一（系）所内的一般生及在职生或各组招生名额由各校根据“教育部”核定招生总额范围内自行合理分配，其缺额可否调剂由各校自行在招生简章中规定。对于新增和调整的大学系所，《大学院校增设调整系所班组及招生名额采总量发展方式审查作业要点》（2005年）具体规定了各校增设、调整系所班组及招生名额；应考虑各项资源配置条件，以维持基本教学质量，并根据师资、校舍建筑空间计算可发展总量规模，依据校务发展计划，逐年规划系所及调整招生名额。对于在职专班，在《大学办理研究所（系）硕士及大学部二年制在职专班审核作业要点》（2005年）中规定每班招生名额不得超过30人。

为了说明台湾地区研究生入学的总体状况，我们专门统计了台湾地区研究生历年入学情况，如表6－2所示。

表6－2　历年来台湾地区大学教育与研究生教育发展一览表

年份	大学与独立学院			研究所			
	校数/所		本科生/人	所数/所	研究生/人		
	大学	独立学院			硕士	博士	合计
1950	1	3	5 374	3	5	—	5
1951	1	3	6 057	—	12	—	12
1952	1	3	6 853	—	13	—	13
1953	1	3	7 687	—	16	—	16
1954	2	5	9 001	4	82	—	82
1955	4	6	13 460	13	169	—	169
1956	6	5	17 309	19	271	1	272
1957	6	5	20 394	27	346	—	346
1958	7	7	21 739	—	373	4	377
1959	7	7	23 709	—	427	10	437
1960	7	8	26 735	35	426	11	437
1961	8	8	29 524	—	501	12	513
1962	9	9	32 532	—	693	15	708
1963	10	10	37 719	—	801	16	817
1964	10	11	45 203	57	866	18	884

续上表

年份	大学与独立学院			研究所			
	校数/所		本科生/人	所数/所	研究生/人		
	大学	独立学院			硕士	博士	合计
1965	10	11	54 819	59	974	19	993
1966	10	11	65 245	63	1 083	28	1 111
1967	9	13	73 881	69	1 271	50	1 321
1968	8	14	80 255	80	1 531	95	1 626
1969	9	13	86 233	88	1 856	138	1 994
1970	9	13	92 850	104	2 129	166	2 295
1971	9	14	100 455	110	2 697	207	2 904
1972	9	14	109 827	129	2 693	228	2 921
1973	9	14	120 304	137	2 745	225	2 970
1974	9	15	128 930	156	3 042	279	3 321
1975	9	16	135 297	159	3 614	298	3 912
1976	9	16	140 857	168	4 138	263	4 401
1977	9	17	142 921	177	4 749	407	5 156
1978	9	17	145 210	185	4 974	469	5 443
1979	11	15	149 370	192	5 049	561	5 610
1980	16	11	153 088	214	5 633	673	6 306
1981	16	11	158 181	232	6 555	800	7 355
1982	16	12	163 482	249	7 517	975	8 492
1983	16	12	169 341	260	8 427	1 220	9 647
1984	16	12	173 908	276	9 481	1 500	10 981
1985	16	12	179 334	293	10 638	1 780	12 418
1986	16	12	184 729	301	11 294	2 143	13 437
1987	16	23	192 933	315	12 426	2 695	15 121
1988	16	23	207 479	327	14 119	3 222	17 341
1989	21	20	222 311	355	15 750	3 799	19 549
1990	21	25	239 082	391	17 935	4 437	22 372

续上表

年份	大学与独立学院			研究所			
	校数/所		本科生/人	所数/所	研究生/人		
	大学	独立学院			硕士	博士	合计
1991	21	29	253 462	440	21 306	5 481	26 787
1992	21	29	273 088	493	24 711	6 560	31 271
1993	21	30	285 982	559	28 117	7 713	35 830
1994	23	35	302 093	615	30 832	8 395	39 227
1995	24	36	314 499	656	32 200	8 897	41 097
1996	24	43	337 837	702	35 508	9 365	44 873
1997	38	40	373 702	759	38 606	10 013	48 619
1998	39	45	409 705	841	43 025	10 845	53 870
1999	44	61	470 030	1 136	54 980	12 253	67 233
2000	53	74	564 059	1 410	70 039	13 822	83 861
2001	57	78	677 171	1 668	87 251	15 962	103 212
2002	61	78	771 035	1 904	103 425	18 705	122 130
2003	67	75	837 602	2 215	121 909	21 658	143 567
2004	75	70	894 528	2 455	135 992	24 409	160 401
2005	89	56	938 648	2 591	149 493	27 531	177 024

资料来源：王忠烈. 台湾、香港、澳门学位制度与研究生教育研究［M］. 北京：中国人民大学出版社，1997：53. 1998 年以后的统计资料参见台湾“教育部”统计处网站“大专院校概况表（1998—2005 年）”，http//www. edu. tw/EDU _ WEB/EDU _ MGT/STATISTICS/EDU7220001/data/serial/u. xls？open.

由上可见，台湾地区的研究生招生人数历年来呈现直线上升趋势。1984 年，在学人数突破万人，2001 年突破 10 万人，2005 年达到 177 024 人。这种现象表明，台湾地区高等教育重心正在上移。与此相应，台湾地区高校、研究所不断增加。1987 年研究所只有 315 所，1997 年增至 759 所，1999 年有 1 136 所，2005 年达 2 591 所。近年来，发展高等职业技术教育系统的研究所和一般学院的研究所，对全面提高各类高等教育层次、调整高等教育结构，产生了重大促进作用。

二、台湾地区研究生入学与考试情况分析

鉴于台湾地区的研究生入学考试是由各大学自行举办，本节拟以台湾大学的招生统计资料说明入学情况，以台湾师范大学的考试科目和考试题目为例说明台湾地区研究所考试的情况。

（一）台湾大学研究所入学统计分析

台湾大学2004学年度有54个学系、96个研究所，其中83个研究所设有博士研究生班。①在2006年《台湾大学研究所招生名额审查作业要点》②中规定，台湾大学研究所招生名额分为7种：博士班一般生招生、博士班在职生、硕士班一般生招生、硕士班在职生、硕士班甄试一般生招生、硕士班甄试在职生招生及硕士在职专班招生。

对于新增研究所的招生名额审核原则是：博士班最多5名，硕士班最多15名，并须符合专任助理教授（相当于大陆的讲师）以上教师人数与招生名额比例为1：4。对于已设立的研究所，酌情增加招生名额。最近3年考试入学招生平均录取率，硕士班在20%以下，博士班在40%以下；若增加招生名额，至多以各系所前一学年度主管部门核定名额10%为限。对于最近3年硕士班考试入学招生平均录取缺额率达20%或平均录取率达30%以上者，硕士在职专班招生及博士班招生平均录取缺额率达30%或平均录取率达50%以上者，可以减少该项招生名额。各院系所需在招生总名额内，依《大学增设、调整系所班组及招生名额采总量发展方式审查作业要点》的权值比例，自行调整各项招生名额。例如，台湾大学2004年研究生（不含外籍生）招生录取及注册情况如下：硕士班总计录取3 997人，注册3 727人，其中“一般招生”录取2 242人，注册2 187人；“甄试招生”录取1 310人，注册1 099人；“在职专班招生”录取445人，注册441人。博士班录取787人，注册763人。招收研究生最多的是工学院，其次是电机信息学院、管理学院、生物资源和农学院，均在400人以上；而文学院、法律学院、公共卫生学院等则在150人以下。③ 从台湾大学各院系所历年硕士班、博士班在校学生人数（1953—2004年）统计来看，台湾大学从1953年开始招硕士研究生，1966年开始招博士生。管理学院1987年开始招生，公共卫生、法律、生命科学、电资等学院在1993年后开始扩大招生。这与现代科学技术

---

① 台湾大学网站，http://acct2004. cc. ntu. edu. tw/acct2004/acct6/1. doc.

② 台湾教育主管部门网站，http://gra103. aca. ntu. edu. tw/gra2005/gra/innerruler. doc [2006－06－12].

③ 台湾大学网站，http://acct2004. cc. ntu. edu. tw/acct2004/acct1/34. doc.

的发展相适应，也是台湾地区自20世纪90年代以来调整高等教育结构和专业结构所致。

（二）台湾师范大学研究所入学考试科目与内容分析

一般而言，探讨某国或者某地区的研究生入学考试，总是从招生录取及在校生的情况，还有考试科目和考试内容的变化和改革等方面入手进行分析。

1. 考试科目和内容

台湾师范大学硕士班入学考试，首先是2门共同考试科目：一是国文科，主要为非国文系所设立，考试题型有选择题、翻译题、配对题、作文。二是英文科，主要为非英文系所设立，考试题型包括词汇、填空、阅读理解、作文。其次，是由各院系研究所自行命题的专业课程考试。如教育学院教育研究所2006年硕士班专业科目考试有课程与教学、教育学基础理论、教育政策与行政3门课程。课程与教学科考试题目为4道论述题，每题25分。如："巴西的教育思想家弗雷勒（Paulo Freire）极力倡导提问式（problem posing）的对话教学，请就其观点说明教师、知识、学生三者之间教与学的关系。"博士班入学考试只有专业课程，如教育学院的2006年博士班专业科目考试有英文教育名著、教育政策与行政、课程与教学、教育史、教育社会学。

2. 博士考试具体规定

招生简章中规定考试具体事宜，包括各院系所自行规定的考试内容、考试科目、时间、考试方式、招生名额等内容。如台湾师范大学2007年教育学系分为4个组招生：教育哲史组6名，教育政策与行政组7名，课程与教学组7名，教育社会学组3名。学校首先安排集中笔试考试的时间，一般是上午8：10—9：50考一门，10：20—12：00考另外一门。有些考试科目较多的研究所，可以在规定的时间内另行安排笔试考试时间。口试、面试的时间由各院系所自定，可以在集中考试之前进行，也可以在集中考试之后，也可以在下一周进行。如教育学系考试分为初试、复试两个阶段。初试为笔试，如教育哲史组笔试科目为英文教育名著、教育哲史。初试成绩通过者，可以参加复试。各组按照初试成绩高低选取招生名额的2倍人数，参加各组的复试。复试包括审查及口试，主要审查硕士论文、修业计划、博士论文研究计划及学术著作；还有一项是口试。总成绩包括笔试总分、口试成绩、审查结果。笔试占总成绩的60%，笔试科目（1）、（2）各占30%；审查占总成绩的20%；口试占总成绩的20%。各组缺额可以互相调剂。

审查资料主要包括：①硕士论文3份，无硕士论文者，应以相当硕士论文的学术著作代替（论文如以外国文字撰写者，须附加中文摘要）。②修业

计划 9 份（内容包括过去学术背景及特殊表现、未来的研究目标及研究领域、选课与生涯规划等）。③博士论文研究计划 9 份。④最近 5 年内已发表的学术著作至多 3 篇（若缴交篇数多于 3 篇，本系将依发表的先后顺序筛选出 3 篇），各篇 3 份。⑤大学及硕士班全部成绩单各 3 份。

3. 硕士班考试规定

如教育学系在招生简章中规定：各组招生名额共 35 名，凡在台湾经"教育部"立案的大学或独立学院毕业取得学士学位，或者复核"教育部"认定采纳规定的省外大学或独立学院毕业取得学士学位，或者具有同等学力者具有报考资格。共同考试科目为英文、国文。专门科目为教育学基础理论（含教育哲学、教育史及教育社会学）、教育政策与行政、课程与教学。考试分数相同者的参考顺序为：专门科目总分、教育学基础理论、教育政策与行政、国文。各科满分均为 100 分，但是计算总成绩时，教育学基础理论加重计分 200%，教育政策与行政加重计分 100%，课程与教学加重计分 100%。

以 2007 年教育学系招生为例，1 月 21—30 日报名，考试时间 3 月 24 日，上午 2 门：8：10—9：40；10：10—11：40。下午 3 门：1：10—2：40；3：10—4：10 国文；4：40—6：00 英文。时间安排得很紧。2007 年 5 月 16 日前入学报到。有的系所在招生简章中明确规定了需要初试、复试或者口试、面试等。台湾师范大学还规定了硕士班推荐甄选招生办法。

由上述可见，一所大学要完成研究生招生工作，需要操作如此之多的招生规程，增加了学校负担。为此，台湾地区酝酿各大学研究所招生采取统一汇办报名、统一分发的改革。[①] 从 2008 学年度开始，采取统一汇办和统一分发作业，减少恶性竞争及各大学单独招生考试重复录取产生缺额的困扰。

台湾各大学研究所发展快速，至今已有 2 500 个研究所。每年各校招生作业仍采取单独招生，不仅考生疲于奔命，各大学也有很多困扰。重复录取导致缺额现象普遍，即使如处于龙头地位的台湾大学，2007 年研究所招生发榜后到注册入学时，也有缺额七八十名。其他大学研究所招生缺额情形更严重，甚至有新生参与实验做到一半，因被台湾大学备取而转读台湾大学，与原录取学校产生招生纠纷，还有研究所未录取考生决定当兵了才收到备取通知。为争抢生源，各大学研究所纷纷把招生时间提前，逐渐形成招生恶性竞争。教育主管部门邀集各大学研究、修订大学研究所招生共同注意事项，讨论可参考大学甄选入学的汇办机制与统一分发，兼采备取功能，作为有约

---

① 翁翠萍．各大学研究所拟采统一分发兼采备取制．［2006－11－21］http://www.twaea.org.tw/yk_news.php? id=373.

束力的招生规范。原则上，由台湾大学负责研究所招生汇办作业规划。

三、台湾地区研究生入学考试特点

对于台湾地区研究生入学考试，各大学院系所的自主意识很强，除了招生名额由教育主管部门掌控外，其他相关事宜均由各大学院系自行安排。其特点如下：

第一，大学院系所自主招生，自主设置考试科目、考试内容等。增加大学系所的招生自主权，可以根据大学的特色和定位，通过招生考试，招到大学所需的高级人才，有针对性地进行人才培养。

第二，研究生入学考试科目与内容灵活多样。由于各大学院系所自行决定考试的科目和内容，题型广泛，内容灵活。如台湾师范大学的国文科共同考试科目的作文题目：2003 年《青年的时代责任》，2004 年《迈向新时代》，2005 年《我对网路文章的看法》，2006 年《如何发挥创意》，要求文体为散文。

第三，研究生招生考试方式多元化。主要包括初试、复试或者面试。初试一般考试形式为笔试，复试一般为口试。博士考试要求较为严格，审查程序复杂。各种形式的考试所占的比例不同。

第四，招生形式多样。一般有硕士班招生、博士班招生，还有硕士班推荐甄选招生、在职进修考试等。各大学根据院系所的具体情况确定各种不同的招生形式。

第五，博士生入学考试要求严格。要求提供硕士学位论文、博士论文研究计划、修业计划、学术著作等。这一举措有利于大学院系所全面考查考生的意向，减少学生参加博士考试的盲目性，选拔高层次的研究人才。

第六，按照招考程序办事，不因人而异。在某种意义上，程序就是法律，程序公正是整个考试公正的保障，台湾地区研究生入学考试操作规程特别强调这一点。要求各大学院系所在招生简章中，必须明确规定与考试有关的一切事项；增加考试的透明度，强化监督机制，保障考生的权益。

台湾地区研究生教育虽然与大陆存在较大差异，但也有某些共性。近年来，台湾地区各大学研究所及研究生招生人数急剧增长，即为高等教育大众化发展、知识更新加快以及就业竞争加剧相互作用的结果。台湾地区研究生自主选拔方式，特别是其博士生招考模式，对于大陆研究生入学考试改革具有一定的借鉴意义。

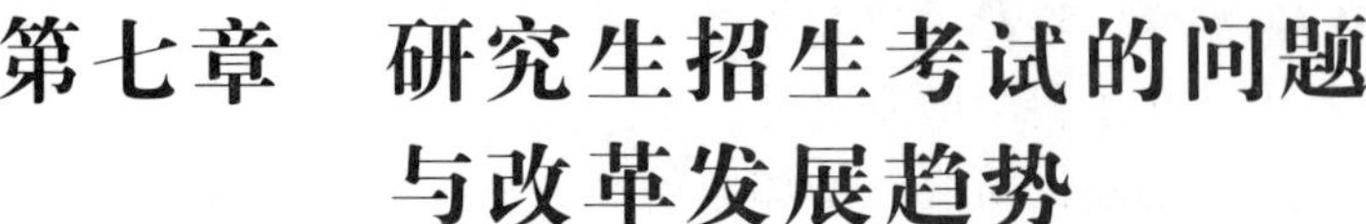

第七章　研究生招生考试的问题与改革发展趋势

硕士研究生的选拔，是培养学术人才的重要环节，对于发展科学研究和提升高等教育水平具有重要作用。通过对我国学术型硕士研究生招生考试选拔制度的历史与现实考察，以及与国外相关制度的比较，不难发现，我国现行硕士研究生招生考试制度尚处于探索阶段，需要不断加以改革与完善。30多年的研究生招生考试实践，积累了不少有益经验，为今后招考改革奠定了基础；同时在考试的内容与形式、考试的公平与效率、考试管理等方面，也显现一些亟待解决的问题。为了适应高等教育大众化阶段学术型人才选拔与培养的需要，增强我国高层次人才的学术竞争力，我们应适时地改革研究生选拔制度，使更多具有创新潜能的人才脱颖而出。

第一节　研究生招生考试中的问题

在我国高等教育大众化发展进程中，研究生招生考试制度在选拔优秀人才、促进学习与科研方面，取得了重要成就，但也存在一些缺陷与问题亟待解决。

一、效度问题

现行的硕士研究生招生考试分初试和复试两个阶段，国家统一考试与招生单位自主考试相结合。此外，在重点院校还试行优秀本科毕业生推荐免试入学制度。这些选拔方式在一定程度上满足了优秀人才选拔的需要。但在招生选拔中，也存在对考生综合素质、专业潜能考查不够全面等缺陷。随着高等教育大众化的发展，报考研究生人数骤增，对学术人才选拔的有效性提出了挑战。

首先，现行选拔考试淡化专业性向，将部分优秀专业人才排除在外。

研究生教育是教学—科研—学习的联结体，旨在培养某一学科从事科学研究的专门人才。学术型硕士研究生招生考试，通过鉴别考生学术水平和综

合素质的差异，选拔出适合入读研究生教育的高层次专门人才。因此，选拔考试应侧重学科倾向性的考核，突出学术创新的本质。但现行硕士研究生招考制度，为了考查知识广度，淡化了研究生专业性向的考查，将部分具有较高学术研究潜能的考生挡在了科学殿堂之外。

学术型研究生要实现创新性研究，增加原创性成果，需要选拔具备在该领域中进行专门探究与精深钻研的人才。作为硕士研究生招考，应在检测考生综合文化素质的基础上，侧重考查其专业倾向、专业素养及学术研究能力。前些年，“陈丹青愤而辞职”与“贺卫方罢招”事件，从一个侧面反映了研究生招生考试制度与选拔优秀专业人才的矛盾。

现代社会学科分化越来越细，不同的学科各有其所属的研究方向与分支学科，表现出“专”“深”的研究趋势。但是在研究生入学考试中，淡化了应有的专业倾向，缺乏专业深度的考查，将部分优秀专业人才排除在外，会对学术型研究生教育质量产生重大损害。

其次，现行人才选拔方式注重考试本身，不利于特殊人才的选拔。

多年来，硕士研究生招生考试方法为笔试加面试，注重笔试在人才选拔中的作用。考试作为一种人才评价手段，是教育学、心理学、统计学以及测量学研究汇集后的成果，可以短时有效地达到选拔、审定、甄别、测量人才优劣的目的。但考试本身有其局限性，如考试时间、空间上的限制；单纯的书面考试无法考核考生的行为品德等非智力因素；考试成绩无法对某些“偏才”“怪才”做出有效的量化衡量。

我国研究生招生考试，一方面将部分具有较高的学术科研潜力、但不善于考试的考生，挡在学术殿堂之外；另一方面，对部分“偏才”“怪才”选拔途径少、空间小。对于部分学有专长并取得突出成就的优秀人才，如在全国大学生数学建模竞赛、电子设计竞赛等各项比赛中或在文艺作品、科技论文、科技创新、专利发明上有突出表现者，没有提供相应的选拔途径。目前，除了通过推荐免试制度选拔一些优秀本科毕业生，尚未开辟其他有效的选拔路径。

二、公平与效率问题

考试程序与考试过程的公平是社会关注的焦点。在研究生招生考试中，由于复试等环节出现一些“暗箱操作”等问题，引起媒体的质疑。因此，必须加强招生考试制度的规范化建设。

考试公平与效率是研究生招生考试的核心问题，它体现了研究生教育中不同利益主体的各自要求。高等学校更关注招生选拔的效率，希望不拘一格选拔优秀人才，认为分数只是其中一个指标而已。考生则更关注选拔的公平

性，关注如何实现程序与运行环境的公平，从而获得受教育权。因此，考生往往信奉“分数优先原则”，因为只有分数才是看得见的公平。中国社会历来具有强烈的公平意识，随着研究生教育发展，如何维系考试公平与效率的平衡，成为社会关注的焦点。在研究生招生考试中，如果缺乏公平竞争，既不能选拔真才，也有损于教育公平和社会公平；同样，过分追求公平，也会导致选拔制度僵化，从而失去人才选拔的活力。因此，推进研究生招生考试制度改革，必须以公平竞争为基础，杜绝考试作弊；在此基础上，提高选拔人才的效率。

考试公平与效率本身不是一对矛盾，需要兼顾，保持动态的平衡。正如刘海峰教授所指出的，与在许多领域效率优先、兼顾公平有所不同，在考试选才方面，通常的情况是，选拔性考试最初虽也是效率优先，兼顾公平，可是在长期实行之后，往往会演变为公平优先，兼顾效率。① 这表明，研究生招生考试制度需要适应人才选拔的需要，不断加以调整和改进。

为了公平、有效地选拔人才，既要扩大招生自主权，也应加强考试选拔监督。实践证明，考生不仅是整个招生考试过程中的参与者，也是招生考试进程的监督者，有利于推动研究生招生考试改革。新闻媒体和社会监督是促进研究生招考公平的重要平台。

三、考试科目与内容设置问题

我国硕士研究生入学考试科目为外语、政治和两门（或一门）专业基础课。这些考试科目设置与考试内容所存在的一些问题，还需要改进和完善。

（一）考试科目设置不尽合理

学术型硕士研究生招生考试是为了选拔高层次创新人才，它以学术和基础理论研究水平为选拔标准，并强调具有一定外语水平。

在我国研究生入学考试科目中，政治考试科目的设置，体现了国家意志，目的是引导考生关心时事政策，树立正确的世界观、人生观和价值观，运用马克思主义原理分析问题、解决问题。但政治考试能否实现上述目标，尚需进一步探究。

进行外语测试的目的在于促进学术文化交流，尤其学术型理论研究，外语是进行国际学术交流的重要工具。但将外语考试成绩作为研究生取舍的关键因素，就违背考试初衷，导致选才标准的异化。此外，外语考试也没有考

① 刘海峰．高考改革中的两难问题［J］．高等教育研究，2003（2）．

虑到学科间的差异。如中国汉语言文字学、中国古典文献学或中国古代文学等专业，实际上在专业研究与应用中很少运用外语。

总之，将政治、外语考试作为淘汰考生的门槛，使诸多考生和学者感到困惑。研究生选拔的重心应放在专业研究潜能的考查与检测上，而非公共考试科目。

（二）考试内容注重书面知识考查，轻视能力考查

教育部制定的硕士研究生教育学专业考试大纲规定："以考查通识、基础、核心课程和教育内容为原则，以进入研究生学习必备的专业基础知识、基本理论以及相应能力为考查重点。"① 试题的难易程度应使本科毕业生中的优秀学生达到及格以上成绩；"试题中应当有一部分用以测试考生掌握该门课程深度和融会贯通，并能灵活运用所学知识解决实际问题的内容，但此类题目比重不超过总分数的20%"。② 因此，研究生入学考试内容偏重于考查基础知识掌握程度，而对分析和解决问题等专业能力的测试比重较低，不利于能力考查。

我国研究生入学考试，缺少科研及学术能力倾向测试这一环节，无法判断考生是否适合进行科学研究。上述考试科目设置、命题范围及考核内容存在一定局限性，无法涵盖学科、专业对人才需求的差异性。如有的论者所指出："对文科研究生来说，除创新能力需要首要关注外，语言表达能力和言语理解能力比逻辑推理能力更为重要，另外，感悟力也是文科一大特色；对于工科研究生的选拔与培养来说，除了创新能力、逻辑推理能力应给予优先重视外，问题解决能力、数字运算能力、资料搜集与处理能力应作为理科研究生基本科研能力结构中的特色要素给予足够重视。"③ 现行硕士研究生选拔考试，内容上无法体现部分能力的考核，如感悟力、资料搜集与处理能力；对部分能力考查力度小，如面试中虽然对语言表达能力和言语理解能力有一定检测，但面试时间短，难以全面深入考查。

（三）专业考试科目的针对性不强

这方面的缺陷突出表现在，基础专业性考试科目设定与考核内容缺乏应有的专业性向与针对性。如前些年北京大学贺卫方教授"罢招"事例，就反映了研究生招生考试专业科目设置存在的问题。我们查阅了北京大学法学院法学硕士招生专业、研究方向与考试科目，发现学术型硕士研究生共招收12个专业，40个研究方向，专业考试科目为两张综合试卷（参见表7－1）。

---

① 教育部考试中心．2007年全国硕士研究生入学统一考试教育学专业基础综合考试大纲．

② 张继明．我国硕士研究生招生考试制度问题与改革探微[J]．考试研究，2006（2）：64．

③ 孟万金．研究生科研能力结构要素的调查研究及启示[J]．高等教育研究，2001（6）：59－60．

表 7－1　北京大学法学院 2007 年硕士研究生招生专业目录

招生专业、项目	研究方向	考试科目
法学理论	01. 法理学 02. 法律社会学 03. 比较法学 04. 立法学	综合 A 卷考试内容包括：宪法与行政法学、刑法、刑诉、国际公法。 综合 B 卷考试内容包括：法理学、民法、民诉、经济法、国际经济法。 报名时不填报专业，获得复试资格后再填报专业，复试阶段进行专业课笔试和综合面试，参加复试比例为 150% ~200%
法律史	01. 中国法律思想史 02. 中国传统法律文化 03. 西方法律思想史 04. 中国法制史 05. 外国法制史	
宪法学与行政法学	01. 中国宪法学 02. 外国宪法学 03. 行政法学 04. 行政诉讼法学 05. 外国行政法学	
刑法学	01. 中国刑法学 02. 外国刑法学 03. 犯罪学 04. 监狱法学 05. 司法精神病学	
民商法学	01. 民法学（含婚姻家庭继承法）	
诉讼法学	01. 刑事诉讼法学 02. 外国刑事诉讼法学 03. 民事诉讼法学 04. 刑事侦察学	
经济法学	01. 经济法学 02. 金融法学 03. 税法学 04. 企业与公司法 05. 反垄断法	
环境与资源保护法学	01. 环境法学 02. 国际环境法学	
国际法学	01. 国际公法 02. 国际关系与中国外交 03. 人权法	
法学（知识产权法）	01. 知识产权 02. 国际知识产权	

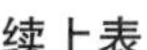

续上表

招生专业、项目	研究方向	考试科目
法学（商法）	01. 商法学	
法学（国际经济法）	01. 国际经济法 02. 国际私法 03. 海商法	

资料来源：北京大学研究生院专业招生目录 . http://www. pku. edu. cn/cgi - bin/websql/zhcx/graduate/yjs/zs_ ss_ zy. hts? xsh =029.

由表 7 - 1 可见，综合考试内容涵盖 9 门课程，一定程度上可以考核知识广度，但也削弱了应有的专业性向，缺乏专业深度的考查。综合考试内容本身未能涵盖招生的 12 个专业，更无法考查各研究方向所应涉及的特定专业领域。两门综合考试没有涉及环境与资源保护法学、知识产权法等招生专业的内容，这对于该专业招生与人才培养产生不利影响。现代信息社会，学科分化越来越细，即使同属法学类，民商法学与经济法学、刑法学、知识产权法等专业的研究内容却相差甚远。如王汉斌在《关于中华人民共和国民法通则草案的说明》中曾指出："民法主要调整平等主体间的财产关系即横向的财产、经济关系。政府对经济的管理，国家和企业之间以及企业内部等纵向经济关系，主要由有关经济法调整，民法基本上不作规定。"① 这就从立法上就划清了民法在调整对象问题上与经济法的界限。在实际应用过程中，上述专业分别应用于民事领域、经济领域、刑事领域与知识产权领域，不同领域具有不同的法律适用性。此外，不同的法律专业各有其下属的研究方向与分支学科，属于"专""深"研究领域。如知识产权法又包括著作权类、商标权类、专利权类、不正当竞争类等方面的研究。在研究生入学考试中，淡化专业倾向，降低人才选拔针对性，对研究生教育会产生不利影响。

贺卫方作为法律史和法理学专业的专家和硕、博士生导师，深知法律史是法学研究的基础。当他看到法律史专业招生竟取消中外法律史考试，深为愤慨。②正如其所言："对于学术导向的法学硕士教育而言，法律制度史和思想史知识与思考有助于将来的学者能够发现学术研究中的真实问题，并尽可能多地汲取前人的智慧和经验，强化相关论证的说服力和操作性，如此重要的学科竟然被弃之如敝屣，又怎能不令人愤慨呢？"这是近年来研究生招考

① 柳经纬 . 民法总论［M］. 厦门：厦门大学出版社，2001：6.

② 其实这种情况不只是发生在法律史这一个学科中，在跨学科甚至本学科的考研大军中，这种例子并非少见，这给我国研究生招生考试改革提出了现实的要求，到了必须改革的地步了。

改革中出现的一个典型事例。

四、招生考试的自主权问题

以高等学校为主体的培养单位，是研究生选拔与培养的主体，从理论上讲，应拥有自主招生的权力，并承担相应的责任。不同类型的高校，按照自身学科专业特色和人才培养需要，选拔具有学术潜力的研究生，以体现高校招生自主权，这是招生考试制度改革的方向。我国研究生招生考试权力下放过程，反映出招生权力逐渐从政府转向培养单位及培养者的基本思路。当今高校研究生招生考试的自主权，主要体现在五个方面：一是院校拥有对专业科目考试的命题与批改权；二是 2003 年教育部批准 34 所高校拥有确定复试分数线的自主权；三是组织复试的权力；四是推荐免试制度；五是有些特殊学科专业的单独招生考试权。

但对于扩大研究生招生考试的自主权问题，存在不同认识：一方面，支持者认为，导师才是选拔、鉴别与培养研究生的主体，因而应具有招生决定权。但现今导师的招生选择权被过分限制，录取研究生时，招生办公室虽然会给导师一定的选择性，比如招 2 名学生给 4 个考生的资料，但是这 4 个学生必须达到分数线。即使在这 4 个候选人中，如果导师决定录取第四名而不是第一名，也必须有“充分的理由”，甚至要写出书面的材料。

另一方面，反对扩大研究生招考自主权的论者则强调，在中国这样一个重视人情与关系的社会中，如果没有硬性的指标，往往受到权力与金钱因素的侵蚀，产生权钱交易、暗箱操作等腐败行为。例如，《关于加强硕士研究生招生复试工作的指导意见》明确规定，对有特殊学术专长或具有突出培养潜质以及在科研和相关实践中表现突出者可适当加分，考试成绩不再是唯一的依据。这项改革的出发点无疑是正确的，但如何实施却引起社会各界广泛关注。许多人认为，此项改革有助于刷掉高分低能的人，但因为如何判断培养潜质、如何确定科研突出的标准仍是模糊、不明晰的，也有可能给一些有关系、有门路的人打开方便之门，影响录取的公平、公正。

招生权总是同具体行使者及其所属集团的利益相联系，这就使招生权力的使用面临“异化”的风险，博登海默称之为“附着在权力上的咒语——它是不可抵抗的”。作为公共权力的招生权，其拥有者虽代表公意行使权力，但他（她）首先是一个活生生的自然人，不排除滥用权力的可能性。如果缺乏相应的监督和节制，容易导致招生权力的滥用，滋生招生腐败问题。

从我国研究生教育改革的政策导向来看，扩大高校招生考试自主权是大势所趋。但是，高校在多大范围、多大程度获得招生自主权，以及如何行使

这一权力仍需深入的理论与实践探究。这两个问题又是相互关联的，即招生自主权行使得好，得到社会认同，则有可能在更大的范围内获得更多的自主权；相反，如果自主权行使得不好，得不到社会认同，则自主权就会减少。因此，单纯强调扩大招生自主权，而忽略了对公平公正原则的坚持，反而会缩小自主权的发展空间。为进一步扩大招生自主权，仅仅强调个人的道德自律是远远不够的，我们在赋予学校、院系和导师自主权的同时，也应加强法规与相关制度建设，加强信息公开与社会监督。

研究生招生考试涉及国家、社会、个人和家庭各方面利益，考试公平问题已成为社会关注的焦点。公平体现平等、公正、人权等基本理念，是人类社会永恒的价值追求，也是人类社会发展的重要目标。在我国，人口与资源的矛盾一直是我们长期面临的重大问题，如何分配有限的高等教育资源是一个重要的政治和社会问题。高等教育资源涉及不同社会群体的利益，在高等教育大众化阶段，选拔性考试竞争重心上移到研究生招生考试层面，人们对考试和教育公平的诉求日益强烈。考试公平重要性的凸显，不仅包括考试制度的公平，还涵盖考试实施过程的公平，这些都是不容忽视的。

五、考试组织中的统一性与多样性问题①

近年来，我国硕士研究生招生考试改革中，扩大了初试“统考”科目的范围。2007 年，教育部考试中心根据全国硕士研究生入学考试新大纲要求，把教育学、心理学和历史学 3 个一级学科下所有专业的专业课考试，纳入全国统考科目范围，实行统一命题、考试和阅卷。有关负责人表示，历史学、教育学和心理学 3 门学科专业课参加全国统考只是一个开始，随着研究生入学考试改革的不断深化，各高校研究生招生实行全国统考将是未来趋势。当然，这一改革趋势引起了不少研究者的隐忧。有的论者称之为研究生招生考试的“高考化”，认为考研已成为人生当中的“第二次高考”，很多考研者的大学生活不过是“高三”生活的继续，这种情况在内地一些非名校中尤为严重。这些本科院校往往成为考研培训基地，长此以往，必然对本科教学产生严重负面影响。客观而论，统一考试注重权威性，便于用统一标准衡量所有考生，可比性较强，操作简单方便，而且比较公平。这也是公共科目往往成为决定考生录取与否的关键因素。但“统一”往往隐含着简单化与唯一化，使人才的选拔与鉴别倾向于单一化，无法有效地选拔多样化的人才。这也是推动研究生招生考试不断改革的重要理由，因为创新潜力与学

---

① 覃红霞．研究生招生考试改革中的两难问题［J］．高教探索，2008（2）．

术潜力并非单纯靠考试就能考出来的。

当今研究生招生考试的多样化，主要包括保送与复试两部分。保送也就是推荐免试生，是经教育部确定的部分高等学校按规定推荐本校优秀应届本科毕业生，确认其免初试资格，由招生单位进行复试的选拔方式。推荐免试生制度从1985年开始实行，至2007年具有推荐免试生资格的高校已达230所，推荐免试生比例也不断提高。实行这一制度，有利于扭转唯考试分数的应试倾向，有利于选拔特殊优秀人才。但对于保送制度向来有很多批评。有学者认为："保送生有两种，一种是因为学习成绩优异而保送"，这种"保送生过分偏向于应试型"，学问未必做得好；"还有一种保送生是学生干部、特长生"，这是更不合理的保送，"这样出身的人很少有人能成为好的学者"。随着推荐免试的名额进一步增加，并向重点大学倾斜，一般大学的学生考入重点大学研究生的机会大幅减少，这显然是不公平的，也不利于社会阶层的流动。此外，推荐免试生由于缺乏严格的监督机制，很容易衍生"暗箱操作"的弊端。

复试是招生单位考核和选拔高素质人才的最后环节。2006年，教育部颁发了《关于加强硕士研究生招生复试工作的指导意见》，强化了复试的地位和作用，并首次明确了复试成绩占总成绩的30%～50%，明确了实施复试工作的权力、责任主体和管理职责。复试有利于更加全面而真实地考查考生的表达能力、学术基础与学术潜力。但面试时间短，能在多大程度真实地反映出学生的学术潜力是值得怀疑的。由于缺乏完善的程序规则与指标，面试改革面临尴尬境地。首先，国家统一划定的分数线使大部分招生单位对考生没有太多选择的余地，较少的淘汰率或不淘汰使复试成为形式。其次，即使有的学校初试上线的考生较多，但如何处理好复试与初试成绩的关系仍然是一个难题，以复试成绩不佳的理由而淘汰初试成绩好的考生，招生单位将面临考生、社会的巨大压力。几年前，在北京大学博士生招生中，江苏考生甘德怀以笔试第一名的成绩参加复试却没有被录取，引发了人们对复试的不满情绪，许多考生认为，应该废除研究生招生面试。最后，如何科学确定复试的内容、范围，并有效地组织实施，实现选拔优秀人才的初衷，仍是一个需要不断探索的问题。

由上述可见，统一与多样的矛盾是和公平与效率的矛盾密切相关的。多样化的考试有利于选拔多样化人才，但多样化往往会与公正客观等产生矛盾。特别是在我国研究生招生考试改革的转型期，许多制度还需要进一步改革完善，对于这一问题更应慎重对待。虽然不少学者提出要衡量大学本科期间的考试成绩、写作能力、科研能力、实验能力，但由于缺乏操作性，标准难以确定，往往很难实施。总的来看，在统一与多样之间，应在维护公平的

前提下，逐步实行统一性与多样性的结合，建立政府宏观指导调控、社会有效监督与自我约束相结合的考试制度，并逐步完善考试技术与考试理论。

六、考研功利主义倾向

自1999年实行高等教育大扩招以来，我国高等教育规模迅速扩大。仅2005年，全国各类高等教育总规模就超过2 300万人，其中普通高等教育毕业生达到306.8万人，大学本科毕业生就业压力剧增。[①] 另外，不少企事业单位在用人方面，“唯学历论”思想还比较严重。高校毕业生大量增加后，用人单位纷纷提高录用学历标准，许多本科生完全可以胜任的岗位都要招收硕士，这使得教育竞争的焦点上移，刺激了人们对高学历的追求。为了就业时在学历上增加竞争优势，创造一个较高的择业起点，很多人走上了考研之路。此外，在心理上，高学历往往被当作一种台阶或身份的象征，研究生显得比本科生高出一截，特别是那些在高考竞争中未考取“名校”或理想专业的大学生群体，往往把考研作为实现教育理想的第二次机会。

因此，在每年的考研大军中，大部分考生的兴趣集中在东部发达地区的重点大学的热门专业，在报考学校和专业时，倾向于选择东部沿海地区的重点大学。从近年考研走向来看，报考志愿集中在北京、上海、武汉、南京等少数大城市及重点高校。以2007年硕士研究生报考为例，全国硕士研究生报名人数最多的10个招生单位是北京大学、武汉大学、四川大学、中国人民大学、华中科技大学、浙江大学、中山大学、吉林大学、厦门大学、复旦大学；全国硕士研究生报名人数最多的10个招生专业是工商管理硕士、法律硕士、计算机应用技术、企业管理、外科学、金融学、英语语言文学、行政管理、内科学、通信与信息系统；硕士研究生报名志愿最集中的10个省市是北京、江苏、上海、湖北、山东、广东、辽宁、陕西、四川、湖南。[②] 诚然，东部地区可以提供更好的经济条件以及个人发展环境，名牌高校可以提供优质的教育资源，但人才过分集中必然会产生人才培养质量相对下降以及人才贬值现象，这种状况使研究生招生考试带有极大的功利色彩，也造成我国人力资源地区分布不合理，影响了西部地区的发展。

七、考试安全管理问题

考试安全是制约与影响考试公平的主要因素之一。我国招考制度在考试

① 张亚群．大众化阶段研究生招生考试的趋向[J]．学位与研究生教育，2007（1）．

② 伍雨竹．2007年全国硕士研究生招考的特点及其启示[J]．宜春学院学报：社会科学版，2007（5）．

安全管理方面也存在缺陷。尤其是招生单位自命试题，在保密制度上存在漏洞。每年研究生招生考试结束后，网上都会出现大量有关泄题事件的相关报道，如2004年北京某大学自主命试题泄露、2005年考研英语作文被提前押中等事件以及2012年的考研泄题事件，都成为大众关注的焦点问题。这些暴露出研究生招生考试存在的安全隐患。

在考试过程中，考试作弊问题突出，考试作弊屡禁不绝，各种作弊手段层出不穷，甚至是有组织、成规模地利用现代化技术手段作弊，如利用手机、对讲机等无线通信工具作弊。这不仅严重影响考试的公平性，而且破坏了社会管理秩序。

第二节　学术型文科硕士生招考满意度调查及改革建议[①]

我国学术型文科硕士生专业包括哲学、经济学、法学、教育学、文学、历史学、管理学等。这类研究生招生考试起源早、规模大，选拔标准存在较大差异。如何提高规模化培养模式下学术型研究生招生选拔的效度与信度，促进创新人才培养，需要从理论与实证的层面进行深入探析。为了考察与掌握考生、指导教师及培养单位对现行文科硕士生招考方式的评价，推进创新人才的选拔与培养，本书第一作者主持的课题组，于2008年9月至2009年5月间，对国内10所高校进行问卷调查和专家访谈。所得出的相关结论，对于推进我国研究生招生考试改革具有一定的参考价值。

一、问卷调查与访谈的实施概况

此次研究生招考满意度的问卷调查范围，包括“985工程”院校8所及“211工程”非“985工程”院校1所、普通院校1所，学校所在地包括北京、上海、天津、广州、湖北、甘肃、陕西、福建、江苏等9省（市），基本涵盖了我国东、中、西部的各类具有研究生招生资格的院校；调研对象为研究生导师、博士生、硕士生、高年级本科生和招生办工作人员等，具有较高代表性。此次共发放问卷4 200份，问卷分为导师卷、博士生卷、硕士生及本科生卷三类，其中导师卷800份，博士卷1 000份，本硕卷2 400份。共回收有效问卷2 352份，总回收率为56.0%，其中导师卷231份，回收率

---

① 王康平，张亚群，郭如梅．学术型文科硕士生招生考试改革探析［J］．学位与研究生教育，2010（2）．

为28.9%；博士卷576份，回收率为57.6%；本硕卷1 545份，回收率为64.4%。

在访谈调查中，课题组召集多场研究生导师、在校研究生、2009年研究生考生、招考工作者等相关人员座谈会，辅助以电话访谈，着重听取其对文科研究生招考方式的评价和建议；探讨若干种改革方案的利弊及可行性。

本次问卷调查和访谈分为文科的硕士生入学考试和博士生入学考试两大部分，由于硕、博招考模式、科目、标准及调查结论均存在较大的差异，因此，本节仅探讨硕士生入学考试的调查结论。有关学术型文科博士生入学考试调研结论，另文专论。

二、相关调研结论

（1）研究生导师、考生、招生工作者对现行文科硕士生入学考试方式总体上较满意。

分项统计表明，对以笔试为主的初试考试方式满意度：高年级本科生和硕士生（以下简称本硕生）很满意和满意者占58.2%，不满意和很不满意者占11.2%；导师很满意和满意者占56.2%，不满意和很不满意者占7.9%。

对笔试+面试的复试方式满意度：本硕生很满意和满意者占68.0%，不满意和很不满意者占4.1%；导师很满意和满意者占75.5%，不满意和很不满意者占4.0%。

（2）调查发现，师生们在对现行考试制度给予正面评价的同时，又表达了需要改革的意愿。76.2%文科本硕生、77.8%导师认为，文科硕士研究生入学考试应改革，其中最需要改革的是考试制度和科目设置。这说明，现行考试录取体系中仍有部分环节需要完善、提高。

（3）本硕生认为，理想招考方式的前5位顺序是：全国硕士生统考（凭统考成绩录取）、全国统考或联考+招生单位复试（类似MBA联考）、初试+复试（现行考试方式）、第三方组织资格考试+招生单位录取（类似GRE考试）、本科阶段成绩+招生单位审核录取（部分英联邦国家模式）。

导师的看法有所不同，其理想招考方式前5位顺序是：初试+复试（现行考试方式）、全国硕士生统考（凭统考成绩录取）、本科阶段成绩+招生单位自行考试录取、第三方组织资格考试+招生单位录取（类似GRE考试）、全国统考或联考+招生单位复试（类似MBA联考）。

（4）对研究生考试各环节公平性的满意程度略有差别。

本硕生对考试各环节公平性的满意程度排序为：笔试环节（58.1%）、录取环节（53.3%）、复试环节（49.9%）、调剂环节（33.3%）。而不满意

程度排序为：调剂环节（20.2%）、复试环节（13.4%）、录取环节（10.1%）、笔试环节（8.9%）。

导师对考试各环节公平性的满意程度排序为：录取环节（56.2%）、笔试环节（53.7%）、复试环节（49.9%）、调剂环节（35.7%）。而不满意程度排序为：调剂环节（9.6%）、笔试环节（9.4%）、复试环节（7.8%）、录取环节（7.4%）。

由上可见，师生对初试、复试、录取环节的满意度均在50%左右，不满意度均低于15%。而师生对调剂环节的认可程度较低，满意率分别为33.3%和35.7%，不满意度分别为20.2%和9.6%，可见考生和导师对调剂环节的意见较大。对调剂环节流程不满的主要原因是：调剂信息不及时、不明确、不公开，存在暗箱操作的可能性；调剂环节时间过于紧张，难以参加目标培养单位的复试等。

三、学术型文科硕士生招考改革建议

我国学术型硕士生招考规模大，涉及考试与教育公平、招生效率及创新人才培育诸多方面，需要统筹兼顾。针对本次调查研究所反映的文科研究生招考评价意见，结合国外研究生招生选拔的发展趋势，我们提出以下改革建议：

第一，在目前学术型研究生录取率较低的情况下，继续采用现行初试统考模式，并改善初试、复试、调剂、录取各环节。

现行“统考+复试”招考方式是在研究生招生考试的长期实践中逐渐形成的选拔模式，比较符合我国研究生招考的实际需要，其社会认可程度实非任何一种其他考试方式所能取代。这种招生模式的优点在于，初试采用全国统一考试方式，凸显和保障招生选拔的社会公平性；同时辅以复试方式，满足专业考查的要求，提高考试选拔创新人才的效率。这是一种统筹兼顾的考试模式。

调研发现，该招考方式也存在一些不足之处，迫切需要加以改善。具体改革建议是：

（1）在考试方式方面，建议进行考试内容分工：初试主要考查考生的专业基础与知识面，复试主要检测学术性向、思维敏锐性与研究能力。可以择机尝试每年安排2次初试，成绩有效期2年，以增加考生和培养单位的选择性。

关于初试与复试占总成绩的比例问题，调研发现导师与考生之间产生较大分歧。考生特别是普通院校的考生认为，初试应占较大比例。理由是：初试采用全国统考模式因而较为公平，而复试中有暗箱操作的可能性。较多导

师和重点高校的考生希望复试中的面试应占较大比例，理由是：初试的统考模式更为鼓励应试教育，而复试（特别是面试）才可能筛选出有专业潜质的考生。部分导师甚至认为，应当以推荐为主，取消统考，加大面试分值，落实导师命题权等。

我们建议：复试成绩占总成绩的权重，应兼顾考录双方的需求，根据学科专业特点，保持一定的选择度，控制在40% ~60%之内。该权重比例应由各培养单位自行决定并在招生方案中预先向社会公布；复试中，培养单位应加强对考生学术性向、思维敏锐性和研究能力的考查与检测。

（2）在考试内容方面，建议参考导师和考生们的共同意见，适当降低公共课程（特别是英语和政治）的分值比例，降低公共课程的考试难度和录取门槛，使更多的考生可以依据较佳的专业课成绩获得复试的资格。在初试英语的考试内容中，增加专业英语应用能力部分的分值。在专业课考试内容中，减少背诵记忆的比例，多形式考查学术潜质。

（3）在考试过程方面，建议提高复试的透明度，特别是及时公开复试的标准、分数和录取结果，加强复试监督和惩治招考舞弊的力度。

（4）适当提高复试人选的比例。考生和导师对“统考＋复试”模式的满意度较高，显示出该模式比较适合当前国情，而对其所表达的非议，主要集中在参加复试的人数比例及复试成绩在录取中的权重上。教育行政管理部门一般规定，统考分数达到最低控制线，且在培养单位招生计划数120%或更高比例的考生，才有复试资格；研究生基层培养单位普遍认为，120%的复试人数比例偏低。在座谈中，导师们普遍认为，150%或200%的复试比例更为恰当；复试成绩占总成绩的权重为30% ~70%更为恰当。这里同样涉及研究生招考公平与效率的两难问题，需要采取相应的配套举措，保障公平竞争。

在切实保障复试公平竞争的前提下，建议选取招生计划数150%的考生进入复试环节，扩大培养单位的选择面；同时考生本科阶段的学习成绩排名和综合能力评价也应在总成绩中占一定的分值。

为保证研究生培养单位获得优质生源，在完善选拔制度的前提下，建议适当提高重点高校的报送研究生比例，如研究生院高校可以提高到30% ~50%。其理由是：重点高校的本科教育水平较高，生源素质较高。

（5）改善文科硕士研究生招生模式的调剂环节流程。建议进一步完善全国研究生考试官方网站，及时、准确地公布考生成绩、综合排名、调剂政策、预录取等相关信息。适当延长调剂环节的时间，以利于考生赴不同培养单位参加调剂复试。优化调剂录取的流程设计，增强对调剂环节的透明度要求和公平保障。

（6）在录取过程方面，建议录取时能参照本科成绩与表现；建议采取多种形式，尽量落实高校和导师的招生自主权。

第二，择机开始新型考试录取模式试点。

根据国外高校研究生招考的经验，在研究生录取率较高时，教育机会公平的矛盾不突出，可以采用综合评价模式进行录取。

建议当考录比达到 2∶1 时，开始改革现行考试录取模式，实行“学习能力测试 + 培养单位复试 + 本科学习成绩及能力考查”的综合评价录取方式。其中，学习能力测试（或称“全国研究生入学资格考试”）可以由国家教育考试中心等第三方组织，每年可举行若干次考试（类似普通 GRE），考试成绩 2 ~3 年内有效。考生可以选择最高成绩向研究生培养单位申请入学。

研究生录取工作每年举行一次。程序是考生个人申请、研究生培养单位初审、培养单位举行复试、培养单位根据综合评价录取方式排序录取。

研究生培养单位把学习能力测试作为录取的重要考虑因素，仅通知超过一定分数的申请者参加复试，参加复试总人数应遵循教育行政管理部门规定的比例（例如 150%）。复试主要是考查专业潜能和科研能力。本科学习成绩及能力考查，主要通过学生成绩单、班级排名、教师推荐信和所在学校该专业的教学水平来综合考查，以可换算的分数模式占总成绩的一定比例。该模式的特点是：以学习能力测试成绩为门槛，以培养单位复试为主要录取依据，参照本科阶段学习成绩和能力表现，综合考查录取。值得注意的是，这种新的招考模式的实行，需要基本的社会诚信、学术诚信和法治保障。

实施该招考模式需要制定系列配套改革细则。首先是公开制度：各环节都应有详细的规则、可量化分值、事前公示制度等。其次是工作制度：可以实行专家库、标准程序等制度，避免考生事先“做工作”。再次是责任追究制度：事先制定规则，奖惩有度。

第三节　大众化阶段研究生招生考试的演化趋向

研究生招生考试作为研究生教育的重要基础，关系到高层次人才培养质量、科学技术创新、高等教育均衡发展以及社会公平诸方面，是高等教育考试理论研究和实践探索的重要内容。研究生招生考试的制度变革受教育内外部因素制约，其中高等教育规模扩张的影响不容忽视。近几年来，在科教兴国战略和高等教育大众化进程的推动下，我国研究生教育发展迅速，研究生招生考试的地位、类型、科目组合、标准与影响随之发生新的变化。总体来

看，现阶段研究生招生考试的演化呈现以下三大趋向。①

一、选拔性教育考试的重心上移

在大众高等教育体系中，研究生教育属于较高层次的学位教育，担负着培养高层次人才的职能。研究生招生考试是研究生教育的重要基础，它具有选拔性教育考试的性质。在精英高等教育阶段，由于人们接受高等教育的机会较少，高等教育入学选拔的重心在普通高校的招生考试，其中以重点大学本科及热门专业的招考竞争最为激烈。跨入高等教育大众化阶段后，随着大学教育规模日益扩大，普通高校招生考试竞争总体上呈下降趋势，而报考研究生的人数骤增，高等教育选拔性考试竞争的重心逐渐上移。这是改革开放以来我国高等教育招生考试的基本特征，也是当今研究生招生考试演化的一个重要趋向。

恢复高考制度之初，受“文化大革命”时期高校停止招生、高等教育资源严重短缺和经济发展水平低等因素影响，普通高校招生考试竞争十分激烈。据有关资料测算，1977—1982 年，普通高考的录取率徘徊在 4.8% ~ 8%之间。20 世纪 80 年代中期至 1998 年，高考录取率开始从 11.6% 升至 36%（个别年份达 39.3%），高考竞争程度虽有所缓解，但就考试竞争的范围和影响而言，依然是高等教育选拔的重心所在。同期的研究生招生，选拔严格，生源质量高，但因考生和招生人数少，考试竞争和社会影响相对较小。1985 年、1986 研究生报考人数有 16 万 ~ 18 万人，其招生数首次超过 4 万人。其后研究生报考人数下降，招生规模一直在 2 万 ~ 4 万人区间波动，1994 年才达到 5 万人。1994 年研究生报考人数有 11.2 万人，录取率为 45.3%。其后随着报考人数的增多，研究生录取率降至 1997 年的 26%。

随着高等教育的连续大扩招，高考录取率大幅上升。1998—2005 年间，高考报考人数年均增长 11.58%，高考录取人数年均增长 23.75%，后者高于前者 12.17%。同期，受高等教育规模扩张等因素驱动，我国研究生报考人数快速增长。从 2001 年开始，研究生报考人数以年均约 16 万的增速持续扩张；2005 年考生首次突破百万大关，比上年增加 22.5 万人。2006 年考生增幅略减，也达到 127.5 万人。

1998—2005 年间，研究生报考人数年均增长 23.31%，研究生录取数年均增长 27.04%，后者高于前者 3.73%。2006 年至今，研究生录取率与高考录取率的差距不断扩大。在此情形下，高考与研究生的录取率差距逐渐扩

① 张亚群．大众化阶段研究生招生考试的演化趋向[J]．学位与研究生教育，2007（1）．

大，研究生入学考试竞争激烈程度明显高于高考竞争，如表 7 - 2 所示。这一教育现象已引起教育界和社会的广泛关注。

表 7 - 2　1998—2012 年普通高考与研究生招考录取率比较

年份	高考报考人数/万人	高考录取率/%	研究生报考人数/万人	研究生招考录取率/%
1998	320. 2	36. 2	27. 4	26. 3
1999	340. 4	49. 4	31. 9	28. 8
2000	388. 5	56. 8	39. 2	32. 8
2001	453. 5	57. 3	46. 0	35. 9
2002	520	61. 5	62. 4	32. 5
2003	620	61. 6	79. 7	33. 7
2004	732	61. 1	94. 5	34. 5
2005	867	58. 2	117. 0	31. 2
2006	950	57. 5	127. 12	26. 9
2007	1 010	56. 1	128. 2	28. 1
2008	1 050	57. 8	120	32. 2
2009	1 020	62. 7	124. 6	36. 0
2010	957	69. 2	140. 6	33. 7
2011	933	73. 0	151. 1	32. 7
2012	915	75. 3	165. 6	31. 5

资料来源：①张亚群．大众化阶段研究生招生考试的演化趋向[J]．学位与研究生教育，2007（1）：20. ②根据历年全国教育事业发展统计公报及有关资料整理。

从上表对比可见，高考录取率远远大于研究生招考录取率，两者差距逐渐扩大，选拔性教育考试的重心上移。这一发展趋向，除了受大众高等教育规模扩张这一基本因素推动外，还受经济社会发展程度、文化教育传统、区域高等教育发展不均衡的影响。进入高等教育大众化阶段，我国已跃居世界高等教育第一大国。2012 年全国各类高等教育总规模超过 3 325 万人，高等教育毛入学率达到 30%，普通高等教育毕业生达 624. 73 万人，就业压力逐年增大。为了暂时避开激烈的就业竞争，为了创造一个较高的择业起点，不少大学毕业生走上考研之路。虽然也有一些考研者主要出于对学术研究的爱好与追求，但受家庭和就业等社会因素影响而考研者不乏其人。后者更多地反映了“重术轻技”“读书至上”等传统观念以及“名校情结”、从众与攀

比心理等因素的潜在作用。此外，部属重点高校分布和区域高等教育发展的不均衡，也是导致“考研热”兴起的重要因素。在高考竞争中未考取“名校”或理想专业的大学生群体，往往把考研作为实现教育理想的第二次机会，而高等教育欠发达省份则成为考研的主要生源地。

从近年考研走向来看，报考志愿集中在北京、上海、武汉、南京等少数大城市及重点高校。据北京教育考试院统计，① 2013 年硕士研究生招生，全国有 271 238 人报考北京，较上年增加 1 683 人，增幅 0.6%。其中北京大学等 9 个招生单位报考人数超过万人。在这些考生中，应届本科毕业生 161 850人，占全部报名人数的 59.7%；外埠考生 158 980 人，占 58.6%，其中山东、河北、河南报考人数逾万。该项统计显示，居各专业报考人数之首的是工商管理，考生达 15 660 名；其次为法律硕士，报考者有 7 357 名；报考会计硕士专业学位的人数为 6 595 人。报考人数居第 4 ~ 10 位的专业依次为金融学、计算机科学与技术、公共管理、材料科学与工程、金融、会计学和信息与通信工程。

由上述可见，进入高等教育大众化阶段后，选拔性教育考试的重心开始从本科招生移向研究生招生，后者考试竞争的程度，随学位类型、选拔方式、招考单位、学科、专业及生源分布而存在一定差异。这一演化趋向对于研究生招生考试的安全管理和公平公正性提出了新的挑战，我们应积极探索有效的应对策略。

二、学位类型分化与招生标准的多样化

受高等教育传统和办学模式影响，各国学位类型、名称及实施办法不尽相同，并随着高等教育的发展而演变。我国自 1978 年恢复研究生招生以来，在改革开放政策和经济、社会、文化、教育事业发展的推动下，学位类型逐渐从单一的学术型学位走向分化，专业学位与学术型学位并列，国内学位与中外合作授予的学位并存，各类研究生的招生标准呈现多样化。这是当今我国研究生招生考试发展的又一趋向。

1991 年之前，我国研究生招生以学术水平为主要选拔标准，以培养从事高校教学和学术研究的高层次人才为目标，按《学位条例》规定，授予相应的硕士、博士学位。1991 年工商管理硕士专业学位的设立和试办，打破了研究生学位类型的单一性。其后，相继设立建筑学硕士、法律硕士、教育硕士、工程硕士。在此基础上，1997 年 7 月，国务院正式公布了《专业

① 凤凰网．2013 年考研全国 27 万人报考北京院校 MBA 人数居首．http://edu.ifeng.com/kaoyan/news/detail_2013_09/23/29812462_0.shtml.

学位设置审批暂行办法》。它规定，专业学位是作为一种具有职业背景的学位，是为培养特定专业高层次专门人才而设置的，也分为学士、硕士、博士三级。与学术型学位所不同的是，专业学位所授予的大多在硕士层次，攻读专业学位多为在职人员。此外，受加入世贸组织和中外合作办学的影响，中外联合培养的学位增多。其中以硕士层次的国际合作授予学位为主流，以工商管理、计算机、国际会计等国内急需专业人才居多数。这种现象显示，“授予的学位层次多样，学科多样及相关政策会更为灵活，带有与国际学位制度接轨的国际化特征”①。由此形成了我国研究生学位类型的多样化结构。

我国学位类型的分化和专业学位的发展，除了受高等教育国际化的影响，借鉴欧美等发达国家研究生教育的成功经验之外，也是高等教育大众化发展的结果。大众高等教育的发展，既为研究生教育发展提出新的要求，也为学位类型的分化提供了必要条件。随着社会经济、文化的发展，不仅需要培养具有创新能力的基础理论研究人才，也需要更多从事应用研究的高层次人才。许多在职人员需要通过不同的入学选拔途径，获得更高层次的规范的职业教育，学习更多应用知识和专业技能。从高等教育大众化和专业学位的发展进程来看，二者具有明显的关联性。以 1999 年普通高校大扩招为分界点，此前 8 年间，我国共设立 MBA、临床医学硕士、博士等 6 种专业学位；而 1999—2005 年间，共设立 10 种专业学位，包括农业推广硕士，兽医硕士、博士，口腔医学硕士、博士，以及公共管理、公共卫生、军事、会计、体育、艺术、风景园林等硕士。2006 年，我国对药学、翻译两个专业学位进行论证，并列入国务院学位委员会当年的工作计划。2010 年 1 月，国务院学位委员会第 27 会议审议通过了金融硕士等 19 种硕士专业学位设置方案，决定在我国设置金融、应用统计、税务、国际商务、保险、资产评估、警务、应用心理、新闻与传播、出版、文物与博物馆、城市规划、林业、护理、药学、中药学、旅游管理、图书情报、工程管理等硕士专业学位。2011 年 2 月，国务院学位委员会第 28 次会议审议通过设置审计硕士。至此，我国已有 39 种专业硕士学位。

专业学位研究生教育的兴起，适应了我国高等教育大众化阶段人力资源开发的市场需要。至 2005 年底，全国共设立 16 种专业学位，招生单位达 398 个，已毕业并获得专业学位者近 15 万人，约占已毕业研究生总数的 15%。此后，每年招收专业学位研究生约 8 万人，在读专业学位研究生约

---

① 伊继东，张宝昆．中国学位制度多样化结构与演变动向［J］．云南师范大学学报：哲学社会科学版，2005（2）．

24 万人。[①] 专业学位研究生招生单位最多者为工程硕士，有 202 个；其次为工商管理硕士，有 96 个；临床医学硕士、公共管理硕士、农业推广硕士、法律硕士、教育硕士分别有 85 个、83 个、53 个、50 个、49 个。一些专业硕士的社会需求旺盛。如项目管理工程硕士，自 2003 年清华大学和北京航空航天大学试办后，每年有数十所高校申办，招生规模大，考生成绩好。在 2005 年 10 月举行的项目管理工程硕士入学考试中，考生有 1. 3 万人，是 38 个工程硕士领域中报考人数最多的专业，录取分数排名前列。[②]

学位类型的分化促进了招生标准的多样化。由于培养目标及人才类型不同，专业学位与学术型研究生在报考条件、招生标准、选拔途径等方面存在较大差异。以硕士层次为例，2006 年在职攻读硕士学位全国联考的报考条件要求：国民教育序列大学本科毕业（一般应有学士学位），须从事相关工作实践 3 年以上，会计硕士、高等学校和中等职业学校教师在职攻读硕士要求 2 年以上；工商管理硕士要求 5 年以上；若为专科学历或本科毕业未获得学士学位，则增加其工作年限的要求。而学术型研究生报考条件并无工作年限的要求。

从招生标准来看，学术型研究生招生侧重学术标准，精英教育阶段一直遵循“宁缺毋滥”的原则；大众高等教育阶段研究生招生数量快速增长，学术型研究生的招生质量有所下降，但比较而言，对于外语水平、专业理论基础和科研潜力的要求仍较高，考试竞争较激烈。相比之下，专业学位研究生招生强调相关专业的工作经验、知识应用能力，而降低对外语水平、学术理论的要求，入学门槛较低。在招生评价体系上，也存在一定的差异。如公共管理硕士入学选拔主要采取全国联考方式，注重面试作用，考虑工作经验等因素，录取过程更强调对综合素质的考查。

学位类型与研究生招生标准的多样化，产生多重影响。对于大学毕业生而言，扩大了读研深造的选择面；在职人员可以结合工作需要及个人特长，报考不同类型的研究生。就招生单位来说，需要增强研究生招生的针对性，改革和完善入学考试方式方法，择优选才。从国家研究生招生政策层面来看，则应加强研究生招生的宏观控制和质量评估，既要满足不同考生的求学愿望及不同人才的社会需求，也应确保各类研究生的培养质量。

---

① 吴启迪．抓住机遇　深化改革　提高质量　积极促进专业学位教育较快发展［J］．学位与研究生教育，2006（5）．

② 沈勇．公共管理硕士（MPA）入学标准有效性研究［J］．中国行政管理，2005（5）．

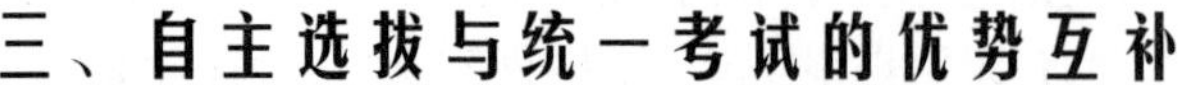

三、自主选拔与统一考试的优势互补

研究生招生选拔方式多种多样，各有其适用性。各国研究生招生选拔制度虽有某些共性，但因文化传统、社会环境不同而形成明显差异。即使在一国之内，研究生入学选拔方式也随学位类型、层次及高等教育发展阶段的变迁而不断变革。只有从国情出发，遵循高等教育和选拔性考试的发展规律，才能更好地把握研究生招生考试的改革导向。回顾改革开放以来我国研究生招生考试的演化历程，不难发现，除了博士生招生一直实行自主选拔外，硕士研究生的招生选拔方式，逐渐从招生单位的自主选拔向自主选拔与国家统一考试互补的方向发展。

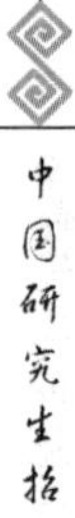

在硕士生招考方面，自 1980 年开始，在招生单位自主命题招考的基础上，将政治理论、外国语科目改为国家统一考试。1983 年开始统一初试时间，要求实行全面复试，并在部分学科和专业试行统一的综合考试。1985 年增加推荐免试入学，次年增设在职人员单独考试。从 1999 年开始在部分学科试行在职申请硕士学位的学科综合水平考试，包括同等学力人员外国语水平全国统一考试和相应学科的同等学力人员学科综合水平全国统一考试；2004 年此类综合水平考试扩大到 27 个学科。

硕士专业学位设立后，我国逐步建立和完善“两段制”的入学选拔考试制度。第一阶段为全国联考，由教育部批准的专业机构或由国务院学位办组织相关的统一考试；第二阶段是由各招生单位组织的专业考试。各专业学位的录取分数线由招生单位自定，接受社会监督和评估。

从专业学位招生统一考试类型来看，主要有 MBA 联考、法律硕士联考、工程硕士联考等。1997 年，根据工商管理专业特点，国家教委高校学生司委托国家教委考试中心负责 MBA 全国联考工作。联考科目为英语、数学、管理、语文与逻辑 4 门。此后，开设法律硕士联考，由专业学位教育指导委员会统一命题、阅卷。2001 年 10 月，公共行政管理专业学位教育指导委员会首次组织 MPA 全国联考。会计硕士等也须先参加全国统一组织的外语及业务考试。2003 年，国务院学位办推出在职人员攻读工程硕士专业学位的研究生入学资格考试（GCT）。考题均为客观选择题，主要测试语言表达、数学基础、逻辑推理和外语运用等基本能力，知识面覆盖哲学、经济学、法学、教育学等 12 个门类，考试成绩 2 年有效。2004 年、2005 年，农业推广硕士、兽医硕士和高校教师在职攻读硕士学位招生也采用这一考试。

实践证明，不同专业学位的“两段制”入学选拔模式，既发挥了国家统一考试的优势，也赋予招生单位更多的自主权，调动其办学积极性。相关研究显示，公共管理硕士入学选拔，“从具体入学选拔因素看，联考成绩、

面试成绩对学习成绩的预测是显著的，即研究生入学考试（联考）是有效的”。[①] 工程硕士入学考试，“兼顾标准的统一性和灵活性、内容的基础性与应用性、制度的公平性与效率性和考试权力的自主性与调控性”，这些成功经验对全日制硕士入学考试具有一定的借鉴意义。[②]

就学术型硕士生入学考试的演化趋向而言，近年来，为适应高等教育规模扩张和研究生教育发展的需要，正在进行新一轮的改革。其基本导向表现为，扩大招生自主权与增强初试统一性并举，实现二者的优势互补。改革的主要举措包括：2003 年将初试科目由 5 门减为 4 门；授权 34 所重点高校自定初试分数线；加强复试规范管理，推行差额复试，2006 年将复试成绩的录取权重提高到 30% ~50%；自 2007 年始，将教育学、历史学和医学 3 个学科门类的初试科目由 4 门调整为 3 门，除政治理论和外国语不变外，原来的两门专业课考试将合并为一门专业基础综合考试，由以往各招生单位自主命题、自主阅卷调整为全国统一命题、统一考试。调整后的专业基础综合科目满分值变为 300 分，主要考试内容为专业基础理论、基础知识和基本技能。[③]

扩大招生自主权与试行初试全国统考，二者看似矛盾，实则相辅相成。它反映了大众化阶段研究生教育的基本要求和人才选拔的时代特征。一方面，研究生教育不同于本专科教育，各学科、专业特点及研究方向差异较大，对于考生的研究能力、综合素质、学科适应性的要求更高，因此，国家应赋予招生单位充分的招生自主权，统一考试不能完全代替自主选拔。

另一方面，统一考试在研究生初试中的适用面将不断扩大。这是因为，研究生招生考试作为一种教育测量手段，是一门专业化的社会活动，需要相应的专门知识和专业技能；招考适当分离，有利于公平、高效地选拔人才。在大众高等教育阶段，考研人数逐年攀升，且集中于一些名校，初试由高校自行命题、阅卷，不仅增加招考单位的人力与经济成本，而且在考试安全管理、考试信度与效度以及成绩的可比性等方面，均出现新的亟待解决的问题。在研究生入学选拔的第一阶段（初试），实行某些学科专业的全国统一考试，可以减少高校和科研院所低水平的重复命题、考试，有效地提高专业课试卷命题质量，大大节约招生单位和考生的考试成本，使众多考生在备考复习的过程中更有针对性、目标性；初试全国统考，其成绩具有可比性，对

① 沈勇．公共管理硕士（MPA）入学标准有效性研究［J］．中国行政管理，2005（5）．

② 周建民，宋丽．试论我国工程硕士入学考试对全日制硕士入学考试的启示［J］．高等农业教育，2006（1）．

③ 2007 年考研初试三学科重大变革［N］．中国教育在线，2006－07－03．

各地考生更加公平、公正，能够有效减少和避免部分招生单位在招生录取中的暗箱操作，更加客观地选拔人才。

总之，在高等教育大众化阶段，研究生招生考试的规模、竞争程度、招生标准和选拔方式正在发生新的变化。考察和分析大众化阶段我国研究生招生选拔的基本特征和发展趋向，有助于明确研究生招生考试的性质与功能，把握研究生招生与考试改革的正确导向，因势利导，选拔和培养更多的创新人才和高层次应用型人才。

经过 30 多年的发展，我国研究生教育培养出一大批高层次专业人才，为科学、技术、经济、教育、文化发展做出了巨大贡献。为了进一步提升研究生教育质量，促进考试与教育公平，需要继续改进招生考试内容，建立以能力考核为主的考试体系，扩大培养单位及导师的招生自主权；同时，加强招生考试法治建设，完善对研究生自主选拔的监督和管理，保障招生与考试的公平、公正。

学术型硕士研究生招生考试旨在选拔具有研究潜质的学术人才，既要注重考试选拔效度，又要保证招考公平公正。其招考制度改革，既受到研究生教育规律和选拔性考试发展规律的制约，又受到政治、经济、文化因素制约。通过对我国硕士招生考试历史与现状的考察，我们发现，高等教育扩招前后，硕士研究生招考政策发生重大变化。扩招之前，硕士研究生作为研究生教育的一个独立层次，主要是单一的学术类型，在国家经济建设中具有重要地位，肩负着培养高层次人才的重任。它以学术水平为选拔标准，以质量为生命线，严格控制招生规模，宁缺毋滥。扩招以后，尤其是进入高等教育大众化阶段，硕士研究生招生考试的地位、类型、标准与影响发生重大变化。随着高等教育规模扩张，选拔性考试重心上移至研究生招考。研究生招生类型分为学术型与专业型，不同类型硕士生招生也按照不同的标准区别对待。“专业学位研究生招生强调相关工作经验、知识应用能力，而降低对外语水平、学术理论的要求，入学门槛较低”①；学术型研究生招生，对外语水平、专业理论基础和科研能力的要求仍然较高。学术型硕士研究生招考面临新的挑战，成为社会关注焦点，也意味着研究生选拔考试的社会影响力增大。

四、初试与复试的关系需做进一步协调

初试与复试的关系，实际上反映的是考生书面表达能力与口头表达能力

① 张亚群．大众化阶段研究生招生考试的演化趋向［J］．学位与研究生教育，2007（1）：21.

的关系。不同的学生，其口头表达能力与书面表达能力并不一致，有相当一部分考生口头表达能力与书面表达能力相差很大。一些在初试中表现较好的学生，在复试中却表现一般；一些在初试中表现一般的学生，在复试时表现出色。复试成为硕士研究生招生工作的重要一环，是保证招生质量的一项必要措施，是进一步考查学生的专业知识、综合素质及能力的手段，而不只是初试的辅助手段。

然而，目前研究生招生选拔以初试成绩为主，复试成绩为辅，且复试所占比重较低，不能很好地发挥检测功能。近年来，各招生单位积极采取措施提高复试在研究生选拔中的权重，使得复试发挥越来越重要的作用。有的院校甚至采用复试成绩一票否决的方式，如兰州大学、厦门大学等高校均实行这一政策。这是值得肯定的经验。

由于研究生招生复试既有检测、选拔的功能，也具有重要的教育导向功能，对大学本科教育与大学生学习方式产生潜在的影响。因此，应加强研究生招生复试工作的规范性，减少研究生招生复试的随意性，切实保障公平竞争。第一，必须明确复试测量的学术范围与能力层次，保证复试的信度与效度。科学选择考试内容，提高考试信度。第二，严格考试管理，制定合理评分标准。第三，合理确定初试成绩、复试成绩的比重。第四，加强复试过程的监督与管理，杜绝各类不公正现象的发生，增强复试的公平性。通过扩大初试上线考生数量，增加复试难度，来解决初试的偶然性、复试的片面性问题，使具有真才实学和创新能力的考生脱颖而出。建议国家适当宽划初试分数线，扩大初试上线考生的比例，使各招生单位能有足够的上线生源可供选择。如果没有足够的生源可供选择，复试只会流于形式，差额复试也就成了一句空话。因为数量是质量的基础和保障，没有一定的数量就不可能有很高的质量，只有有了充足的数量，才有可能选拔出高质量的合格人才。这样，就可打破研究生招生中只重初试不重复试的现象。从另一个角度讲，实际上也就是降低了初试的权重，而增加了导师在差额复试中的影响力。①

五、考查知识与考查能力趋于同等重要

研究生作为高水平的专业人才，应该掌握扎实的学科基础知识。学科基础知识是研究生学习的首要内容，只有熟练地掌握了学科基础知识，才能更好地与其他学科知识相结合，更好地解决实际问题。如果学科基础知识不完整、不扎实、不宽厚，就会直接影响本学科专业知识的深入学习。因此，学

① 梁大战．我国研究生招生考试制度中的问题与改革策略［J］．教书育人，2008（24）．

科基础知识掌握得如何，直接影响到更高层次学习的质量，并影响到掌握完整的学科知识体系。重视基础知识的要求，正是出于对研究生创新能力培养的考虑。创新是建立在一定基础上的，离开了基础，创新就无从谈起。①

为了更好地解决研究生创新能力的培养问题，近年来，教育部要求加大推免生工作力度，重点是进行推免生工作机制创新，逐步建立注重质量、鼓励创新、突出特色、扩大交流的推免生工作激励机制。在推免生名额分配和推免政策的制定上，要向拔尖创新人才、高水平学科以及特色专业倾斜。推荐和接收过程中要加强对考生创新精神、实践能力和学术专长等方面的考查，避免单纯强调学业成绩的做法。要不断深化复试改革，加强对考生专业能力、创新精神和综合素质的深度考查，充分发挥复试在创新人才选拔中的作用。要根据学科特点和生源情况，科学制定复试内容、办法，适当确定招生比例，生源充足的招生单位可以适度扩大差额复试比例。要引进教育评价和心理测量等手段，探索科学的多元评价考核体系，提高复试工作的专业化程度，着力解决复试有效性问题。②

重视对研究生创新能力和实践能力的考查，从一个侧面说明创新能力的培养必须建立在坚实的基础之上。为此，首先应培养研究生的创新意识。创新意识是创新能力培养的前提，当前研究生缺乏创新意识和创新的热情，其原因是多方面的：其一，我国传统的教育思想和教学模式不重视学生创新能力和创新意识的培养，束缚了人们的创新思维；其二，学生的知识结构和能力结构制约了创新意识的萌发，导致研究生知识面窄，动手能力、科研能力差；其三，缺乏有效激励创新的机制，不能很好地调动学生的创新积极性。在研究生培养的各个环节上，应强化研究生的创新意识，建立有效激励创新的机制，鼓励创新，并通过严格的竞争和淘汰机制，调动研究生创新的主动性。③

近10多年来，随着研究生招生规模扩张，研究生整体质量下降成为制约创新人才培养的瓶颈，这与招生数量增长过快、选拔方式不尽合理及培养机制缺乏活力直接相关。由于研究生招生考试的初试只在划定的参考书范围内考查知识，忽视学术性向和科研能力的检测，加之初试专业科目成绩区分度不够，过分强调外语尤其是英语的选拔功能，导致一些综合素质较好、具有科研潜能的考生被拒之门外，这不利于选拔创新型人才。

为了提高选拔效度，改善生源质量，必须改革研究生招生选拔方式，制定适合创新型人才培养所需要的录取标准。研究生教育的性质与目标，决定

①② 车如山．研究生招生改革要满足创新人才需要［N］．中国教育报，2008-11-13.
③ 徐震．浅析研究生创新能力的培养［J］．中国轻工教育，2007（专刊）：106-107.

其招生选拔应以综合能力为根本标准。具体而言，包括创新思维与综合素质、专业素质与学术研究能力、论文写作和语言表达能力等方面。创新思维作为科学研究的灵魂，既是研究生教育的基本品质，也是研究生招生选拔的首要标准，而扎实的相关学科知识、必要的研究方法以及熟练的语言技能，作为学术研究的重要基础，则是研究生招生不容忽视的选拔标准。①

六、创新成为主要目标

培养具有深厚专业基础与较强创新能力的专门化人才是研究生教育的目标，是实现建设创新型国家战略目标的重要基础。研究生招生考试作为实现研究生教育目标的重要手段，其任务首先是选拔创新型人才。

从2009年起，我国适度调减单独考试招生数量，并调整招生专业，以确保单独考试招生的质量。单独考试招生将主要用于国家急需人才的专业，面向艰苦行业和边远地区招收优秀的在职人员，特别是有丰富实践经验的优秀工程技术人员。在过去一段时间内，我国培养的研究生大多是偏理论的学术研究型人才，缺少有技能的专业应用型人才。在建设高等教育强国的新形势下，社会发展对应用型和复合型人才的需求日益增加，因此，国家逐步调整和改革研究生培养模式，注重发展专业学位研究生教育，增加人才培养的多样性。这一政策导向为经济社会的可持续发展奠定了重要基础。

第四节　研究生招生考试改革的新进展

近年来，我国经济社会快速发展，高等教育大众化进程持续推进，学位与研究生教育也获得了很大的发展。研究生招生考试制度在保持一定稳定性的基础上，根据经济和社会形势的发展变化，在研究生招生结构与规模、考试科目、考试管理等领域进行了适应性改革，相继采取了一些新的举措。

一、设立全日制专业硕士学位

为更好地适应国家经济建设和社会发展对高层次应用型人才的迫切需要，积极发展具有中国特色的专业学位教育。2009年起，我国开始招收全日制专业学位硕士研究生。除了工商管理硕士、公共管理硕士、工程硕士（项目管理方向）、公共卫生硕士、体育硕士（竞赛组织方向）等管理类专

① 张亚群．如何提高研招复试的规范性科学性［N］．中国教育报，2008－11－26.

业和少数目前不适宜应届毕业生就读的专业学位外，其他专业学位均开始面向应届本科毕业生招收专业学位研究生，实行全日制培养。它有别于以往的全日制学术型硕士研究生，毕业时可获得研究生毕业证书和硕士专业学位证书。专业学位硕士研究生教育与学术型硕士研究生教育属同一层次、不同类型的研究生教育。工商管理硕士、法律硕士、软件工程硕士、建筑学硕士、教育硕士以及公共管理硕士、汉语国际教育硕士等划归专业学位。迄今共批准设立了39种专业硕士学位，基本覆盖了国民经济和社会发展的主要领域。

当今我国全日制硕士研究生教育正处于结构和培养方式的转型调整期，正在逐步从“以培养学术型人才为主”向“以培养应用型人才为主”转变。在专业学位的招生和培养模式上，逐步形成两种方式：第一种是包括应届毕业生在内的各类符合报考条件的考生，参加硕士研究生全国统一入学考试，采取全日制的学习方式，培养社会各领域实践部门需要的高层次应用型人才；第二种是面向各行各业的在职从业人员，参加非全日制硕士专业学位全国联考，采取非全日制的学习方式，以帮助在职从业人员实现继续深造、终身学习的目的。

二、扩大专业学位研究生招生规模

近年来，为适应经济社会发展的需要，国家加大了对研究生人才培养类型和结构的调整，致力于培养应用型人才的硕士专业学位教育进入了改革发展的快车道。从2009年开始，教育部要求具有专业学位授权的招生单位开始逐步减少学术型硕士研究生的招生人数，提高专业学位硕士研究生的招生人数。其中，减少的招生名额主要用于全日制专业学位硕士研究生的招生。2010年，专业学位硕士研究生占硕士生的比例，已从2008年的6%提高到25%，2011年达到近30%，2012年已达到35%左右。从整体来看，未来我国专业学位研究生招生规模仍将继续扩大，以满足经济社会发展对高层次应用型人才的需求。

三、民办高校获得研究生招生资格

长期以来，民办高校为国家和地方经济社会发展培养了一大批主要服务于生产、建设、管理第一线的应用型、技能型人才，在高等教育大众化进程中扮演了重要角色，但由于各种因素的影响，民办高校的办学层次一直维持在本专科层次。对于国家有关行业领域特殊需求的高层次专门人才，现有的硕士、博士学位授予单位难以满足培养需求。

2012年，国务院学位委员会推出“开展服务国家特殊需求人才培养项

目”，从我国学士学位授权单位中“择需、择优、择急、择重”，安排少量办学水平较高、特色鲜明、能够服务国家战略发展需要，且在人才培养方面具有不可替代性的高等学校，允许它们在一定时期内招收培养研究生并授予相应学位。在此背景下，一批民办高校积极申报该项目，最终北京城市学院、河北传媒学院、吉林华桥外国语学院、黑龙江东方学院和陕西西京学院等5所民办高校成功获批专业学位硕士研究生招生资格，并于2012年9月开始正式启动招生。此举意味着，民办高校的学历教育层次开始得到提升，在形式上打破了长期以来研究生教育被公办高校和科研机构所垄断的格局。相信随着民办高校办学水平和整体实力的逐步提升，将来还会有更多的高水平民办大学获得研究生招生资格。

四、改革专业学位硕士研究生考试科目

“积极发展专业学位研究生教育”政策的确立，使我国专业学位研究生教育在规模上开始得到快速发展。对于专业学位这样一种相对新型的学位类型而言，根据专业学位研究生教育的性质特点和培养要求来选拔相对合适的人才，是专业学位研究生招生考试制度改革的一项重点。2009年9月，教育部颁布《关于编制2010年硕士研究生招生专业目录的通知》，这份文件提出，“2010年要按照‘分别招生计划、分类报名考试、分别确定录取标准’的原则，统筹安排学术型和专业学位研究生考试的各项工作”。此后，专业学位硕士研究生考试科目在考试实践中不断地寻求变革，以更加有效地完成其功能与使命。

改革专业学位硕士初试考试科目既集体现在对公共课考试科目的改革上，也体现在对专业课考试科目的改革上。从公共课考试科目上来看，对思想政治理论和外国语等考试科目都进行了调整。外国语考试科目中英语科目从原先的一张试卷调整为两张试卷，即英语（一）和英语（二）。2010年硕士研究生招生考试首次开考英语（二）科目，这一科目重点考查英语应用能力，尤其是阅读和翻译能力。英语（二）主要供工商管理硕士等11种专业学位初试选用。原来学术型硕士招生考试初试所采用的英语科目更名为英语（一），主要供学术型硕士和法律硕士（非法学）等部分专业学位的外国语科目考试采用。思想政治理论考试科目从初试开考调整到在复试中进行考查。管理类6个专业学位（工商管理、公共管理、旅游管理、工程管理、会计、图书情报）和审计硕士专业学位初试取消了思想政治理论考试，调整到在复试由各招生单位自行组织。从初始整体考试科目来看，对初试科目进行了改革。

2012年研究生考试，在考试科目上对部分专业学位硕士进行了调整，

经管类专业学位硕士初试科目发生了较大变化。管理类6个专业学位（工商管理、公共管理、旅游管理、工程管理、会计、图书情报）和审计硕士专业学位初试只设置外国语和专业综合能力考试科目。经济类专业学位硕士的初试科目也进行了调整，初试只考查外国语和专业综合能力测试科目。中国人民大学等高校在初试考试科目中首次实行专业综合能力测试科目。

五、注重考试安全管理，规范考试安全措施

近年来，研究生招生考试竞争激烈，各种考试安全事件屡屡上演。教育部等有关部门在近年来相继出台了一些促进考试安全的管理措施，逐步加大了对硕士研究生招生考试违纪舞弊的处罚力度。2011年11月，教育部召开2012年全国硕士研究生招生考试考务工作视频会议，强调考试安全是第一要务，要求强化对考生的诚信教育，加大对考试舞弊行为的惩处力度，对考场违规违纪行为，特别是替考、代考和参与团伙舞弊和高科技舞弊等严重舞弊行为，一经发现，依据有关规定坚决处理。情节特别严重的，可给予暂停参加各种国家教育考试1~3年的处理。

2012年硕士研究生招生考试发生严重的泄题事件，在全国造成很大影响。此后国家有关部门加强了对考试的安全管理，开始要求所有考场全部安排在标准化考点，并全部实行网上巡视监控。对于考生的有效身份证件限定于“本人第二代居民身份证”。在政治、英语（一）、英语（二）、管理类综合能力等4个科目考试中开始实行“一题多卷”模式，并且所有统考科目全部实行网上评卷。这些措施在一定程度上有助于考试安全管理，对于考试管理的规范也有重要意义。

第八章　研究生招生考试改革的原则与模式

为了深入做好研究生招生考试工作，需要继续推进研究生招生改革。自2009年开始，教育部不断强调研究生招生工作要积极适应建设人力资源强国和建设创新型国家的战略需要，深入贯彻落实科学发展观，以全面提高研究生选拔培养质量为核心，在初试、复试、推免生、单独考试等方面继续推进改革，以选拔拔尖创新人才为重点，以优化调整招生学科专业结构为导向，推进研究生招生制度改革，强化招生管理，提高服务质量。作为一项基本的人才选拔制度，研究生招生考试改革是一项复杂的系统工程，需要通盘考虑，统筹兼顾，全面推进，重点发展，注重创新。①

第一节　硕士研究生招生考试改革的原则

一方面，学术型硕士研究生为学术型博士提供充足的生源；另一方面，硕士研究生教育作为一个独立的研究阶段，承担着教学科研的重任，这决定了硕士研究生招生改革必须以质量为前提。生源质量是研究生教育的生命线，也是招考改革的重要导向。从理论和实践层面看，学术型硕士研究生招生考试制度改革应遵循以下原则。

一、招考分离的原则

招生与考试是研究生选拔制度中既密切联系，又有一定区别的两个主要环节。招生是人才培养的起点，它通过一定的教育测量手段鉴别、选择合适的生源。考试作为招生选择的主要手段，在人才选拔中发挥了不可替代的作用。研究生招生考试以选拔高层次专门人才和拔尖创新型人才为主要目标，必须遵循选拔性考试自身发展规律，适应人才培养和社会发展的客观需要。

推进研究生招生考试改革，需要遵循招生与考试相对分离的原则。

① 车如山．研究生招生改革要满足创新人才需要［N］．中国教育报，2008－11－13.

“招”由招生单位根据人才培养需要和自身特点进行选拔。招生的标准可以以考试成绩、大学学习成绩、学科背景、业已取得的学术成就、科研潜能或个性心理特征等多方面综合素质，作为录取的依据。这不仅可以全面落实招生单位的招生自主权，而且可以体现招生单位之间的个性化特色。“考”的层面，必须保证考试安全、经济、科学、有效、公平、公正、规范，由专业考试机构委托相关专家命题、出卷，集中到考试机构，统一组织实施。这样不仅可以提高考试的质量和水平，而且可以保证考试的公信力与影响力；不仅可以提高考试的规范性，而且可以降低考试成本。

实行研究生招考分离，将招生与考试的权力分开，交给两个不同的部门，各司其职。实现招考工作中评价机制与选拔机制的分立，使权力得以分解，使考试更加规范、更加科学、更加经济、更加有效。①

二、效率优先、兼顾公平的原则

公平体现了平等、公正等社会基本理念，效率则体现现实的利益和效果，这些都是人类社会生存和发展的必要条件。在实践中，人们衡量、评价一种制度安排之优劣，常常以公平与效率为基本准则。

公平和效率作为高等教育的价值追求，是高等教育制度选择的原点。高等教育资源稀缺是一个长期的问题，个人能力的差异是一个客观的现实。在这种情况下，如果我们仅追求起点的公平，势必失去了真正意义上的公平。不能以公平为理由牺牲效率，更不能以效率为借口牺牲公平。效率对公平要有回应性，即对公平做出合理、有效的回应，才是真正的效率。换言之，在一个特定的领域里，效率的提高要有助于更大程度地实现公平，而公平的保护则是为了更好地提高效率。

我国高等教育教育资源的稀缺性决定了“效率为主”的原则，即承认差别教育的合理性。研究生教育的特点，决定了要把效率放在优先考虑的位置。近年来，国家大力强调提高科技创新能力，加快推进经济结构战略性调整，大力开展节能降耗工作，用高新技术和先进适用技术改造传统产业，促进产业结构优化升级，努力提高科技进步对经济增长的贡献率，增强原始创新、集成创新和消化吸收再创新能力。② 这对我国研究生教育提出了新的挑战。因此必须加大高新技术人才的选拔力度，提高人才选拔效率，要把效率放在优先地位，同时保证公平。只有做到使优秀人才脱颖而出，才能实现社会公平；只有坚持公平竞争，才能实现有效的人才选拔。

---

① 江莹．试论研究生招考分离制度［J］．学位与研究生教育，2005（8）：38.

② 国家“十一五”规划内容．http://politics.people.com.cn/GB/1024/3851414.html.

三、分层分类型选拔的原则

在新的时代背景下，为了全面加强国际竞争力和建设创新型国家，我国进一步巩固、提升高等教育在经济建设与社会发展全局中的战略地位。在科教兴国战略指导下，自20世纪90年代末，我国启动了“211工程”重点大学建设项目，其根本目的是要为21世纪中国的发展培养各行各业所需的高素质骨干人才，解决经济建设及社会发展中的重大科技问题，并使中国高等教育在世界上占有一席之地，使若干所高等学校和部分重点学科进入世界先进水平的行列。1998年5月，教育部响应江泽民同志的号召，决定在实施“面向21世纪教育振兴行动计划”中，将北京大学、清华大学等一批国内知名高校，列入国家跨世纪重点建设的创建世界一流大学和高水平大学行列，简称“985工程”建设项目。

在上述举措的实施及高等教育大众化进程中，不同高校之间的分层越来越明显。按照高等学校是否列入各级政府重点建设行列，高校逐渐形成了一个金字塔的分层结构。在金字塔上端鼎立的是“985工程”建设大学、“211工程”建设大学，力图建设成为世界一流研究型高水平大学；第二层级是地方重点大学；第三层级是省属本科院校和中心城市本科院校；第四层级是高职高专院校。高等学校层次的划分逐渐明确、清晰。由于研究生教育是培养高层次人才，培养单位必须具备研究生招生资格和条件，因此“985工程”建设大学、“211工程”建设大学、地方重点大学、部分一般本科院校中设有硕士点，举办研究生教育。为了保障研究生教育质量，应严格审查、监督各类院校研究生招生质量，适当控制高等学校新增硕士点，对于不合格的硕士点，应予整顿和裁并。

根据人才培养类型与学科专业设置特点，高等学校可分为学科型与专业型两种类型；按照履行社会职能的层级，高等学校又可分为研究型、教学科研型、教学型三个层次。这里参照潘懋元先生的分类，将高等学校做如下分类（如图8－1所示）。①

学科型高等学校（相当于国际教育标准分类中的5A1）进行学术型硕士研究人才的选拔；专业型高等学校（相当于国际教育标准分类中的5A2），侧重应用型人才选拔，着重招收专业学位硕士研究生；职业型高等学校（相当于国际教育标准分类中的5B），则应侧重于技能型人才的选拔与培养。

① 潘懋元，陈厚丰．高等教育分类的方法论问题［J］．高等教育研究，2006（3）：13.

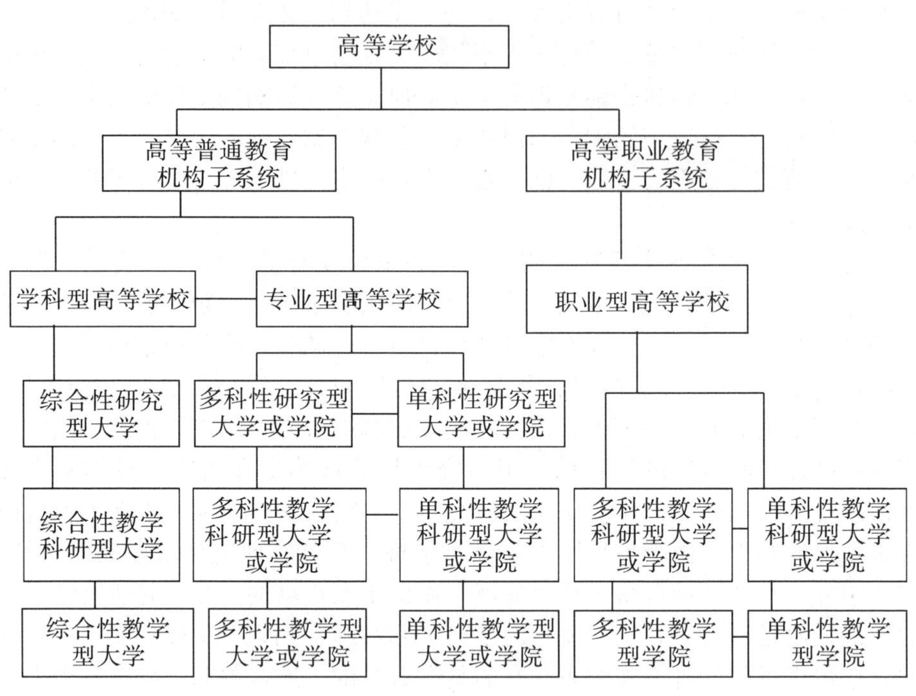

图 8-1　高等学校分类示意图

按照高校的不同层次、不同类型定位，进行硕士研究生人才的选拔与培养，这是我国研究生招考改革的原则，也是改革的导向。

四、满足创新型人才培养需要的原则

为了进一步推进研究生招生工作的顺利进行，继续深化研究生招生改革，努力提高研究生培养质量，为建设高等教育强国选拔一批具有创新精神、创新思维和创新能力的高水平专业应用型人才，2009 年教育部提出研究生招生工作要积极适应建设人力资源强国和建设创新型国家的战略需要，深入贯彻落实科学发展观，以全面提高研究生选拔培养质量为核心，在初试、复试、推免生、单独考试等方面继续推进改革，以选拔拔尖创新型人才为重点，以优化调整招生学科专业结构为导向，推进研究生招生制度改革，强化招生管理，提高服务质量。

（一）重视基础知识，扩大统考科目

研究生作为高水平的专业人才，应该掌握扎实的学科基础知识。学科基础知识是学生学习的首要内容，只有熟练地掌握了学科基础知识，才能更好地与其他学科知识结合，解决一些实际问题；只有学好了学科基础知识，才

能对本学科内的知识进行有机整合，进一步达到与相关学科知识的综合。如果学科基础知识不完整、不扎实、不宽厚，就会直接影响本学科专业知识的深入学习。因此，学科基础知识掌握得如何，直接影响到更高层次学习的质量，并影响到掌握完整的学科知识体系。重视基础知识的要求，正是出于对研究生创新能力培养的考虑，创新是建立在一定基础上的，离开了基础，创新就无从谈起。

为此，2009 年硕士研究生招生考试在继续实行教育学、历史学、医学三大学科统一命题、统一考试的基础上，新增农学统一命题、统一考试，并在初试时对计算机科学与技术学科初试科目进行调整，改革命题形式，按一级学科（群）设置考试科目，科学确定初试内容，提高命题水平和质量。这些改革举措表明，国家十分重视基础知识和综合知识的掌握程度。因为扎实的基础知识和宽广的知识面是把研究生培养成为专业研究人员的基本要求，离开学科基础知识，高质量的研究生培养将会落空。大学生在本科阶段应该掌握的知识，由于各种原因并没有掌握，只能在研究生阶段加以弥补。古今中外，在各领域取得了重大成就、做出重要贡献的人才，并非仅精通专业知识，而是还具有扎实、宽厚的学科基础和综合知识。这样的例子不胜枚举。获得诺贝尔经济学奖的人，有的是学数学的。这也说明，决定一个人成败的因素，主要是基础知识和基本功底。由此可见，重视研究生入学考试中基础知识的考查，应成为今后研究生招生考试改革的一个重要趋向。

（二）实行多元评价，注重创新能力

创新，这个频繁出现的字眼，正在被提升到国家战略的高度。高层次创新人才的紧缺，严重制约着国家经济的快速增长和综合国力的提升。研究生教育作为培养高层次人才、推动社会先进生产力和先进文化、实现国家持续快速发展的重要组成部分，其重要性日渐凸显。

教育部在《2003—2007 年教育振兴行动计划》中提出，要深入探索新形势下研究生教育规律，更新观念，深化改革，推进创新，建立与社会主义市场经济体制相适应的研究生教育体制和运行机制；强化创新意识、创新精神和创新能力的培养；努力使我国研究生培养质量和研究生教育的整体水平接近或达到发达国家水平，为实施科教兴国战略和人才强国战略奠定坚实的人才基础。

为了更好地解决研究生创新能力的培养问题，2009 年在研究生招生工作中继续加大推免生工作力度，重点是进行推免生工作机制创新，逐步建立注重质量、鼓励创新、突出特色、扩大交流的推免生工作激励机制。在推免生名额分配和推免政策的制定上，要向拔尖创新人才、高水平学科以及特色专业倾斜。要加强对考生创新精神、实践能力和学术专长等方面的考查，避

免单纯强调学业成绩。要不断深化复试改革，加强对考生专业能力、创新精神和综合素质的考查，充分发挥复试在创新人才选拔中的作用。要根据学科特点和生源情况，科学制定复试内容、办法和比例，生源充足的招生单位，可以适度扩大差额复试比例。要引进教育评价和心理测量等手段，探索科学的多元评价考核体系，提高复试工作的专业化程度，着力解决复试有效性问题。

2010 年 7 月，我国颁布和实施的《国家中长期教育改革和发展规划纲要（2010—2020 年）》强调："大力推进研究生培养机制改革。建立以科学与工程技术研究为主导的导师责任制和导师项目资助制，推行产学研联合培养研究生的'双导师制'。实施'研究生教育创新计划'。加强管理，不断提高研究生特别是博士生培养质量。"①

培养研究生的创新能力，需要多层面强化学生的创新意识，加强研究生的思想政治教育，增强学生振兴中华的使命感和责任感，培养和激发其创新意识和创新热情，着力构建与创新教育相适应的知识结构和能力结构。在研究生培养的各个环节上，应强化研究生的创新意识，建立激励创新的有效机制，鼓励创新，并通过严格的竞争和淘汰机制，调动研究生创新的主动性。

（三）突出应用学科，调整招生比例

不可否认，我国研究生教育已经取得了举世瞩目的成就，但也面临着新的机遇与挑战，肩负着建设创新型国家的重任。从 2009 年开始，我国适度调减单独考试招生数量并调整招生专业，确保单独考试招生的质量。单独考试招生将主要用于国家急需人才的专业，面向艰苦行业和边远地区招收优秀的在职人员，特别是有丰富实践经验的优秀工程技术人员。此外，还要求调整招生的专业结构，扩大应用性强的学科招生比例。这在一定程度上表明，在过去一段时间，我国培养的研究生大多是偏理论的学术研究型人才，缺少专业技能应用型人才。在建设高等教育强国的新形势下，对应用型和复合型人才的需求日益增加，要求研究生教育在人才培养模式上进行调整和改革，从单一的学术型人才培养，发展到以专业学位为主的研究生招生培养模式。大力推进应用型人才的培养，为国家经济社会发展储备大量实用型人才，已成为高等教育的重要任务，也预示着高等教育未来发展的方向。

---

① 国家中长期教育改革和发展规划纲要（2010—2020 年）［N］. 中国教育报，2010－07－30.

第二节　硕士研究生招生考试改革的模式

经过30多年研究生教育的实践探索，我国逐渐建立了学术型研究生与专业学位研究生招生选拔制度。为了在新时期适应研究生教育发展的要求，还须针对研究生招考制度中存在的弊端与问题，不断变革和完善人才选拔方式。由于专业学位硕士研究生招生选拔制度相对稳定，而学术型硕士研究生招生考试制度则面临新的变革，因此，本节主要对后者略加探析，并借鉴和比较学术界的相关研究成果，提出几种不同的招考改革模式，以供参考。

一、两段式招考模式①

学术型研究生招生考试可以实行两个阶段的考试：第一阶段为资格考试，也称水平考试，由教育部委托专门考试机构组织，重在测试考生的综合素质，体现群体共性，成绩具有一定的有效期；第二阶段进行选拔性考试，由招生单位自行组织，主要进行学科能力测试，体现招生单位的选拔标准与考生的选择。

第一阶段，资格考试。资格考试可以制定一个合格分数线，对于及格者发给资格证书，作为申请参加各招生单位考试的凭证，无资格证书者不能参加第二阶段的考试。对于外语，可直接以国家大学英语四、六级考试的合格成绩作为凭证，无此类考试成绩者，可以参加国家组织的同等水平的英语资格考试。对于政治考试，应适当增加中国传统文化的内容，重点考核考生的思想品德与文化素养。专业课则按照近年专业综合考试科目形式，组织全国统一考试，对大学本科阶段基本知识、基础理论与技能进行考查。资格考试可以每年举办两次，资格证书规定一个有效期，一般为3年。通过资格考试的考生可以参加第二阶段招生单位组织的考试，每次只能申请一个单位。这可以实现考生的部分分流，减少招生工作工作量与经费成本，对考生而言也可以减少经济负担，并在3年中合理安排时间。

第二阶段，选拔性考试。由招生单位自行组织专业课、专业基础课的考核；自行确定考试科目、自主命题、自主阅卷，进行学科能力测试，对于适合入读研究生教育的、具有科研潜质的考生择优录取。在此环节，对于资格考试不分排名、不分先后，重新按照招生单位的考核决定录取。招生单位根

① 卢菁．硕士研究生入学考试方式改革的研究［D］．北京：北京航空航天大学，2002．姚龙琴．论硕士研究生招生考试改革［D］．南京：河海大学，2006．

据本学科专业与单位的研究特色，考查考生掌握专业知识的深度、广度和分析、解决问题的能力，以及是否具备从事研究工作的要求和扎实的业务基础与专业特长。考试方式可以采取面试为主，笔试为辅；也可以笔试为主，口试为辅。具体方式由招生单位自主确定，以优秀人才为标准，对考生进行全面考查，择优录取。

二、综合素质测试型招考模式①

综合素质测试型招考模式，不是进行单独的专业或学科测试，也不是以大学本科阶段学习知识为测试背景，而是一种新的教育测量模式。它借鉴美国 GRE 考试的思想与原理，结合我国国情，研制出一套以衡量科研能力现状与发展潜能为核心的考核体系，重点考查考生的创新能力、逻辑推理能力、资料搜集与处理能力、问题解决能力及语言表达能力。② 这一工作应当由国家进行创建，组织全国专家，依据教育统计学、心理测量学理论，参照公务员考试的行政职业能力倾向测试，设计一套综合科研能力倾向测试。将测试的心智结构要素化（如包括观察与发现问题、比较与分类、分析与综合、类比与推理、归纳与演绎等结构要素③），并通过语言文字、图形数据、分析写作等形式测试出考生的显能与潜能。

国家统一组织实施全国性入学能力倾向考试，统一命题，统一阅卷，统一发布成绩，可公布一个最低入学申请分数线。招生单位自主招生，参照综合能力测试或所需科研能力结构要素，结合考生个人申请书、大学本科阶段学习成绩以及必要的专业考核等各项指标综合考虑，择优录取。招生单位的考核侧重于考生个体综合素质，可以包括笔试（专业综合考试、心理素质、人格特征、业务素养等）和面试（英语听说能力、思维反应能力、语言表达能力等）。

三、高校自主招生模式

近年来，自主招生改革成为我国各类高等教育招生考试变革的重要趋向。学术型研究生招生考试，也在一定范围内进行了改革试点。这一改革模

---

① 姚龙琴. 论硕士研究生招生考试改革［D］. 南京：河海大学，2006.

② 孟万金. 研究生科研能力结构要素的调查研究及启示［J］. 高等教育研究，2001（6）：62. 在此论文中，对文、理、工 3 科研究生综合基本科研能力结构要素进行排序，这 5 项是共同需要的、按重要程度依次排列的能力。

③ 孟万金. 研究生入学能力倾向测试刍议［J］. 江苏高教，1999（2）：99. 此文提出科研能力的心智操作结构要素主要包括这 5 个方面。

式可按照分层次、分类型人才选拔的原则，结合经济学中 80：20 的原则，在特定的高校试行自主招生，选拔特殊人才。

所谓 80：20 的原则，又称帕累托定律，是指意大利经济学家 Vilfredo Pareto 研究 19 世纪各国财富分配后发现的一种法则：这些国家 80% 的财富由 20% 的人占有。后来人们发现，80：20 原则也适用于生活和工作的各个方面：多数，却只能产生少许的影响；少数，却能产生主要的、重大的影响。因此，应当对这 20% 投放更多的资源，进行重点的维护，以便获得更多的产出。我国对“985 工程”高校和“211 工程”高校的重点支持就体现了这一原则。

通过学术型硕士研究生的培养，20% 的高校可以创造出影响整个国家的优秀学术型人才，因此，对于这些高校应当赋予招生自主权，按照自身学科专业特色和人才培养需要，自行决定新生的选拔标准与录取事宜。我国“985 工程”高校和部分“211 工程”高校，作为高水平研究型建设大学，是国家科技创新的主力军，在人才选拔中积累了一定的经验，并形成了一定的声誉与自我约束力，可以自主招生，自行选拔优秀学术人才。国家通过政策引导、经费拨款、教育立法、质量评估等手段，进行宏观调控与质量监督。

关于优秀人才的选拔，20% 的特殊人才可以创造出重大科研成果，促进科技创新与社会进步。在硕士研究生考生中，约有 20% 属于偏才、怪才，适于钻研特定的专业领域。对于这部分特殊人才，应采取适宜的选拔方式，经过一定的检测、考核后，确有才能者，可直接将其录取为硕士研究生。当然，在选拔过程中，程序公正、过程透明、结果公开、有效监督，是其根本保证。

四、免试推荐模式

免试推荐是指普通高等学校推荐优秀应届本科毕业生免试攻读硕士学位研究生制度。获得推荐免试的应届本科毕业生，无须参加全国硕士研究生入学统一考试，可直接读研。教育部就推荐少数优秀应届本科毕业生免试攻读硕士研究生工作，做如下具体规定：

在进行推荐免试工作时，高校不仅要对推荐免试生进行政治思想和道德品质的考核，而且在业务标准的掌握上，既要看推荐免试生历年的学习成绩，还注重对他们的学习能力、创新精神及业务特长等方面的考查。在教育部下发的《全国普通高等学校推荐优秀应届本科毕业生免试攻读硕士学位研究生工作管理办法（试行）》中，对未设立研究生院的“211 工程”高校，要求一般按应届本科毕业生数的 5% 左右确定。

获得推荐免试资格的全国重点大学优秀应届本科毕业生，应完成本科培养方案规定的所有课程及实践环节（含毕业论文或实习）的学分要求；毕业论文或实习成绩应在“良”以上；推荐免试的研究生一般需要提交申请表、自荐信、导师推荐信、成绩单、获奖证书复印件、发表的学术论文等复印件，有的学校还要求提供英语水平类证书（如大学英语四六级、TOEFL、GRE 成绩）等，申请人身体健康状况要符合规定的体检标准。学校将对申请人提供的材料进行全面审核，择优选拔，并通知符合条件的学生来学校参加复试。①

上述有关推荐免试招生的规定，体现了现阶段我国学术型研究生招生选拔模式改革的政策导向，有利于大学本科教育与研究生教育的衔接，促进高层次学术型研究人才的培养。

第三节　提高研究生招生面试的规范性与科学性

近年来，我国学术型研究生招考呈现两大趋向：一是在初试统考的基础上加大面试选拔的权重，二是扩大保送生录取比例。这些改革举措凸显面试的重要性，对于评价标准、考试环境和保障机制提出了更高的要求。与笔试相比，面试具有开放性、互动性、灵活性的特征与优势，但也存在规范性不足、人情困扰、经济成本增加等问题。为了推进学术型研究生面试招生改革，有效发挥其积极功能，需要招生面试选拔的规范性与科学性。②

一、以综合能力为招生面试选拔的根本标准

选拔标准是研究生招生的首要问题，为教育研究者、管理者和社会大众所关注。当今研究生质量下降已成国家创新人才培养的瓶颈，究其原因，与研究生招生规模扩张过快、选拔方式不尽合理及培养机制缺乏活力密切相关。多年来，由于考研初试只在划定的参考书范围内考查知识，忽视学术性向和科研能力的检测，使被录取者的研究兴趣、专业水平逐渐下降，加之初试专业科目成绩区分度不够，过分强调外语尤其是英语的选拔功能，导致一些综合素质较好、具有科研潜能的考生被拒之门外，这种招生状况显然不利于创新型人才的培养。

为了提高选拔效度，改善生源质量，必须改革研究生招生选拔方式，制

---

① http://www.cnky.net/kaoyanxinxi/baokao/020943106.shtml.

② 张亚群．高校自主招生与高考改革［M］．北京：中国社会科学出版社，2012：344－349.

定适合学术型人才培养需要的录取标准。研究生教育的性质与目标，决定其招生选拔应以综合能力为根本标准。具体而言，包括创新思维与综合素质、专业素质与学术研究能力、论文写作和语言表达能力等方面。创新思维作为科学研究的灵魂，既是研究生教育的基本品质，也是研究生招生选拔的首要标准，而扎实的相关学科知识、必要的研究方法以及熟练的语言技能，作为学术研究的重要基础，则是研究生招生不容忽视的选拔标准。

强化研究生招生的综合能力标准，需要突出面试的检测功能。面试作为教育测量的重要形式之一，在研究生入学选拔中可产生优势互补的效应。研究生初试为国家统一举办的大规模笔试，包括政治、英语及相关专业考试科目。复试由研究生招生单位单独举行，除了笔试，还增加面试环节。与统一学科考试侧重共性测量相异，面试着重考查学生的思维品质、应变能力与个性特长，了解考生的学术兴趣和学习潜能。面试考题的开放性，扩大了知识、能力的考查视野，能够多层面反映考生的知识结构、专业素质以及对相关学科学术动态的掌握程度。通过考生自我陈述、分析与解答问题等互动环节，较为全面地考查其思维水平与语言表达能力。在评价标准方面，面试具有灵活性、整体性的特点，有利于创新型学术人才的脱颖而出。

在过去招生考试实践中，研究生招生选拔大多以初试统考为主，复试的淘汰率较低。面试因所占分值较低，在评价考生综合能力中的积极功能并未充分发挥。尽管如此，随着保送研究生选拔方式的推广和复试录取权重的增加，研究生面试的作用与影响正在扩大。面试成绩纳入复试成绩，不仅具有一票否决权，复试不及格的学生不能被录取，而且也与录取后奖学金的获得直接相关。研究生招生面试题既有检测、选拔的评价功能，也具有重要的教育导向功能，对大学本科教育与大学生学习方式产生潜在的积极影响。

二、提高招生面试中的诚信度

研究生招生考试以诚信为基础，缺乏诚信的考试是无效考试。实施研究生招生面试选拔，同样面临着考试诚信的考验。由于面试环节的特殊性，如果没有有效的约束机制与诚信保障措施，面试招考很容易沦为以权谋私者的作弊手段。在社会诚信有待改善、各类考试舞弊屡禁难绝的环境下，如何维护研究生招生面试的学术诚信，的确是一个值得重视的问题，这也是近年来研究生招生面试分值难以大幅提升的重要原因之一。正因为如此，教育部在推进研究生招生与考试制度改革过程中，协同有关部门加大考试舞弊惩治力度，努力为面试招生营造一个诚信的考试环境。教育部发布的《2009 年招收攻读硕士学位研究生管理规定》增加了新的规定：对在报考及考试中有违规行为的考生（含推荐免试生），不论何时，一经查实即按有关规定取消

报考资格、录取资格或学籍；将考生诚信状况作为思想品德考核的重要内容和录取的重要依据，对作弊考生的档案记录及时通报其所在学校或单位，当年作弊的考生下一年将不允许报考；对严重作弊的在校考生还应按有关规定予以处分直至开除学籍。

对招考有关部门来说，这个规定也对命题、考试安全管理工作提出了严格要求：加强招生单位自命题管理，对命题人员和内部工作人员进行严格审查；主管部门应与命题人员签订保密责任书，对于违反规定或因管理工作不力导致失、泄密事件的，要依法依纪追究责任人和主管领导的责任。除考试大纲外，招生单位不得以其他形式划定考试范围，不得举办任何形式的考研辅导班；招生单位教师不得以任何形式参与考研辅导活动。

上述各项措施对研究生招考双方做了规范与约束，但还需要进一步完善。就面试而言，除了建立健全考试管理制度外，还需加强诚信教育，提高对诚信考试重要意义的认识，从而自觉遵守有关规定。注重考试诚信，就是要保证面试的公平、公正性，客观、真实地反映考生的学习能力与学业水平。只有招考双方都能坚持学术道德与考试诚信，研究生招生面试才能发挥其应有的积极作用。

三、通过加强复试制度建设确保面试的公平公正

公平竞争是考试活动所奉行的基本原则，考试公平贯穿于各类考试形式之中，研究生招生面试也不例外。考试公平与考试诚信密切相关，考试舞弊既破坏学术诚信，也严重损害了考试公平。面试中的不公平现象在研究生招生中也时有所见。

与笔试相比，面试具有考试内容多样、形式单一、适用范围小、考试技术要求高、评分误差较大等特点，因而在保证考试公平上面临更大难度。我国研究生招生面试起步较晚，尚处于探索与建设阶段，其考试的规范性和科学性有待提高。突出表现为：复试面试的专业课命题标准不够规范，对于教师的命题工作缺少相应的评估标准；不同面试小组之间的评分标准存在一定差异，影响到面试结果的公平性；有的招生单位由于参加复试的考生较多，而面试教师有限，面试时间极为仓促，容易走过场，不能完全真实地考查考生的综合能力；更有甚者，受社会不良风气影响，面试环节受到“条子”“关系”等非学术因素的干扰，在一定程度上影响了面试的公正性。为了减少研究生招生面试的主观随意性，保障考生的公平竞争，我们应着重做好以下几方面工作：

一是明确面试测量的学术范围与能力层次，进行科学命题，保证面试命题的信度与效度。在特定的学科范围内，面试考题虽有开放性，但应围绕能

力检测的要求，科学选择考试内容，减少猜题的可能性，提高考试信度，调整试题的难易度，使考题具有等值性，考生答题具有选择性，保障公平竞争。

二是精心挑选面试考核人员组织考试，制定合理的评分标准，减少评分误差。面试小组考核人员至少应由 5 人组成，面试时间也须切实得到保障，每位面试者的面试时间至少应有 20 分钟。面试程式不宜千篇一律，但应有基本一致的评分标准，并做适当细化。考生需要熟悉和掌握一定的面试技巧，但不应过分强调考试技巧。考生面试成绩应取 5 位参评者的平均分，不同面试小组的面试成绩应保持相对公平。

三是科学确定初试、复试合理的录取权重，最大限度地保证考生的考试公平。2008 年各招生单位在确定录取权重时，复试成绩所占录取比例从 30% ~50% 不等。有的大学甚至提出取消统一初试，以报考材料审核和面试结果决定录取与否。实际上，对于综合素质较高的考生，其初试成绩与复试面试成绩相关度较高，重视对考生综合能力的考查，并不完全排斥初试统考，关键在于提升考试选拔的效度。对于有的高校研究生复试环节出现的初试高分考生（甚至是该学科成绩前一、二名者）落选现象，应慎重对待。应结合研究生初试成绩，经公正、充分的面试检测，全面考查考生的综合能力，而不能简化为“一次面试定取舍”。

四是加强面试过程的监督与管理，杜绝各类不公正现象的发生。面试增加了考生与招生考核人员的接触机会，容易受到人情干扰，滋生评分不公的弊端。因此，应完善考试管理规章，禁止考前泄漏招考人员名单，面试过程必须录音备核，面试结果接受考生的质询和研究生招生主管部门的监督、检查。对于违反面试纪律及管理规定者，应及时予以惩处。

总之，研究生招生面试作为改善生源质量的重要举措，已成为我国研究生招生考试改革的一大趋势。在实行过程中，研究生面试制度虽有待完善，考试诚信与考试公平仍面临新的挑战，但是，只要进行配套改革，加强考试管理与监督，就能够促进创新型人才的选拔与培养，为我国研究生教育发展做出更大的贡献。

结　语

总体而言，我国研究生招生考试改革，应从各类院校人才选拔与培养的实际出发，不能强求全国统一的方案。学术型硕士研究生招生考试旨在选拔具有研究潜质的学术人才，既要注重考试选拔效度，又要保证招考公平、公正。其招考制度改革，不仅要遵循选拔性考试和研究生教育的发展规律，也受到社会政治、经济、文化因素制约，需要统筹兼顾。

通过对我国硕士招生考试发展的历史考察与现状分析，我们发现，在1999年高等教育大扩招前后，硕士研究生招考类型及政策导向发生了显著变化。扩招之前，硕士生作为研究生教育的独立层次，以单一的学术类型为主，在国家经济建设中占有重要地位，肩负着现代化建设的重任，因而是精英教育中的精英人才。与之相应，这一时期，在招生选拔上，以学术水平为选拔标准，严格控制招生规模，宁缺毋滥，以质量为生命线。扩招以后，尤其是进入高等教育大众化阶段，硕士研究生招生考试的地位、类型、标准与影响发生重大变化。随着高等教育规模急剧扩张，选拔性考试重心上移至研究生招考。研究生招生类型分为学术型与专业型，不同类型硕士生招生也按照不同的标准区别对待。“专业学位研究生招生强调相关工作经验、知识应用能力，而降低对外语水平、学术理论的要求，入学门槛较低”；学术型研究生招生，对外语水平、专业理论基础和科研能力的要求仍然较高。学术型硕士研究生招考面临新的挑战，成为社会关注焦点，也意味着研究生选拔考试社会影响力加大。①

我国硕士研究生招生考试制度创立时间较晚。1981 年《中华人民共和国学位条例》实施，我国硕士研究生招生考试开始走向制度化建设。经过 30 多年的实践，这项招生考试制度已为我国选拔和培养一大批各类专业人才，为社会进步和经济发展做出了巨大贡献。在知识经济时代和大众高等教育进程中，学术型研究生招生考试面临新的挑战，需要扩大招生自主权，增强学术专业性向。

随着高等教育大众化的发展，研究生报考人数持续增加，硕士生招生考

① 张亚群．大众化阶段研究生招生考试的演化趋向［J］．学位与研究生教育，2007（1）．

试制度与人才培养的不协调问题日益凸显。为此，亟须改进招生考试内容和选拔方式，提高人才选拔的效度，建立以能力考核为主的考试体系，扩大培养单位及指导教师的招生自主权。同时，加强招生考试的法治建设，完善研究生自主选拔过程中的监督和管理，保障招生考试的公平、公正。这是我国研究生招生考试制度改革的基本方向。

学术型硕士生招生考试改革，应遵循研究生教育和选拔性考试的发展规律，选择适合国情的人才选拔模式；遵循招考分离，效率优先、兼顾公平，分层次、分类型选拔等原则，扩大培养单位招生自主权，提高研究生招生选拔的效率，健全自主招生规章，规范选拔程序，为公平竞争和公正选才提供制度化保障。

在建设高等教育强国的进程中，迫切需要我们提高研究生教育的整体质量。这就需要继续改进研究生招考模式，多途径选拔各类优秀生源，有效提升研究生的质量。此外，适应社会发展和经济、文化建设需要，继续大力发展专业学位研究生教育。在这一方面，应借鉴国外专业学位研究生招生考试的经验，结合我国国情，完善我国专业学位研究生招生考试模式。

专业学位的特点决定了我国 MPA 招生考试改革的方向是应用型、能力型考试。考试科目、内容等都应朝着实用性、能力型方面靠拢，尽力在应用性特点方面突出选拔性目标。在考试形式上，初试将以综合性考试代替单科考试，或者借鉴工程硕士 GCT 考试模式；在考试内容上，应侧重检验学生分析问题与解决问题的实践能力，注重对综合能力的考查；进一步扩大招生自主权，加大复试权重，突出专业学位的特色，选拔和培养应用型、具有创新能力的专门人才。这是我国专业学位硕士招生考试变革的基本导向。

附录

附录一　学术型硕士研究生招生考试访谈提纲

尊敬的老师：

您好！感谢您在百忙之中抽出时间接受我的访谈。本次访谈的主题是我国学术型硕士研究生招生考试制度问题。旨在针对硕士生招生考试现状、存在的问题进行分析，改革招考制度，加大学术型创新性人才的选拔力度，为我国现代化建设提供智力支持。恳请您多提宝贵意见，谢谢！

（1）1999 年高等教育扩招后，您认为研究生招生政策有何变化？

（2）我国硕士研究生招生、考试、录取的程序是如何运作的？

（3）研究生招生与考试中存在哪些主要问题？现行全国统一招生考试方式有何优点和缺点？您如何看待？您认为高校自主招生权有没有得到落实？在哪些方面体现较好，哪些方面尚未得到体现？

（4）高校如何招收到优秀生源？

（5）请您谈谈自主招生与国家统一考试的关系。

（6）2007 年研究生招生考试又出台了新政策，请您谈谈对此的看法。

（7）保送生生源质量水平如何？存在哪些问题，该如何加以完善？

（8）研究生院与各个招生学院、导师之间在研究生招生中的关系如何？哪些方面还需要进一步改进？

谢谢您的支持！

附录二　关于公共管理硕士专业学位招生考试的访谈提纲

尊敬的老师：

您好！非常感谢您在百忙之中抽出时间接受我的访谈。本次访谈的主题是关于 MPA 招生考试问题。旨在通过对 MPA 招生考试存在问题的分析，完善 MPA 招生考试制度，为我国专业硕士学位招生考试改革提供参考。请您多提宝贵意见，谢谢！

1. 2001—2003 年我国 MPA 招生报名人数每年递减 2 000 多人，2004 年报考人数开始逐年增加，其中有哪些原因？如何改善 MPA 生源质量？

2. 在贵校 MPA 招生中，复试占总成绩的比例是多少？

（1）复试包括哪些程序，是否有笔试？

（2）面试是如何组织的？（面试的老师和学生是否分组）

（3）面试的内容有哪些？重点考查学生哪方面的能力？

（4）复试组成人员是否有专家或者其他单位的人员参与？

（5）整个复试过程是否有监督体系？是如何监督的？

3. 贵校 MPA 录取程序和录用标准是什么？是否有政策倾斜或者对某一群体有优惠政策？

4. 您觉得目前 MPA 招生存在哪些问题？怎么解决？

5. MPA 招生考试存在着哪些问题？怎么解决？

6. 下列问题应该怎么解决？

（1）MPA 招生考试如何为培养目标服务？如何与培养过程以及社会需求相适应？

（2）现在 MPA 联考科目 4 门，MBA 2 门，工程硕士 1 门 GCT，对于全国联考门数、考试方式改革您有什么建议？MPA 培养目标是应用型人才，招生的对象是在职人员，对于未来 MPA 的招生考试内容，您认为改革的趋势是什么？

（3）如何落实学校的招生自主权？

（4）MPA 录取程序需要在哪些方面进行改革？是否还需要考虑大学成绩或者其他因素？

（5）MPA 专业学位是培养政府公务员和公共管理专门人才的，与国家政策联系紧密。比如人事部在 2004 年出台了 60 号文件，提出对公务员报考 MPA 在学习时间和学习费用方面给予支持，极大地鼓励了 MPA 学员，我们

是否可以期待其他更加宽松的政策环境鼓励 MPA 专业学位的发展？

（6）专业学位指导委员会对 MPA 招生考试的监督是对各招生单位进行排名，今后专业学位指导委员会应在哪些方面加强其作用？

7. 已毕业的 MPA 学生就业情况如何？就业前景与招生考试是否相关？

8. 您认为我国 MPA 招生考试的改革导向是什么？

谢谢您的宝贵意见！

附录三　历年研究生招生情况

1981—2012 年硕士研究生招生人数表

单位：万人

年份	研究生报考人数	招生人数	年份	研究生报考人数	招生人数
1981	—	0. 96	1997	22. 76	4. 93
1982	—	1. 20	1998	25. 91	5. 52
1983	—	1. 55	1999	30. 52	6. 87
1984	—	2. 17	2000	37. 72	9. 57
1985	—	3. 74	2001	44. 4	13. 00
1986	—	3. 48	2002	60. 06	16. 27
1987	—	3. 31	2003	79. 7	22. 00
1988	—	3. 08	2004	94. 5	33. 00
1989	—	2. 51	2005	117	36. 72
1990	—	2. 63	2006	127. 5	34. 40
1991	—	2. 55	2007	128. 2	36. 40
1992	—	2. 81	2008	120	39. 00
1993	—	3. 54	2009	124. 6	41. 500
1994	—	4. 11	2010	140. 6	33. 70
1995	—	3. 94	2011	151. 1	32. 70
1996	—	4. 58	2012	165. 6	31. 50

资料来源：①1981—2002 年数据来源于：中华人民共和国教育部高校学生司. 1996—2002 年全国研究生招生统计年鉴［M］. 北京：北京航空航天大学出版社，2003：688. ②2003—2012 年数据来源于研究生招生各网站。

附录四　部分专业硕士招生情况

表 1　1997—2005 年在职攻读教育硕士学位人数统计

单位：人

年份	报名数	录取数	学位数	备注
1997	—	72	0	
1998	4 078	1 390	0	
1999	6 066	1 943	142	
2000	11 355	3 778	364	2001 年入学
2001	12 673	6 262	1 183	2002 年入学
2002	15 118	6 970	1 709	2003 年入学
2003	16 916	9 043	2 381	2004 年入学
2004	19 208	10 417	4 708	2005 年入学
2005	24 917	—	6 206	2006 年入学
合计	110 331	39 875	16 693	

说明：①2000 年因联考时间调整，停招 1 年。②报名、录取人数是在职攻读数据，学位人数是全日制和在职攻读的合计数据。

资料来源：全国教育硕士专业学位秘书处. 我国教育硕士专业学位概况（二）[J]. 中国教师，2006（4）.

表 2　1991—2012 年全国 MBA 教育发展一览表

年份	1991	1992	1993	1994	1995	1996	1997	1998	1999	2000	2001
培养单位数量/个	9	9	9	26	26	26	54	54	54	62	62
招生人数/人	94	149	378	1 359	1 172	2 244	2 747	6 941	8 463	10 832	12 146

年份	2002	2003	2004	2005	2006	2007	2008	2009	2010	2011	2012
培养单位数量/个	65	89	89	96	97	129	129	185	236	236	236
招生人数/人	13 274	17 128	18 554	20 584		14 624		21 563	31 499	29 736	28 391

说明：2007 年 MBA 招生人数为全国联考录取人数；2006 年、2008 年 MBA 招生人数暂缺。

资料来源：①冯华. MBA 招生考试改革：向综合素质看齐 [N]. 中国教育报，2005－11－02

(10). ②高军. 国际 MBA 教育及其认证体系对我国 MBA 教育发展的启示 [D]. 上海：华东理工大学，2013. ③ http://www.5haoxue.net/kaoyan/. ④ http://wenku.baidu.com/.

表 3　1996—2012 年全国法律硕士培养单位数量

年份	1996	1997	1998	1999	2000	2001	2002	2003	2004
培养单位数量/个	8	13	22	28	28	28	28	39	50
年份	2005	2006	2007	2008	2009	2010	2011	2012	
培养单位数量/个	50	50	80	80	80	115	115	115	

资料来源：全国法律硕士专业学位教育指导委员会网站。

表 4　1997—2011 年工程硕士学位发展情况

年份	培养单位数量/个	授权领域/个	录取人数/人	授予学位人数/人
1997	14	34	1 525	—
1998	54	34	4 181	1
1999	71	34	8 455	127
2000	102	34	14 753	1 246
2001	123	35	26 456	3 311
2002	144	36	30 812	5 107
2003	168	36 + 2	36 753	8 200
2004	180	38	45 171	12 908
2005	202	38	49 575	22 502
2006	205	40	58 705	28 701
2007	212	40	57 146	33 605
2008	218	40	59 212	38 633
2009	223	40	89 244	46 022
2010	314	40	116 305	41 042
2011	341	40	139 401	—

资料来源：①上官剑. 中美两国工程硕士教育比较研究 [D]. 长沙：湖南师范大学，2005. ②全国工程硕士研究生教育网，http://www.meng.edu.cn/html/.

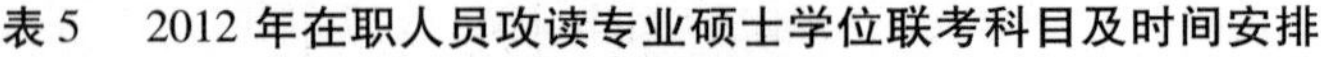

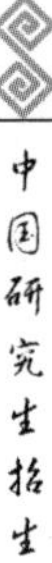

表 5　2012 年在职人员攻读专业硕士学位联考科目及时间安排

学位名称	10 月 28 日 14：30—17：00	10 月 28 日 8：30—11：30
法律硕士	专业综合	英语、俄语、日语
教育硕士	教育学和心理学综合	英语、俄语、日语、英语（二）
体育硕士	体育硕士入学资格考试	—
工程硕士	GCT	—
农业推广硕士	GCT	—
兽医硕士	GCT	—
风景园林硕士	GCT	—
公共卫生硕士	公共卫生综合	英语、俄语、日语
军事硕士	军事共同基础	英语、俄语
工商管理硕士	综合能力	英语
公共管理硕士	公共管理综合能力测试	英语、俄语、日语
会计硕士	综合知识	英语
艺术硕士	艺术硕士入学资格考试	—
职业学校教师在职攻读硕士学位	GCT	—
中医师承（硕士）	中医综合（硕士）	医古文（硕士）
中医师承（博士）	中医综合（博士）	医古文（博士）

资料来源：百度文库，http://wenku. baidu. com/.

参 考 文 献

（按作者姓名音序排列）

一、著作

［1］陈振明．公共管理前沿［M］．福州：福建人民出版社，2002.

［2］冯增俊．现代研究生教育研究［M］．广州：广东高等教育出版社，1993.

［3］符娟明，迟恩莲．国外研究生教育研究［M］．北京：人民教育出版社，1992.

［4］康乃美，蔡炽昌，等．中外考试制度比较研究［M］．上海：华东师范大学出版社，2002.

［5］李煌果，王秀卿．研究生教育概论［M］．北京：科技教育文献出版社，1991.

［6］李盛兵．研究生教育模式嬗变［M］．北京：教育科学出版社，1997.

［7］李文星．公共管理硕士［M］．成都：四川大学出版社，2000.

［8］廖平胜．考试学原理［M］．武汉：华中师范大学出版社，2003.

［9］刘海峰，等．中国考试发展史［M］．武汉：华中师范大学出版社，2002.

［10］刘海峰．科举学导论［M］．武汉：华中师范大学出版社，2005.

［11］刘晖．二十国研究生教育［M］．长春：东北师范大学出版社，1989.

［12］刘惠琴，等．工程硕士研究生教育的实践与创新［M］．北京：清华大学出版社，2003.

［13］潘懋元．潘懋元高等教育学文集［M］．汕头：汕头大学出版社，1997.

［14］秦惠民．学位与研究生教育大辞典［C］．北京：北京理工大学出版社，1994.

［15］施晓光．美国大学思想论纲［M］．北京：北京师范大学出版版

社，2001.

[16] 孙义燧．研究生教育辞典［C］．南京：南京大学出版社，1995.

[17] 汤德用．中国考试辞典［M］．合肥：黄山书社，1998.

[18] 王伟廉．高等教育学［M］．福州：福建教育出版社，2001.

[19] 吴镇柔，等．中华人民共和国研究生教育和学位制度史［M］．北京：北京理工大学出版社，2001.

[20] 谢桂华．学位与研究生教育工作实践及思考［M］．北京：高等教育出版社，2002.

[21] 谢作栩．中国高等教育大众化发展道路的研究［M］．福州：福建教育出版社，2001.

[22] 薛天祥．研究生教育学［M］．桂林：广西师范大学出版社，2001.

[23] 杨逢华．研究生教育的改革与探索：对外经济贸易大学研究生教育研究论文集［M］．北京：对外经济贸易大学出版社，2004.

[24] 杨学为．中国考试改革研究［M］．北京：北京大学出版社，2001.

[25] 杨学为，廖平胜．考试社会学问题研究［M］．武汉：华中师范大学出版社，2003.

[26] 张修学．国外著名行政院校概览［M］．北京：国家行政学院出版社，1999.

[27] 张亚群．科举革废与近代中国高等教育的转型［M］．武汉：华中师范大学出版社，2005.

[28] 张亚群．高校自主招生与高考改革［M］．北京：中国社会科学出版社，2012.

[29] 张勇，任溶，孙琦．MPA 登陆中国［M］．北京：中央编译出版社，2000.

[30] 周洪宇．学位与研究生教育史［M］．北京：高等教育出版社，2004.

[31] 周远清，谢桂华．20 世纪的中国高等教育：学位制度与研究生教育卷［M］．北京：高等教育出版社，2003.

[32] 伯顿·克拉克．探究的场所——现代大学的科研和研究生教育［M］．王承绪，译．杭州：浙江教育出版社，2001.

[33] 伯顿·克拉克．研究生教育的科学研究基础［M］．王承绪，译．杭州：浙江教育出版社，2001.

[34] 弗兰斯·F．范富格特．国际高等教育政策比较研究［M］．王承

绪，等，译．杭州：浙江教育出版社，2001.

二、期刊论文

[1] 工商管理硕士等专业研究生入学考试科目进行了调整 [J]. 当代教育论坛，2002 (9).

[2] 工商管理硕士入学考试有重大改革 [J]. 中国高教研究，2004 (9).

[3] 鼓励公务员在职攻读 MPA 专业学位 [J]. 政策瞭望，2004 (7).

[4] 蔡克勇．正确定位　办出特色：研究生教育发展的战略选择 [J]. 高教探索，2002 (3).

[5] 曹叔亮．研究生入学考试复试改革试探 [J]. 扬州大学学报，2006 (3).

[6] 陈光．我国 MPA 教育的现状与趋势——2005 年全国 MPA 教育研讨会综述与思考 [J]. 学术动态，2005 (4).

[7] 陈睿．对我国研究生招生考试制度的历史回顾 [J]. 中国考试，2006 (4).

[8] 陈睿．硕士研究生招生初试考试内容改革研究 [J]. 中国高教研究，2012 (9).

[9] 陈睿．硕士研究生招生考试制度改革研究 [J]. 教育理论与实践，2012 (10).

[10] 陈通，齐二石．MPA 教育：哈佛大学的实践及启示 [J]. 天津大学学报：社会科学版，2002 (2).

[11] 陈颖．南京艺术学院 2005 年艺术硕士（MFA）招生简章 [J]. 南京艺术学院学报，2005 (3).

[12] 程国萍，黄烈安．中外 MBA 教育现状的比较分析 [J]. 华东经济管理，2000 (2).

[13] 丛丽华．中国启动 MPA 教育——访中国人民大学校长、全国公共管理硕士专业学位（MPA）教育指导委员会副主任委员纪宝成教授 [J]. 领导决策信息，2001 (26).

[14] 崔冰．中国 MBA 回顾与展望 [J]. 中外管理导报，2000 (6).

[15] 邓征．从课程设置看美国 MPA 教育模式的启示 [J]. 理论月刊，2004 (6).

[16] 段作章，张祖民．中美硕士研究生教育比较与启示 [J]. 江苏大学学报，2004 (7).

[17] 房欲飞，谢仁业．美、日、英研究生教育发展的规模和速度比较

研究［J］．学位与研究生教育，2004（5）．

［18］高鸿雁，王云贵，等．公共卫生硕士（MPH）质量保证体系初探［J］．西北医学教育，2006（1）．

［19］顾建光．国外 MPA 发展与办学特点［J］．中国行政管理，2001（7）．

［20］贺卫方．我为什么要停招硕士生——答博客中国［J］．社会科学论坛，2005（10）．

［21］胡大雷．论教育硕士专业学位在我国学位与研究生教育发展战略中的地位［J］．广西高教研究，2000（1）．

［22］胡钦晓．20 世纪 90 年代以来中日研究生教育改革与发展的若干比较［J］．中国高教研究，2005（6）．

［23］黄宝印．我国 MPA 教育的基本评估［J］．中国行政管理，2003（10）．

［24］季明明．培养公共领域时代精英的摇篮——哈佛大学肯尼迪政府学院的 MPA 教育（上）［J］．中国行政管理，2001（11）．

［25］季明明．培养公共领域时代精英的摇篮——哈佛大学肯尼迪政府学院的 MPA 教育（下）［J］．中国行政管理，2001（12）．

［26］江莹．研究生招生改革的理论思考与路径选择［J］．江苏高教，2005（3）．

［27］江莹．试论研究生招考分离制度［J］．学位与研究生教育，2005（8）．

［28］江莹．试论研究生复试发展轨迹及程序公正［J］．中国高教研究，2005（10）．

［29］江莹，龚岚．市场准入制度与研究生选拔［J］．高等理科教育，2005（4）．

［30］江莹，袁桂华．国外 MPA 培养模式研究［J］．中国农业教育，2004（6）．

［31］蒋红，陈克清．试论我国 MPA 教育中亟待解决的几个问题［J］．云南行政学院学报，2005（3）．

［32］蒋后强．国家教育考试管理模式的立法定位［J］．西南师范大学学报：人文社会科学版，2005（4）．

［33］晋建华，张永学，等．临床医学专业学位研究生招生与培养初探［J］．山西医科大学学报：基础医学教育版，2004（8）．

［34］景刚，吴艳．对硕士研究生招生政策“人性化”改革的思考［J］．教书育人，2004（6）．

［35］李春英．农业推广硕士专业学位招生和培养问题的探讨［J］．中国林业教育，2004（3）．

［36］李素琴，陈娟．美国研究生入学考试制度的特点及启示［J］．中国高教研究，2005（2）．

［37］李松．推荐免试研究生：人才选拔的重要途径［J］．江苏高教，2006（2）．

［38］周建华．李维安．MBA 招考改革要向“托福”取经［J］．企业家信息，2004（5）．

［39］李文慧．我国公共卫生专业硕士学位考试在 22 个单位试点［J］．中华预防医学杂志，2003（4）．

［40］李小娟，孙恒．高校招生自主权探析［J］．温州职业技术学院学报，2005（4）．

［41］李玉泉，符得团．加快教育硕士专业学位发展，促进高校研究生教育改革［J］．常州工学院学报：社会科学版，2005（9）．

［42］李云．论现代学位与研究生教育的目标［J］．湖北社会科学，2005（10）．

［43］刘海峰．高考改革中的公平与效率问题［J］．教育研究，2002（12）．

［44］刘海峰．高考改革中的两难问题［J］．高等教育研究，2003（2）．

［45］刘晓武，何静静，等．我国专业硕士学位发展障碍分析及对策研究［J］．学科建设技术与创新管理，2006（1）．

［46］雷曜，杨斌．中美商学院 MBA 招生工作的比较研究［J］．比较教育研究，2002（5）．

［47］卢菁．关于硕士生入学考试科目改革［J］．华北电力大学学报：社会科学版，2002（4）．

［48］卢菁．硕士研究生招生改革刍议［J］．江苏高教，2002（6）．

［49］鲁明泓，龚福祥．论美国管理研究生入学考试（GMAT）——兼谈中国 MBA 考试改革［J］．中国行政管理，1996（11）．

［50］罗兴录．农业推广硕士专业学位研究生教育的特点与培养对策［J］．高教论坛，2006（1）．

［51］罗敏．我国研究生招生推荐免试制度的特征、矛盾及发展趋势［J］．学位与研究生教育，2011（12）．

［52］骆四铭．我国学位结构失衡浅析［J］．现代大学教育，2005（1）．

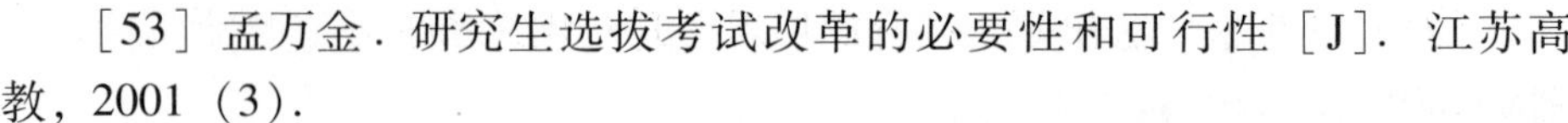

[53] 孟万金. 研究生选拔考试改革的必要性和可行性 [J]. 江苏高教，2001 (3).

[54] 潘懋元，陈厚丰. 高等教育分类的方法论问题 [J]. 高等教育研究，2006 (3).

[55] 齐中英，郑海涛. 公共管理硕士 (MPA) 考生情况分析 [J]. 中国行政管理，2001 (9).

[56] 钱旭潮，赵冰. MBA 教育在中国的发展与展望 [J]. 市场周刊，2005 (4).

[57] 曲永岗. 关于工程硕士招生工作的实践与思考 [J]. 江苏石油化工学院学报，2002 (4).

[58] 沈岩，刘惠琴. 论工程硕士人才选拔方式的实践创新 [J]. 中国高教研究，2004 (9).

[59] 沈勇. 公共管理硕士 (MPA) 入学标准有效性研究 [J]. 中国行政管理，2005 (5).

[60] 石长地，白向宁. 教育硕士专业学位培养的三大落差 [J]. 中国高等教育，2005 (10).

[61] 宋军. 结合实际保证质量改革教育硕士招生管理办法 [J]. 海淀走读大学学报，2003 (1).

[62] 王康平，张亚群，郭如梅. 学术型文科硕士生招生考试改革探析 [J]. 学位与研究生教育，2010 (2).

[63] 王乐夫. 打造中国 MPA 教育的品牌 [J]. 中国行政管理，2004 (7).

[64] 王琪，董玉庭. 法律硕士培养目标及相关问题分析 [J]. 黑龙江教育学院学报，2004 (4).

[65] 王辉耀. 中国 MBA 教育存在的问题及发展趋势 [J]. 现代企业教育，2003 (10).

[66] 王秀珍. 论开展教育硕士专业学位教育的重要意义 [J]. 河西学院学报，2005 (3).

[67] 王义保. 中美 MPA 教育人才培养模式比较探析 [J]. 煤炭高等教育，2003 (5).

[68] 王昱. 攻读在职教育硕士专业学位研究生问答 [J]. 江苏教育，2002 (6).

[69] 王子成，戴兰妹，钱杨. 关于我国 MPA 招生培养工作的思考 [J]. 华东经济管理，2002 (1).

[70] 王智慧. 欧美 MPA 教育特点探析 [J]. 云南教育，2002 (12).

[71] 江小荃．法律硕士教育的反思［J］．山东省农业管理干部学院学报，2005（51）．

[72] 吴婷，贾勇宏．变迁与走向：我国研究生招生政策的文本分析［J］．教育探索，2011（4）．

[73] 吴长春．论 MPA 教育对加强国家公务员队伍建设的作用［J］．大连海事大学学报：社会科学版，2003（1）．

[74] 吴启迪．抓住机遇　深化改革　提高质量　积极促进专业学位教育较快发展［J］．学位与研究生教育，2006（5）．

[75] 吴湘玲，谢标．我国公务员培训现状、问题与对策［J］．行政与法，2006（1）．

[76] 武小刚．国外 MPA 教育发展及其借鉴［J］．咸阳师范学院学报，2004（2）．

[77] 向涛．公共管理硕士（MPA）教育有着广阔发展前景［J］．东北财经大学学报，2001（2）．

[78] 谢建华．农业推广硕士专业学位招生及授予学校确定［J］．中国农技推广，2000（4）．

[79] 肖西，王寅坤．工程硕士招生中的若干问题探讨［J］．南京理工大学学报：哲学社会科学版，1998（6）．

[80] 鄢明明．大规模考试的育人功能与人的有效发展［J］．湖北招生考试，2003（12）．

[81] 杨述厚．关于我国公共管理硕士（MPA）教育走出困境的对策［J］．科技与管理，2004（6）．

[82] 姚光业．中美公共管理教育比较研究［J］．北京行政学院学报，2005（3）．

[83] 于鹰宇，高伟涛．我国硕士研究生招生考试制度改革研究［J］．黑龙江高教研究，2010（10）．

[84] 袁重胜，方传龙，等．积极开展 MPH 教育培养高素质高层次公共卫生应用型人才［J］．中国公共卫生管理，2002（6）．

[85] 袁锐锷，胡安娜．英美研究生教育改革与发展趋势［J］．比较教育研究，2003（9）．

[86] 张梦中，王红．美国 MPA 与 MBA 学位比较研究［J］．行政论坛，2002（7）．

[87] 张继明．我国硕士研究生招生考试制度问题与改革探微［J］．考试研究，2006（2）．

[88] 张瑞芳．教育硕士现状调查［J］．中国教师，2006（4）．

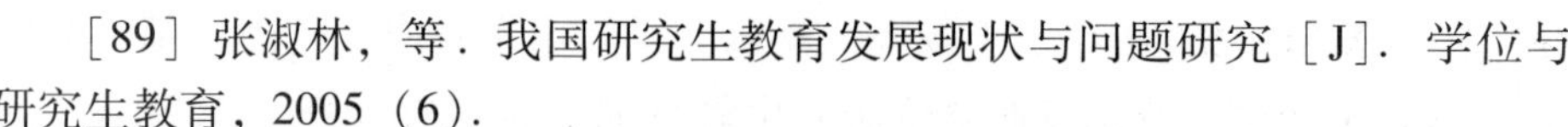

[89] 张淑林，等. 我国研究生教育发展现状与问题研究 [J]. 学位与研究生教育，2005 (6).

[90] 张世红，等. 农业推广硕士专业学位研究生教育存在的问题及对策 [J]. 河北农业大学学报：农林教育版，2003 (1).

[91] 张新民. MBA 教育改革势在必行 [J]. 企业管理，2005 (10).

[92] 张秀荣. 我国教育硕士专业学位概况 [J]. 中国教师，2006 (4).

[93] 张亚群. 大众化阶段研究生招生考试的演化趋向 [J]. 学位与研究生教育，2007 (1).

[94] 张亚群. 立足实际，推进高校自主招生的多元化 [J]. 湖北招生考试，2006 (8).

[95] 张意忠. 研究生招生考试制度：问题与对策 [J]. 现代教育科学，2004 (6).

[96] 赵民运. 教育硕士专业学位研究生教育是基础教育骨干教师和管理人员继续教育的重要形式 [J]. 西北成人教育学报，1999 (4).

[97] 郑若玲，杨旭东. 高考改革：历史与现实的思考 [J]. 厦门大学学报：哲学社会科学版，2003 (1).

[98] 郑若玲. 保送生制度：异化与革新 [J]. 教育发展研究，2002 (6).

[99] 周建民，宋丽. 试论我国工程硕士入学考试对全日制硕士入学考试的启示 [J]. 高等农业教育，2006 (1).

[100] 周留根，罗英姿. 中国兽医专业学位简介 [J]. Animal Husbandry and Veterinary Medicine，2000 (4).

[101] 周太军，马桂敏. 研究生教育规模变动影响因素的实证分析 [J]. 理工高教研究（武汉），2005 (6).

[102] 周文辉. MBA 教育在中国 [J]. 江苏高教，1998 (3).

[103] 周远清. 重视专业学位教育搞好 MPA 教育试点工作 [J]. 中国高等教育，2001 (10).

[104] 周江林，徐益军. 我国发展 MPA 教育的国际比较及启示 [J]. 广东工业大学学报：社会科学版，2005 (1).

[105] 朱立言. 中国 MPA 的十大贡献 [J]. 中国行政管理，2003 (11).

[106] 朱立言. MPA：由来、对象与方法 [J]. 成人高教学刊，2000 (4).

三、学位论文

[1] 陈杰. 专业学位硕士研究生教育及其衍生策略研究 [D]. 上海：

华东师范大学，2005.

[2] 陈丽萍. 我国专业学位研究生教育的系统考查 [D]. 桂林：广西师范大学，2005.

[3] 黄联平. 中美 MPA 教育的比较研究 [D]. 武汉：华中师范大学，2003.

[4] 黄德峰. 从"行政选拔"走向"专业选拔"—— 关于我国研究生招生考试制度创新的初步研究 [D]. 南京：南京师范大学，2002.

[5] 李立峰. 高考科目与内容改革研究 [D]. 厦门：厦门大学，2003.

[6] 里曼曼. 我国公共管理硕士专业学位教育研究 [D]. 大连：大连理工大学，2005.

[7] 刘芳. 美国 MBA 教育研究 [D]. 石家庄：河北大学，2005.

[8] 刘海兰. 中美研究生招生考试制度的比较研究 [D]. 长沙：湖南师范大学，2005.

[9] 王海燕. 我国专业硕士学位研究生招生考试改革研究——以 MPA 为例 [D]. 厦门：厦门大学，2006.

[10] 巨玉霞. 我国学术型硕士研究生招生考试制度改革研究 [D]. 厦门：厦门大学，2007.

[11] 卢菁. 硕士研究生入学考试方式改革的研究 [D]. 北京：北京航空航天大学，2002.

[12] 罗立祝. 我国高校招生考试政策研究 [D]. 厦门：厦门大学，2006.

[13] 聂其苗. 论我国法律硕士教育的现状与改革 [D]. 北京：首都师范大学，2005.

[14] 牛春艳. 中美硕士研究生招生制度比较研究 [D]. 西安：陕西师范大学，2011.

[15] 卿伟. 湖南省硕士研究生招生制度现况调查与分析 [D]. 长沙：中南大学，2003.

[16] 上官剑. 中美两国工程硕士教育比较研究 [D]. 长沙：湖南师范大学，2005.

[17] 孙永兴. 教育硕士专业学位质量保障研究 [D]. 广州：华南师范大学，2004.

[18] 索昭昭. 研究生招生考试制度的国际比较与借鉴 [D]. 苏州：苏州大学，2008.

[19] 唐滢. 美国高等院校招生考试制度研究 [D]. 厦门：厦门大学，2005.

［20］杨晗．我国全日制硕士研究生招考制度的问题及其对策研究——以武汉大学为个案［D］．南京：南京师范大学，2006.

［21］杨玉兰．我国少数民族研究生招生政策研究［D］．长沙：中南民族大学，2009.

［22］杨绍志．改革开放30年我国研究生招生制度演变研究［D］．石家庄：河北大学，2010.

［23］姚龙琴．论硕士研究生招生考试改革［D］．南京：河海大学，2006.

［24］肖建琴．我国硕士研究生入学考试制度改革研究［D］．长沙：中南民族大学，2012.

［25］章达友．MBA 教育质量控制系统研究［D］．厦门：厦门大学，2000.

［26］张耀萍．高考形式改革研究［D］．厦门：厦门大学，2004.

［27］钟怡．二十世纪八十年代以来美国专业硕士学位教育质量控制的研究——以 MBA、MPA 为例［D］．广州：华南师范大学，2003.

四、报纸文章

［1］陈敏．宁大今年将招 30 名农业推广硕士生［N］．教育信息报，2005－10－27（2）.

［2］陈丽华．全面解析 MPA［N］．河北商报，2003－01－09（21）.

［3］陈茹冰．北京地区 MPA 招考趋于理性［N］．北京人才市场报，2005－08－31（4）.

［4］储召生．教育硕士缘何遇冷［N］．中国教育报，2000－08－02（2）.

［5］段旻雯．MPA：希望更多的人报考你［N］．中国教育报，2004－01－12（3）.

［6］董川峰．工程硕士考试有重大改革［N］．中华时报，2003－08－20（3）.

［7］冯华．MBA 招生考试改革向综合素质看齐［N］．中国教育报，2005－11－02（10）.

［8］冯华．今年全国 MPA 报考人数创新高［N］．中国教育报，2005－10－19（10）.

［9］胡超玲．聚焦中国 MPA［N］．中国人事报，2005－06－14（2）.

［10］计科宪．“法律硕士”招生之忧［N］．现代教育报，2004－01－07（6）.

[11] 焦新. 工商管理硕士入学考试有重大改革 [N]. 中国教育报, 2004-08-28 (2).

[12] 焦新. 在职硕士全国联考顺利举行 [N]. 中国教育报, 2005-10-28 (1).

[13] 焦新. 加大力度调整硕士研究生教育结构 [N]. 中国教育报, 2009-03-03 (1).

[14] 李丽萍, 堵力. MBA 联考科目有望简化 [N]. 中国成人教育信息报, 2001-12-13 (1).

[15] 李丽萍. 明年法律硕士报考人数激增 [N]. 中国青年报, 2000-12-13 (11).

[16] 李直. 中国 MBA 面临低龄化危机 [N]. 浙江经济报, 2002-12-02 (1).

[17] 刘万永. GCT 为研究生入学考试改革探路 [N]. 中国青年报, 2003-08-11 (4).

[18] 穆忆南. 中国商学院遭遇生源寒流 [N]. 第一财经日报, 2004-11-29 (C05).

[19] 铁铮. 风景园林硕士专业学位开始招生 [N]. 中国教育报, 2005-09-21 (9).

[20] 吴佳佳. MBA: 不可不知的五项重大改革 [N]. 经济日报, 2004-09-06 (10).

[21] 晓萱. 专业硕士与普通硕士有何区别 [N]. 中国教育报, 2005-09-07 (10).

[22] 徐家良. 我国培养首批农业推广硕士 [N]. 中国青年报, 2001-05-09 (1).

[23] 徐凡. 我国新增 19 种硕士专业学位　实践教学不少于半年 [N]. 北京考试报, 2010-05-09.

[24] 徐丽红. 会计专业硕士向你走来 [N]. 中国财经报, 2004-06-25 (1).

[25] 杨霂霏. MPA 教育: 任重道远 [N]. 中国人事报, 2005-01-14 (6).

[26] 杨婷. 2003 年 MBA 联考大纲公布 [N]. 浙江经济报, 2002-08-22 (11).

[27] 曾平. 中国国有大学 MBA 教育走向何方 [N]. 中国改革报, 2005-01-07 (8).

[28] 张亚群. 如何提高研招面试的规范性科学性 [N]. 中国教育报,

2008-11-26 (7).

[29] 赵笛. 中国 MPA 现状及趋势 [N]. 青岛日报, 2005-06-09 (7).

五、相关网站

[1] 中华人民共和国教育部，http://www.moe.edu.cn/.

[2] 中国研究生招生信息网，http://yz.chsi.com.cn/.

[3] 中国研究生招生网，http://www.chinayz.net.cn/chinayz/a/content_4503.shtml.

[4] 中国教育考试网，http://www.neea.edu.cn/.

[5] 中国教育和科研计算机网，http://www.edu.cn/yan_jiu_sheng_1052/.

[6] 中国考试网，http://www.cnksw.cn/xueli/ShowClass.asp? ClassID=13.

[7] 中国教学考试招生网，http://www.terweb.cn/.

[8] 新浪教育网，http://edu.sina.com.cn/exam.html.

[9] 腾讯教育网，http://edu.qq.com/.htm.

[10] 考试资源网，http://www.examres.com.

[11] 教育部学位与研究生教育发展中心，http://www.eol.cn.

[12] 凤凰网教育，http://edu.ifeng.com/kaoyan/news/.

[13] 中国考试在线，http://www.kao100.com.

[14] 全国公共管理硕士专业学位教育指导委员会网站，http://www.mpa.org.cn.

[15] 新加坡国立大学网，http://www.spp.nus.edu.sg.

[16] 新华网教育频道.

[17] 全国工商管理硕士专业学位教育指导委员会网站.

[18] 全国法律硕士专业学位教育指导委员会网站.

[19] 全国工程硕士研究生教育网，http://www.meng.edu.cn/html/.

[20] 百度文库，http://wenku.baidu.com/.

六、其他（包括集体编著、资料汇编、文件等）

[1] 北京师范大学外国教育研究所. 美国和日本的研究生入学考试 [M]. 北京：北京师范大学出版社，1987.

[2] 国务院学位委员会办公室，教育部研究生工作办公室. 专业学位文件选编 [Z]. 北京：中国科学技术出版社，2001.

［3］教育部高校学生司．1977—2003 年全国研究生招生工作文件选编［M］．北京：北京航空航天大学出版社，2004.

［4］全国公共管理硕士（MPA）专业学位教育指导委员会秘书处．中国 MPA［M］．北京：中国人民大学出版社，2001.

［5］全国法律硕士专业学位教育指导委员会秘书处．中国法律硕士专业学位教育的实践与探索［M］．北京：法律出版社，2001.

［6］全国研究生招生大全编写组．全国研究生招生大全统计资料（1978—1992）［M］．北京：高等教育出版社，1993.

［7］卫生部科技教育司．临床专业硕士、博士学位临床能力考核［M］．北京：中国协和医科大学出版社，2001.

［8］中华人民共和国教育部国际合作与交流司．国外高等教育调研报告［M］．北京：首都师范大学出版社，2001.

［9］中华人民共和国教育部高校学生司．1996—2002 年全国研究生招生统计年鉴［M］．北京：北京航空航天大学出版社，2003.

后　　记

本书系本人主持的“985 工程”二期“中国特色高等教育体系”哲学社会科学创新研究基地子课题“研究生招生考试与改革研究”最终研究成果。多年来，课题组成员进行了大量的调研工作，付出辛勤劳动。

为了完成研究计划，本人曾赴教育部高校学生司研究生招生处、国务院学位办、教育部考试中心以及国内多所大学查阅相关文献和统计资料，投入大量的时间和精力；曾指导两名硕士研究生完成相关学位论文，其中一篇论文是本人与王康平老师共同指导、王海燕完成的《我国专业硕士学位研究生招生考试改革研究——以 MPA 为例》（2006 年 12 月）；另一篇是本人指导、巨玉霞完成的《我国学术型硕士研究生招生考试制度改革研究》（2007 年 6 月）。此外，本课题组成员撰写和发表了近 10 篇学术论文。在这些研究成果的基础上，终于完成了本课题的研究任务，现将其成果编著成书。

全书由本人负责筹划，承担整体框架设计、修改并撰写部分章节内容，最后进行审定和统稿。兰州大学教育学院副教授车如山博士协助编辑全稿，并承担部分章节的撰写、修改工作。在后期出版过程中，博士生胡天佑增补了最近 5 年国内研究生招生考试的相关数据及新的资料，并增补部分章节内容。承担各章撰稿工作人员如下：

前言，第一章：张亚群、车如山、胡天佑

第二章：张亚群、巨玉霞、胡天佑

第三章：巨玉霞、车如山、张亚群

第四章：王康平、王海燕、车如山

第五章：张亚群、王康平、车如山、王海燕

第六章：巨玉霞、王海燕、张亚群、杨李娜

第七章：张亚群、车如山、覃红霞、巨玉霞、胡天佑

第八章：张亚群、车如山、巨玉霞

结语：张亚群、车如山

附录：巨玉霞、王海燕、胡天佑

本课题调研过程中得到厦门大学研究生院、考试中心、招生办公室、公共事务管理学院 MPA 中心，以及清华大学公共事务管理学院 MPA 中心、教育部高校学生司及研招处、教育部考试中心等单位领导的大力支持与帮助；

在出版过程中，得到广东高等教育出版社领导和责任编辑钟凌翊、管晓芹的悉心帮助，在此谨致诚挚的谢意！

由于本书从结题到正式出版时间跨度较长，参与撰稿人员较多，加之著者水平有限，难免存在缺失和不足之处，恳请读者指正。

张亚群

2009 年 8 月记

2013 年 12 月补记